U0450679

国家社科基金项目"近代中国政治变革与乡村社会变迁研究"（09CZS031）结项成果

江西省"2011协同创新中国社会转型研究中心"项目成果

近代政治变革与
江西乡村社会变迁

李平亮 著

中国社会科学出版社

图书在版编目(CIP)数据

近代政治变革与江西乡村社会变迁/李平亮著. —北京：中国社会科学出版社，2021.4
ISBN 978-7-5203-7809-3

Ⅰ.①近… Ⅱ.①李… Ⅲ.①地方政府—政治改革—研究—江西—民国②乡村—社会变迁—研究—江西—民国 Ⅳ.①D693.62②C912.82

中国版本图书馆CIP数据核字(2021)第018891号

出 版 人	赵剑英
责任编辑	吴丽平
责任校对	李　莉
责任印制	李寡寡

出　　版	中国社会科学出版社
社　　址	北京鼓楼西大街甲158号
邮　　编	100720
网　　址	http://www.csspw.cn
发 行 部	010-84083685
门 市 部	010-84029450
经　　销	新华书店及其他书店
印　　刷	北京明恒达印务有限公司
装　　订	廊坊市广阳区广增装订厂
版　　次	2021年4月第1版
印　　次	2021年4月第1次印刷
开　　本	710×1000　1/16
印　　张	17.75
插　　页	2
字　　数	280千字
定　　价	89.00元

凡购买中国社会科学出版社图书，如有质量问题请与本社营销中心联系调换
电话：010-84083683
版权所有　侵权必究

目　　录

第一章　绪论 ……………………………………………………（1）
　第一节　问题与思路 ……………………………………………（1）
　第二节　历史地理与文化传统 …………………………………（15）

第二章　清中叶江西乡村中的房谱、神庙与会社 ……………（35）
　第一节　房谱的编修及其社会文化意义 ………………………（35）
　第二节　地方庙宇与乡村社会权势 ……………………………（51）
　第三节　会社组织与乡村自治 …………………………………（66）

第三章　晚清地方军事化与乡村社会重组 ……………………（84）
　第一节　团练、宗族与村落 ……………………………………（84）
　第二节　团练、士绅与宗族的权势建构
　　　　　——以梓溪刘氏与竹塅陈氏为例 ……………………（96）

第四章　同光时期士绅与乡村社会秩序的重建 ………………（111）
　第一节　复苏乡村经济 …………………………………………（111）
　第二节　重建书院与宾兴 ………………………………………（127）
　第三节　育婴与教化 ……………………………………………（141）

第四节　层级化的昭忠祠 …………………………………… (150)

第五章　清末民初新式社团与乡村权力的变奏 …………………… (160)
第一节　"旧传统"与"新社团" ……………………………… (160)
第二节　"新政"与乡村权力结构的异动 …………………… (175)
第三节　民团与社会权势转移 ………………………………… (187)

第六章　晚清民国时期的宗族组织、"义图"与乡村联盟 ………… (203)
第一节　宗族组织的转型 ……………………………………… (203)
第二节　"义图制"的复兴 …………………………………… (218)
第三节　乡村联盟与地方政治 ………………………………… (234)

第七章　结论 …………………………………………………………… (252)
第一节　"新"体制与"旧"传统：近代乡村社会演变的机制 ……… (252)
第二节　从"团练"到"新政"：士绅的转型及其差异化 ………… (255)
第三节　乡族组织的现代性 …………………………………… (259)

参考文献 …………………………………………………………… (266)

后记 ………………………………………………………………… (279)

第一章 绪论

本书试图在近代中国社会转型的历史背景下，考察政治体制与江西乡村社会文化传统的发展与演变的过程，探讨政治变革与乡村社会变迁的互动过程，以期揭示传统乡村社会向近代转型的内在机制。在进入正文前，有必要对问题与思路、已有相关研究成果略作梳理。

第一节 问题与思路

晚清至民国时期，中国传统社会经历了"千年未有之大变局"。在此过程中，政治变革不仅导致了国家与乡村的关系呈现出多元的面相，且为士绅的转型提供了各种新的制度性政治和文化资源。与此同时，随着各种新式社团和自治机构的创设，乡族组织与现代政治实现了有机结合。

一 近代国家与乡村之关系

在中国近代史研究中，政治变革与乡村社会问题历来是学界关注的热点问题之一。早在20世纪三四十年代，闻均天、费孝通、陈翰笙、傅衣凌等一批学者就对中国乡村问题作了开创性研究，分别提出了"保甲说""双轨说""乡族组织"与"多元结构"理论。① 至 20 世纪 60 年代，萧公权在《中国乡村：19 世纪的帝国控制》一书中，不仅从理论基础、措施和效果等方面，对 19 世纪清王朝统治中国乡村的政治体系作了详尽的论述和分析，且在政府管控和西方冲击的背景下，讨论和评价了 19 世纪中期至 20 世纪乡村社会对帝国控制的回应。② 20 世纪七八十年代，学者对近代政治变革的关注，逐渐转向制度史的研究，以揭示中国传统政治体制的转型及其历史意义。③ 2000 年后，近代中国政治制度史研究呈现出更为多元的面相。制度史不仅成为研究的内容，而且成为一种研究的视角与方法。④

近年来，随着中国现代化的进行与农村社会的发展，中国传统乡村社会的近代转型引起了学界的极大关注。许多学者在近代国家政治变革的背景下，分别从不同视角出发，对近代乡村社会转型做了大量研究。如"公局"和基层社会权力⑤、地方自治与乡村治理⑥、废科兴学与乡绅阶层⑦、

---

① 费孝通：《乡土重建》，上海观察社 1947 年版；闻均天：《中国保甲制度》，商务印书馆 1935 年版；陈翰笙：《解放前的地主和农民——华南农村危机研究》，冯峰译，中国社会科学出版社 1984 年版；傅衣凌：《福建佃农经济史论丛》，协和大学 1944 年版；《中国传统社会：多元的结构》，《中国社会经济史研究》1988 年第 3 期。

② 萧公权：《中国乡村：19 世纪的帝国控制》，张皓、张升译，九州出版社 2018 年版。

③ 白钢：《二十世纪的中国政治制度史研究》，《历史研究》1996 年第 6 期。

④ 刘伟、谭春玲：《近十年中国近代政治制度史研究的回顾与思考》，《安徽史学》2012 年第 1 期。

⑤ 邱捷：《晚清广东的"公局"——士绅控制基层社会的权力机构》，《中山大学学报》（社会科学版）2005 年第 4 期；梁勇、周兴艳：《晚清公局与地方权力结构——以重庆为例》，《社会科学研究》2010 年第 6 期；孙明：《局绅的生涯与人生意态——以清末四川团练局绅为重点》，《北京大学学报》2018 年第 1 期。

⑥ 渠桂平：《二十世纪前期中国基层政权代理人的"差役化"——兼与清代华北乡村社会比较》，《中国社会科学》2013 年第 1 期。

⑦ 罗志田：《科举制的废除与四民社会的解体——一个内地乡绅眼中的近代社会变迁》，《清华学报》（新竹）1995 年新 25 卷第 4 期；《科举制废除在乡村中的社会后果》，《中国社会科学》2006 年第 1 期。关晓红：《科举停废与近代乡村士子——以刘大鹏、朱峙三日记为视角的比较》，《历史研究》2005 年第 5 期；徐佳贵：《废科举、兴学堂与晚清地方士子——以林骏〈颇宜茨室日记〉为例的考察》，《近代史研究》2013 年第 4 期。

乡绅与乡村社会①、水利制度与乡村社会权势②、社会革命与宗族组织③、乡村借贷与乡村手工业④、自然灾害与人口流动的研究⑤，均取得了一定的成果，进一步深化了中国近代乡村社会的研究。

此外，一些学者在"现代民族国家建设"的理论框架下，通过具体的区域社会研究，从不同侧面探讨近代中国政治变革与乡村社会变迁的关系。杜赞奇认为，在中国传统乡村社会中，由宗族、市场等形成的多种组织体系、塑造权力运作的各种规范以及非正式的人际关系网，构成了一个"权力的文化网络"。近代以来，现代政权的建设和国家行政力量的向下渗透，打破了乡村社会的"文化网络"，但又没有建立起一套新的权力规范，从而导致了国家政权的"内卷化"⑥。黄宗智在近代华北乡村的研究中，从国家—士绅—村庄三者的结构出发，认为"二十世纪后，随着国家权力渗入到自然村，使原有的国家、士绅和村庄之间的关系面临新的压力，最后导致一套完全不同的国家——社会关系和一个新的社会政治结构"⑦。李怀印考察了晚清及民国时期河北省获鹿县"乡地"，提出了国家与乡村关系的"第三种形态"。他认为，以村民集合体为特色的乡地制，"与当地相对稳定的生态环境、以自耕农为主体的社会结构，及宗族纽带相对牢固等因素密切相关"。乡地制所导致的乡村权力关系格局，"既区别于华北多数地

---

① 王先明：《变动时代的乡绅：乡绅与乡村社会结构变迁（1901—1945）》，人民出版社2009年版；《乡路漫漫：20世纪之中国乡村（1901—1949）》，社会科学文献出版社2017年版。
② 行龙：《以水为中心的晋水流域》，山西人民出版社2007年版；张俊峰：《水利社会的类型：明清以来洪洞水利与乡村社会变迁》，北京大学出版社2012年版。
③ 林济：《长江中游宗族社会及其变迁：黄州个案研究（明清—1949年）》，中国社会科学出版社1999年版。
④ 李金铮：《民国乡村借贷关系研究——以长江中下游地区为中心》，人民出版社2003年版；《传统与变迁：近代华北乡村的经济与社会》，人民出版社2014年版。彭南生：《半工业化——近代中国乡村手工业的发展与社会变迁》，中华书局2008年版。
⑤ 王印焕：《1911—1937年冀鲁豫农民离村问题研究》，中国社会出版社2004年版；夏明方：《民国时期自然灾害与乡村社会》，中华书局2001年版。
⑥ ［美］杜赞奇：《文化、权力与国家——1900—1942年的华北农村》，王福明译，江苏人民出版社1996年版。
⑦ ［美］黄宗智：《华北的小农经济与社会变迁》，中华书局2000年版。

方涣散无力的自耕农社会，又不同于华南强大的士绅、宗族统治，应视作这一时期国家与乡村关系的第三种形态"①。汤水清以1946—1948年南昌县小蓝乡"窃线"案为例，探讨了20世纪40年代后期国家权力与乡村社会的关系。他指出，近代以来，特别是进入20世纪后，传统乡村社会秩序虽逐步瓦解，国家权力开始向乡村社会渗透、延伸，但在某些传统乡村，乡村基层政权或许只具象征意义，在国家权力侵害到其具体利益时，乡村社会依然能够有效表达其意志，并抵制国家权力的侵害。②

这些研究或是厘清了近代中国政治变革的路径，或是揭示了中国近代乡村社会变迁的不同面相，展示了近代国家与乡村社会的复杂关系，为本书提供了颇具启发意义的理论思考和实证经验。但是，由于研究取向和其他原因，在现有研究中，还有一些问题并没有得到解决：近代国家政治变革究竟通过何种途径深入乡村社会？乡村社会对这些外部变革又如何应对？在现代国家政权建设过程中，士绅阶层是否为依附现代政权而斩断了与乡村社会的联系？宗族组织、神庙系统、慈善机构等乡村社会文化传统与现代政治机构，是截然对立，还是有机结合？这些问题的存在，为更深入研究留下了一定的空间。

我们认为，要对近代国家与乡村社会关系的演变有一个更为完整的把握，必须厘清中国传统乡村社会的形成与发展的内在脉络。换句话说，要理解乡村社会以何种方式、借助何种途径对国家政治制度的变革作出回应，就必须回到乡村社会的具体历史情境之中，在乡村社会的内在脉络中寻求答案。这一点，一群被称为"华南学派"的学者已经作出了有益的实践和探索。他们通过将历史文献与田野调查相结合，在国家制度演变的大背景下，从宗族组织、民间信仰、赋役制度、文化认同等不同侧面，对中

---

① 李怀印：《晚清及民国时期华北村庄中的乡地制——以河北获鹿县为例》，《历史研究》2001年第6期。
② 汤水清：《施压与抵制——从"窃线"案件看1940年代后期国家权力与乡村社会的关系》，《近代史研究》2013年第4期。

国传统乡村社会及其近代转型进行了深入研究,揭示了政治制度变革的社会文化意义。①

除了将研究时段上溯到明清时期,对于民国时期这一研究时段我们也必须加以更为细致的区分。晚清以来,中国传统社会经历了"千年未有之变局"。到了民国时期,中国社会无论是政治制度层面,还是在思想文化层面,这种"变"更为频繁。这些领域的变动,对乡村社会的发展产生了深刻影响,直接或间接导致了乡村社会权力结构的重组和文化传统的演进。梁洪生以鄱阳湖区张氏族谱为例,认为张氏谱系经历了一个不断重构的过程。这种现象产生的原因,正是外部政治和经济环境的变化。在此基础上,他提出民国时期可分为五个短时段。只有厘清和比较"短时段"如何"变",才能进行更长时段和其他因素的考察,才能对民国地方史料作更确切的把握和解释。②

值得指出的是,由于中国幅员辽阔,地域差异明显,近代中国政治变革在不同区域所呈现的形式、实践过程和影响均有所差别,因而从"地方"的视角出发研究中国近代史,成为重要的研究取向。如学者所言,"地方的近代史"呈现了历史研究的时间和空间两个维度。从地方看历史,"自下而上考察近世中国历史的演变,这样的'地方'永远是千差万别的。因此,可以既不强调其特性,也不侧重其共性,而在'不共不特'的基础上观察一些在地的现象,更多考虑其相通的一面"③。因此,只有从地方历史脉络出发,诸多近代中国社会制度变革的意义方能得到更好的理解。

---

① 黄志繁:《二十世纪华南乡村社会史研究》,《中国农史》2005 年第 1 期。
② 梁洪生:《从"四林外"到大房:鄱阳湖区张氏谱系的建构及其"渔民化"结局——兼论民国地方史料的有效性及"短时段"分析问题》,《近代史研究》2010 年第 2 期。
③ 杨宏、张扬:《地方的近代史:州县士庶的思想与生活学术研讨会综述》,《近代史研究》2015 年第 4 期。

二 政治变革与士绅转型

在近代中国政治变革过程中，以团练与民团为标志的军事化无疑对地方社会的政治权力结构产生了深刻影响。美国学者孔飞力认为，晚清地方军事化带来的后果之一，是基层社会的控制权逐渐落入以士绅为代表的地方名流之手。社会控制权自上而下的转移，最终导致了"传统国家"的解体。① 不过，正如学者所言，孔氏主要考察的是华南与华中的团练组织，对其他地区团练组织的情况观照甚少，对不同时期各地团练组织的差异未做进一步分析。② 美国学者爱德华·麦科德关注了贵州和湖南两地的军事化与地方社会控制权的演变，探讨了军事化力量，尤其是团练武装领导权和控制权，对贵州兴义刘氏宗族建构地方社会权势所发挥的作用。③ 他指出，19世纪中叶中国社会所出现的高度军事化现象，并没有如孔飞力所说的一直延续到清末民初。民国时期各地军事化水准不仅很低，且此一时期的团练组织也不是晚清时期团练组织的延续，而是一种全新的地方军事化。④

自20世纪90年代以来，学者分别揭示了团练与地方士绅和宗族组织关系，不同时期团练与基层社会各个组织，尤其是团练与官方的关系。⑤ 崔岷考察了咸同之际山东团练之乱，指出山东团练兴起之后，侵夺了州县官征税权和司法权，导致了团练与官府间矛盾冲突。团练之乱在侵害官府

---

① ［美］孔飞力：《中华帝国晚期的叛乱及其敌人：1796—1864年的军事化与社会结构》，谢亮生等译，中国社会科学出版社1990年版。
② 宋桂凤：《清代团练问题研究述评》，《文史哲》2003年第5期。
③ ［美］爱德华·麦科德：《地方的军事化与权贵的形成：贵州兴义的刘氏宗族》，中国社会科学院近代史研究所编：《国外中国近代史研究》第25辑，中国社会科学出版社1994年版，第45—76页。
④ ［美］爱德华·麦科德：《清末湖南的团练和地方军事化》，周秋光译，《湖南师范大学社会科学学报》1989年第3期；《民初湖南的团练和地方军事化》，《吉首大学学报》（社会科学版）1989年第2期。
⑤ 郑小春：《太平天国时期徽州的团练》，《安徽史学》2010年第3期。

利益和权威的同时,"亦引起传统社会结构与社会控制的显著变动。经过团练之乱,绅士与国家的疏离已相当明显,并为双方未来种种冲突埋下了伏笔"。团练办理模式从"任绅"向"任官"的回归,意味着"咸丰初年以来利用在籍绅士加速社会动员和强化社会控制的努力以失败告终",标志着"双轨制"社会控制体制在晚清的完结。① 何文平则指出,清末地方社会的动乱,导致了广东团练的复兴。在此过程中,国家力量在地方军事化中的影响逐步削弱,绅权则借助团练这一工具得以抬升。这种权势转移的过程,在一定程度上反映了清末国家权威衰微的不可逆性。②

除团练之外,学者论及了清末民国民团与地方政治的关系。梁尚贤指出,国民党"一大"后,民团成为广东农民运动的一个强大的对立面。北伐后,国民党党政军内敌视农民运动的势力"在县以下地方取得了压倒性的优势,令所有解决民团与农军冲突的办法都得不到执行,并最终将国民党引上镇压农民运动之路"③。何文平认为20世纪20年代珠江三角洲地区所发生的一系列军团冲突事件不同于农团冲突,不是阶级矛盾的产物,而是"军队、民团、盗匪三者之间为争夺地方利益的纠纷,是民初以来珠三角地区社会秩序重建过程中多种权势生长、伸张与争夺的后果"④。张伟则指出,20世纪30年代,新桂系重掌广西政权后,在基层社会推行学校、民团、公所"三位一体"的策略,从而稳固了在乡村的统治基础。⑤ 谢贵平认为近代山东民团在维护基层社会的稳定和防御土匪侵扰的同时,由于自身存在的缺陷,或自觉或不自觉地走向"土匪化",成为近代以来山东

---

① 崔岷:《"靖乱适所以致乱":咸同之际山东的团练之乱》,《近代史研究》2011年第3期;《咸同之际"督办团练大臣"与地方官员的"事权"之争》,《历史研究》2018年第2期。
② 何文平:《清末地方军事化中的国家与社会——以广东团练为例》,《学术研究》2009年第9期。
③ 梁尚贤:《国民党与广东民团》,《近代史研究》2003年第6期。
④ 张伟:《民团、学校与公所——1930年代广西乡村基层政权之建构》,《中国农史》2005年第3期。
⑤ 何文平:《武力化与民初地方社会秩序——1920年代珠三角地区军团冲突之分析》,《社会科学研究》2011年第1期。

"土匪世界"形成的一个重要来源。①

以上研究，从不同角度丰富了我们对地方军事化与区域社会结构演变的认识。但是，有关团练局与其他社会组织之间的关系、团练与民团的异同点，以及民团领导者与议员、新式知识分子的内在关联等问题还值得进一步关注。

近代中国的政治变革，不仅引发了国家与乡村关系的变动，而且导致了士绅的转型。有关士绅阶层的近代转型，学者从不同的角度进行了探讨。周荣德指出，近代以来，士绅原先的各种功能，已不能满足近代社会的需要，"士绅作为一个居于社会领导地位的群体，已不再成为社会的支柱了"②。罗志田认为，科举废除后，"耕读仕进的上升性社会变动取向转变，城乡逐渐分离，在传统社会中原居四民之首的士阶层不复存在"③。何怀宏也认为，科举制的废除，使士绅阶层与王权相分离，但绅权"很快就被一种新起的、它更难于抗衡的权力所取代"④。王先明认为，士绅阶层的形成及其地位的确立，由科举制和封建等级身份制决定。近代以来，随着科举制度的废除和封建帝制的颠覆，士绅阶层失去了生存的基础，由分化开始走向了消亡。在新学制和乡制等制度变迁中，绅权一度得到了无序扩展，然而，随着"革命时代"的来临和乡村社会的重构，绅权渐次消退，乡绅亦随之消逝。⑤ 徐茂明则指出，科举制度的废除，导致了江南士绅阶层在两个方面的蜕变，一是新式教育成为士绅积极追求的新职业，二是知

---

① 谢贵平：《近代山东民团研究（1911—1930）》，《中国社会历史评论》2008年第9期。

② 周荣德：《中国社会的阶层与流动——一个社区中士绅身份的研究》，学林出版社2000年版。

③ 罗志田：《清季科举改革的社会影响》，《中国社会科学》1998年第4期；《科举制的废除与四民社会的解体——一个内地乡绅眼中的近代社会变迁》，《清华学报》（新竹）1995年新25卷第4期。

④ 何怀宏：《选举社会及其终结——秦汉至晚清历史的一种社会学阐释》，生活·读书·新知三联书店1998年版。

⑤ 王先明：《近代绅士——一个封建阶层的历史命运》，天津人民出版社1997年版；《变动时代的乡绅：乡绅与乡村社会结构变迁》，人民出版社2009年版。

识结构由伦理型转向技术型，后一种转变最终导致了士绅阶层的瓦解。①

在近代中国政治变革过程中，清末新政无疑是重要的组成部分。自20世纪90年代以来，一些学者对清末新政与宪政改革、清末新政与辛亥革命、清末新政与中国现代化等问题进行了整体而深入的探讨，取得了诸多新成果。② 与此同时，有学者从社会史与区域史的视角，探讨了清末新政与士绅的转型、新式社团与士绅权力的扩张、地方自治与士绅对基层社会的控制等问题。

王先明考察了20世纪前期制度变革、革命话语与乡绅权力三者之间的关系，指出1901年"新政"展开后，科举制度的废除、地方自治的推行、官制的改革与预备立宪，使得中国社会进入了新旧制度更替的时代。对于乡绅阶层而言，制度的存废在历史进程中并没有表现为同步的演进轨迹。乡绅们借助新制度的建构和地方社会资源，仍然对地方权力的建构和功能发挥着影响，"以'新政'为导向的制度变迁构成了绅权走向'体制化'扩展的制度性基础"③。因此，在清末民初大变动的背景下去审视士绅阶层，"既可观察到其变的内容，也可体察到其不变的部分"。"士绅作为一个地方权势力量，其角色、功能并未发生质的变化"④。

朱英认为，清末商人通过各类交叉的新式社团组织，对市政管理权、社会治安权和民政管理权取得了不同程度的控制。商人不仅将自身的力量渗透至社会生活各个领域，还成为各种进步政治力量所依赖的新兴阶级。⑤ 张学军、孙炳芳认为直隶商会在"推动乡村市镇的勃兴、催生乡村新型精

---

① 徐茂明：《江南士绅与江南社会》，商务印书馆2004年版。
② 陈向阳：《90年代清末新政研究述评》，《近代史研究》1998年第1期。
③ 王先明：《乡绅权势消退的历史轨迹——20世纪前期制度变革、革命话语与乡绅权力》，《南开学报》（哲学社会科学版）2009年第1期。
④ 王先明：《士绅构成要素的变异与乡村权力——以20世纪三四十年代晋西北、晋中为例》，《近代史研究》2005年第2期。
⑤ 朱英：《清末商人新式社团的兴起及其社会影响》，《中国经济史研究》1989年第4期。

英阶层"等方面起到了独特作用。① 李世众考察了孙诒让兴办新学之事，认为上层士绅以自治作为参与地方学务管理的合法性，凭借自身的学历、资产和威望的优势，以学务机构为依托，进行了大规模的力量聚合和权力扩张。②

清末地方自治的推行，引发了地方社会政治结构的重组，导致了乡村社会权力结构的变化。马小泉、魏光奇对地方自治背景下新式绅商的公民意识与政治参与、地方自治背景下"绅权"的膨胀做了整体性的论述。③日本学者宫内肇指出，随着清末地方自治政策的出台，以开展地方自治启蒙为目的的"广东地方自治研究社"吸引了包括顺德地方精英在内的省内精英的加入。研究社普通成员不仅与地方宗族有着密切联系，且其加入研究社的目的不单单是赞成地方自治启蒙，还有面对社会动荡如何维持其在乡村社会的统治秩序。④ 黄东兰以川沙"自治风潮"为中心，揭示了地方自治所引起的县以下乡村社会的权力关系的变化。他认为，清末地方精英利用地方自治所赋予的合法性，获得了更大的活动空间，超出了传统士绅的活动范围，将"触角延伸到本应由国家实行的地方行政的合理化、效率化的领域之中"⑤。周青松则认为，清末上海的地方自治的实现，得益于地方精英与以商会为主体的社会团体的主导与推动。在某种意义上说，"上海的社会团体是上海地方自治的核心资源"⑥。

以上研究从社会结构、政治身份等角度，呈现了士绅阶层近代转型的路径和影响。由于这些研究大多侧重政治身份与士绅权力合法性的关

---

① 朱文通：《近代商会研究的新成果——〈直隶商会与乡村社会经济（1903—1937）〉》，《河北学刊》2009年第5期。
② 李世众：《晚清士绅与地方政治——以温州为中心的考察》，上海人民出版社2006年版。
③ 马小泉：《地方自治：晚清新式绅商的公民意识与政治参与》，《天津社会科学》1997年第4期；魏光奇：《清末民初地方自治下的"绅权"膨胀》，《河北学刊》2005年第6期。
④ ［日］宫内肇：《清末广东的地方自治与顺德地方精英》，《学术研究》2011年第1期。
⑤ 黄东兰：《清末地方自治制度的推行与地方社会的反应——川沙"自治风潮"的个案研究》，《开放时代》2002年第3期。
⑥ 周青松：《上海地方自治研究（1905—1927）》，上海社会科学院出版社2005年版。

系，因而忽略了士绅阶层与乡村社会文化传统的内在联系。在中国传统社会中，宗族组织、神庙系统、慈善组织等社会文化传统，构成了乡村社会权力体系的"文化网络"。那么，在近代社会转型过程中，士绅如何"塑造"和利用文化传统以重构自身的权势？在新制度的冲击和改造下，乡村社会文化传统经历了怎样的历史命运？等等，均是值得我们关注的问题。

三 乡族组织与现代政治

在中国传统社会中，士绅阶层凭借政治身份与文化优势，成为国家与社会的中介。傅衣凌先生在《中国传统社会：多元的结构》一文中，指出中国传统社会的基本特征，是由于多种生产方式并存而导致的"多元的结构"。"一方面，凌驾于整个社会之上的是组织严密、拥有众多官僚、胥役、家人和幕友的国家系统……国家的权力似乎是绝对和无限的。另一方面，实际对基层社会直接进行控制的却是乡族的势力。"因此，中国传统社会的政治体制，可以分为"公"和"私"两大系统，"国家政权对乡村社会的控制，实际上也就是'公'和'私'两大系统互相冲突又互相利用的互动过程"。在"公"和"私"两大系统之间发挥重要作用的，是中国社会所特有的乡绅阶层，"乡绅一方面被国家利用控制基层社会，另一方面又作为乡族利益的代表或代言人与政府抗衡，并组织乡族的各项活动"[1]。由此可见，中国传统国家与社会的互动过程，主要是通过士绅阶层来实现的。因此，探讨中国近代国家政治与乡村社会关系的转型过程，也必须以乡族组织和士绅阶层为切入点。

明清时期，由于国家制度的变化、思想意识的转型和地方社会经济的变迁，宗族组织在广大南方地区得到普遍发展，成为乡村社会中一种重要

---

[1] 傅衣凌：《中国传统社会：多元的结构》，《中国社会经济史研究》1988年第3期。

的社会组织和文化资源。① "从明中叶至清后期，由于地方政府的行政职能日益萎缩，社会控制权不断下移。明中叶以后的政治体制，可以说是以乡族自治为特征的。"② 晚清以降，国家政治制度的变革，一度对乡村社会的宗族组织产生了较大的冲击。冯尔康先生认为，近代以来，宗族的政治能力呈现出不断弱化的趋势。宗族与政治的分离，宗族与政府的分离，"是20世纪以来宗族长存于现代社会的重要原因"③。

近代社会转型进程中，不同区域宗族的发展与演变呈现出各异的样态。常建华指出，清代闽台地区族正制的推行，与治理地方械斗衍生出的联庄制度连为一体，成为基层社会秩序的维护者。从清前期到近代，族正制在实践中不仅积累起丰富的经验，还形成了成熟的做法，族正、宗族与官府三者形成了一套较为稳定的结构，从而导致宗族进一步组织化。④ 唐力行认为，辛亥革命以后，中国社会转型的速度不断加快，构成传统宗族组织的三大要素——族谱、祠堂、族田，发生了相应的变化。20世纪上半叶中国宗族组织由衰微走向消亡，不是自然演变的结果，而是革命冲击的结果。⑤ 林济认为，"近代文化的不断冲击与革命，加剧了近代宗族社会的崩溃"。⑥ 新族学并不是单纯的国民教育机构，它与乡村望族具有密切的关系，也是一种宗族组织形式。新族学集合了城乡近代宗族精英，其中新乡绅在新族学及其校董会中扮演了特别重要的角色。新族学及其校董会成为乡村宗族新的中心，宗族旧的祭祀功能在一定程度上让位于教育功能。新

---

① 郑振满：《明清福建宗族组织与社会变迁》，中国人民大学出版社2009年版；[美]科大卫：《皇帝与祖宗：华南的国家与宗族》，卜永坚译，江苏人民出版社2010年版。

② 郑振满：《乡族与国家：多元视野下闽台传统社会》，生活·读书·新知三联书店2009年版，第12页。

③ 冯尔康：《18世纪以来中国宗族的现代转向》，上海人民出版社2005年版；常建华：《近十年晚清民国以来宗族研究综述》，《安徽史学》2009年第3期。

④ 常建华：《近代闽台族正制考述》，《中国社会经济史研究》2006年第1期。

⑤ 唐力行：《20世纪上半叶中国宗族组织的态势——以徽州宗族为对象的历史考察》，《上海师范大学学报》2005年第1期。

⑥ 林济：《文化冲击、革命与近代宗族社会——以近代湖北黄州宗族社会为例》，《华中师范大学学报》（哲学社会科学版）1997年第3期。

乡绅推动了宗族制度的改良,推动了乡村宗族变迁。①

以上整体性和区域性研究成果,在不同程度上深化了我们对近代中国宗族组织的演变及其对地方社会文化变迁影响的认识。但是,有关宗族组织与清末地方自治、"同姓联宗"与民国前期地方政治等问题,亦有待进一步的探讨和研究。

本书之所以选择江西地区为考察对象,一是学界对近代江西乡村社会的转型还缺乏整体认识,因此值得我们加以深入研究;一是江西传统乡村社会有着自身的发展脉络和内在机制。明清时期,江西地区的士绅、宗族、会社以及民间宗教等各种社会组织与文化传统,在经历了一个长期的互动过程后,已经融为一个有机的"权力文化网络"。就某种意义而言,近代国家政治变革,并没有改变江西乡村社会发展的内在路径,只是在转型过程中增添了一个外部因素。因此,本研究从江西地方历史脉络出发,考察政治变革与乡村社会变迁的互动关系,在一定程度上能够回答上文提出的问题,为我们理解近代政治变革与乡村社会文化传统的相互关系,提供一种新的经验与认识。

四 近代江西社会研究

有关近代江西社会的转型,学者有较为全面而系统的论述,取得了较为丰富的成果。② 此外,梁洪生透过族谱编修与社会文化变迁的关系,展示了现代国家政治话语与乡村社会文化传统再造的有机联系。③ 张芳霖以制度变革与地方社会变迁的视角,考察了清末民国时期南昌总商会的发展

---

① 林济:《国民政府时期两湖新族学与乡村宗族》,《近代史研究》2004 年第 2 期。
② 何友良:《江西通史》(民国卷),江西人民出版社 2008 年版。
③ 梁洪生:《辛亥前后江西谱论与社会变迁——读谱笔记三则》,《中国社会历史评论》2002 年第 2 卷。

与演进，揭示了商人、商会与地方政治的关系。① 谢庐明、黄志繁、饶伟新、衷海燕、杨品优、罗艳春等人，分别从农村墟市与近代社会变迁、乡族势力与墟市发展、同姓联宗与地方自治、士绅与会社组织、宾兴组织与社会变迁、族董制与宗族组织等专题，对近代江西乡村社会的转型，做了不同层面的探讨和分析。② 温锐、游海华等从社会经济史的视野，对清末至民国时期赣闽边区农村的民间借贷与租佃制度、市场网络与农村经济等问题做了深入分析。③ 此外，一批学者分别从政治史、革命史与社会史等不同角度，对苏区革命的产生原因、动员模式和农民与革命的关系等问题进行了不同程度的探讨④，加深了我们对近代江西社会变迁的外部因素与内在动力的认识。

　　以上研究成果表明，晚清地方军事化与清末新政，对不同地区的社会经济结构均产生了不同层面的影响。与此同时，地方社会在应对各种社会变革时，又表现出不同的政治和文化形态。这种区域史研究取向，加深了我们对近代政治变革与区域社会演变之间关系的整体认识。但是，从已有研究成果来看，有两个问题值得注意。一是就研究区域来看，近代江西地区的研究成果仍然较为薄弱；二是研究时段，已有的研究或是集中于晚

---

①　张芳霖：《市场环境与制度变迁——以清末至民国南昌商人与商会组织为视角》，人民出版社2013年版。

②　杨品优：《科举会社、州县官绅与区域社会——清代民国江西宾兴会的社会史研究》，中国社会科学出版社2018年版；衷海燕：《儒学传承与社会实践——明清吉安府士绅研究》，世界图书出版公司2012年版；饶伟新：《同姓联宗与地方自治——清末民国时期江西地方精英的文化策略》，《学术月刊》2007年第5期；黄志坚、黄志繁：《清代赣南的乡族势力与农村墟市》，《江西社会科学》2003年第2期；谢庐明：《赣南农村市场中的非正式制度与近代社会变迁》，《史学月刊》2003年第2期；罗艳春：《祠堂与宗族社会》，《史林》2004年第5期。

③　温锐：《清末民初赣闽边地区土地租佃制度与农村社会经济》，《中国经济史研究》2002年第4期；游海华：《农村合作与金融"下乡"——1934—1937年赣闽边区农村经济复苏考察》，《近代史研究》2008年第1期。

④　黄道炫：《一九二〇—一九四〇年代中国东南地区的土地占有——兼谈地主、农民与革命》，《历史研究》2005年第1期；陈德军：《乡村社会中的革命——以赣东北革命根据地为研究中心》，上海大学出版社2004年版；饶伟新：《论土地革命时期赣南农村的社会矛盾——历史人类学视野下的中国土地革命史研究》，《厦门大学学报》（哲学社会科学版）2004年第5期；王才友：《50年来的江西苏区史研究》，《近代史研究》2010年第6期。

清，或是专注于清末民初，或是专论土地革命时期，缺乏连续性。因此，如何从乡村社会史的角度，回到江西地方历史的自身脉络，对近代政治变革与江西乡村社会变迁进行持续性的考察，仍然是值得进一步关注的问题。

第二节 历史地理与文化传统

近代政治变革与江西乡村社会的演变，是国家制度变革与乡村社会内在发展共同作用的结果。具体来说，主要是在国家制度变革的背景下，通过士绅阶层的转型、乡村权力体系的演变以及社会文化传统的延续与更新来实现。这几个方面的发展及其互动过程，影响并制约着社会转型的内容与趋向。因此，在进入正题之前，有必要对江西的历史地理与文化传统略作说明。

一 清前期江西的地理与行政格局

江西地处长江中游，介于长江流域与珠江水系之间，在地理上自成单元。东部的武夷山脉和怀玉山脉，横亘于江西、福建和浙江三省之间。西部的罗霄山脉，将江西与湖南分隔开来。北部的九岭、幕阜二山，是江西与湖南、湖北两省的天然分界线。南部的大庾岭和九连山脉，是赣江水系与珠江水系的分水岭。北部的鄱阳湖，将长江与赣江连为一体，是江西通往中原地区的重要通道。江西水系发达，境内大小河流数百条，其中赣江、抚河、信江、饶河及修水为五大水系，分别由南部、东南、东部、东北和西北等不同方向流入鄱阳湖，汇入长江。因此，江西的地理既有相对的独立性，又与外部世界紧密相连。

唐宋以来，随着大庾岭的开拓和整治，鄱阳湖—赣江—大庾岭商道成为沟通南北交通的枢纽，促进了江西社会经济的发展和文化的繁荣。直至清咸丰朝以前，江西仍然凭借连接长江和珠江水系的地位，成为商品输出和引进的重要通道。对此，清末商部官员傅春官在《江西商务说略》中有如下记述：

> （江西）市镇除景德镇外，以临江府之樟树镇、南昌府之吴城镇为最盛。樟树居吉安、南昌之中，东连抚州、建昌，西通瑞州、临江、袁州；吴城濒江而瞰湖，上百八十里至南昌，下百八十里至湖口。凡商船之由南昌而下，由湖口而上，道路所经，无大埠头，吴城适当其冲。故货之由广东来者，至樟树而会集，由吴城而出口；货之由湘、鄂、皖、吴入江者，至吴城而屯存，至樟树而分销。四省通衢，两埠为之枢纽。迨道光二十五年，五口通商，洋货输入，彼时江轮未兴，江西之贩买洋货者固仰给广东。若河南襄阳、湖北汉口、荆州，凡江汉之需用洋货海味者，均无不仰给广东，其输出输入之道，多取径江西。故内销之货以樟树为中心点，外销之货以吴城为极点。加以漕折未改，岁运粮米出江，每值粮船起运，樟树、吴城帆樯蔽江，人货辐辏，几于日夜不绝。故咸丰以前，江西商务可谓极盛时代。①

然而，自《天津条约》签订后，长江沿岸的南京、镇江、汉口、九江各埠开放，外来商品的运销"悉由上海径运内地"，从而使江西在南北交通中的地位逐渐边缘化，境内的吴城、樟树两大市镇的商业也是衰退不少：

> 惟同治以后，（江西）巨富虽多，而全省市面日见衰退，昔之所谓樟树、吴城最盛之埠，其商业十减八九。盖自天津约立，长江轮船通行，洋货之由粤入江，由江复出口者，悉由上海径运内地，而江西商人之往来汉口、金陵，不过本地土产，为数无多，输出输入之货

---

① （清）傅春官：《江西商务说略》，《江西官报》1901年第27期。

减，故商埠寥落之形见。又商务之盛衰，与关税增减成正比。江西常关两处，旧额关税甚旺。自光绪初年，日见减少，近则赣关征不敷解，此一明证也。①

清前期江西的行政区划，基本上继承了明代一省十三府的行政格局，但略有变动，设置了莲花厅和宁都直隶州。乾隆八年（1743），江西巡抚陈宏谋因吉安府莲花桥同知"所辖地方，实因山僻民蛮，离县窎远，难于控制"，先是将"二乡刑名事件归于该同知管理，诚为官民两便"，后又"援照乾州同知等厅之例"，奏请将莲花桥同知升格为莲花厅，得到朝廷批准。② 乾隆十九年（1754），江西巡抚范时绥因"赣州一府管辖十二县，地方辽阔，甲于诸郡。界连闽粤，多崇山密菁，险僻奥区，易藏奸匪，民俗强悍，持械争斗习以为常"，而宁都、瑞金、石城三县又离府城三四百里，官员在管理上鞭长莫及，于是升宁都县为宁都直隶州，州治宁都，"以瑞金、石城两县分隶管辖"，以便"就近查察弹压"③。通过这两次行政调整，江西地方政府进一步加强了对江西中西部和东南部的管控，最终形成了一省、十三府、一直隶州和七十七县的行政体系。这种省、府（州）、县的三级行政建制，一直延续到清末。

不过，必须指出的是，尽管江西作为一个地理单元，具有较强的独立性，在行政上至清前期也趋于定型，但其内部的生态环境、社会结构和生计模式，具有一定的差异性。明人张瀚在《松窗梦语》中，对江西各府的地理特征和社会风气曾有如下记述：

> 江西三面距山，背沿江汉，实为吴、越、楚、闽之交。外析险阻，中包壤地，安危轻重，常视他藩。即四方有事，虽欲保境拒兵，

---

① （清）傅春官：《江西商务说略》，《江西官报》1901年第27期。
② 光绪《江西通志》卷1《地理沿革表一》，第2页。
③ 道光《宁都直隶州志》卷2《沿革志》，第2页。

势独难完。南昌泝江汇湖，右荆左浙，帆樯所集，江西一都会也。九江独据上流，人有市利。南康临彭蠡，缩隘土瘠，时有寇盗。饶州称为裕阜，广信传道，下邑殷盛。抚州人悍，多山寇而衣食自足，颇忧兼并。建昌僻在东南，即有藩封，亦称安辑。南安、赣州则汀、漳、雄、韶山溪会焉，林深谷邃，寇贼渊薮。抚臣提兵，牵制数省，军门之费不烦度支。苟得其人南服，一壮镇也。袁州地逼长沙，逋民客户，喜狱好争，讥察既艰，绥驯不易。临江、瑞州素称乐土，吉安山雄水秀，人才辈出，地利亦饶，甲于诸郡。大抵江西之民，质俭勤苦，时有忧思，至争曲直，持官府即费财不吝。其土窄逐末，不务稼穑，至有弃妻子经营四方、老死不归者矣。①

除了各府之间存在或多或少的差异之外，即使在一府之中，也可以根据地理和风俗分出不同的次级区域。如吉安府属泰和县"细民多技艺，而物产颇饶于他邑"，万安县"民俗椎鲁勤稼，务农植穀，不事远游"②。首府之区的南昌，以赣江为界形成了两个在生态环境、生计方式和聚落形态等方面有明显差异的区域。对此，万历《南昌府志》有如下叙述：

豫章为南方一隅耳。然方隅各域，风气殊齐，非地势使然哉！大都南昌、丰、进处章江东南，地势平夷，水多于山；新建、奉、靖、宁、武处章江西北，山多于水。土平则气宣，民生其间者，禀气近柔，故多愿慤慈祥，与人鲜竞。喜安恬，崇退让，以礼义为风范。乃或不知刚克而一于柔，未免怯愞不振，委曲徇人，甚至脂韦涊忍而无检矣。土耸则气郁，民生其间者，禀气近刚，故多椎鲁峭直，遇事争先，果于赴义，而孑然以修饬藩篱为风节。乃或不务柔克而一于刚，则偏急奋激，勇而尚气，或逞一朝之忿，轻生弗恤也。惟气之宣也，

---

① 张瀚：《松窗梦语》卷4。
② 万历《吉安府志》卷11《风土志》，第8页。

生齿繁多，村落丛集，土浅田瘠，稼穑桑麻之入，不足以给养生送死之需。赋役之供，悉取办四方，岁以为常。所以南昌、丰、进商贾工役之流，视他邑为多。论秦、蜀、齐、楚、闽、粤，视若比邻，浮海居夷、流落忘归者十常四五，故其父子、兄弟、夫妇，有自少至白首不相面者，恒散而不聚，无怨语也。惟气之郁也，民恒聚而不散，田足以耕，山足以樵。一方物产，自足给一方之民用，故新建、奉、靖、宁、武，村居星布，鲜大聚落，咸自食其土壤，至老死不离乡井。终岁勤动，不至大失所焉？矧同一山水之平旷，以南昌视丰、进，则平畴旷野尤过之；同一山水之峻且僻也，以西四邑较之新建，则愈甚矣。①

从上引文可知，在作者看来，南昌府属七县一州可分为两大区域。一是南昌、丰城、进贤三县，为水多山少之区。这一区域中，人多地少，村落丛集，工商业人口较他邑为多。乡民不"安土重迁"，外出经商活动频繁，聚少离多成为家庭的常态；新建、靖安、武宁、宁州、奉新一州四县为"山多于水"之区。这些县境之内"村居星布，鲜大聚落"，乡民依靠耕作和种山，能够维持日常生活，处于自给自足的状态，形成了安土重迁的观念。南昌府属各州县之间在地理环境、生计模式、村落格局和社会观念等方面的差异，在一定程度上表明江西作为一个独立的地理单元和行政区划，其社会结构并不是一个"同质体"，而是有着多元的模式。这种统一性与多元性的并存，既影响着江西地方社会的自身发展趋势，又使其在面临晚清以后的外部政治变革时，不同地域呈现出各异的应对图景。

二 科名与士绅

两宋以来，随着经济社会的发展，江西的教育和文化日益昌盛。明清

---

① 万历《南昌府志》卷3《风土》，第32页。

两朝，江西科举事业繁荣，谓为人文荟萃之所。有明一代，单是吉安一府，就产生进士1020人，其中状元12名，榜眼9名，探花12名。① 清代之后，尽管吉安府科举呈衰退之势，但南昌府、抚州府和建昌府等地科举仍然甚为发达。据学者统计，清代江西共产生进士1887名，其中1333名产生于顺治至道光年间。此外，清代江西中举人数位居全国前列。②

除了举人和进士这些高级士绅外，清代江西还产生了为数众多的低级士绅。他们或是通过科举和军功的途径获得生员身份，或是借捐纳、封赠之道拥有各种虚衔。尤其是咸丰朝以后，凭借捐输和报销饷银，江西获得了较以往更多的永远学额和一次性学额。对此，江西各地方志均有记述。如同治《泰和县志》说道："咸丰三年至同治四年，泰和先后捐输军饷，并在湖南、四川捐输军饷，奉上谕加广永远学定额十名，加广府学永远定额一名，广额三十九名，又广额一百四十七名，分年节次取进。"③ 光绪《南昌县志》则有着更为详细的记载：

> 儒学生员之额，南昌准大县例，食廪饩者二十名，二年贡成均一名，以先后为次。增广生额二十名，岁取入学者，文曰附生，武曰武生，均额十五名。科考之岁无武试。雍正二年，学政沈翼机题准大县增文额五名，武额不增，乃定额二十名。咸丰三年，嘉守城得力，特加南昌府学文武定额各五名，南昌、新建二县学文武定额各三名。七年，以助江军勇饷钱二万贯，抵银一万三千四百六十九两，以一万二千两加文武定额各一名。十年，驳船捐输案内银六万三千一百二十二两，并前余银共六万四千五百九十一两，加文武定额各六名，又一次各二名。同治三年，以邑人流寓湖南捐饷，加文武定额各三名。自咸

---

① 衷海燕：《儒学传承与社会实践——明清吉安府士绅研究》，世界图书出版公司2012年版，第19页。
② 梁洪生、李平亮：《江西通史》（清前期卷），江西人民出版社2008年版，第289—299页。
③ 同治《泰和县志》卷7《学校》，第43页。

丰二年三月至同治三年六月，本邑团练实用过银四十一万九千八百七十六两，于报销案内加一次文武学额二百一名，以捐助军饷再加一次文武学额各四十七名。七年，刘庆祥捐欠饷加一次文武额各二名，遂定文额三十三名，武额二十八名。其一次加额之二百五十二名为暂额，每岁文武各加暂额二十名。①

由上可知，由于守城之功和捐输之效，南昌县自咸丰至同治年间，不仅一次性的学额增加了数百名，且固定的文武学额也各增加了13名。由于资料众多且分散，我们无法对江西的低级士绅总数作准确统计，但从上引史料来看，晚清时期江西低级士绅数无疑有了极大的增长。据张仲礼先生的研究，太平天国后江西生员数增至62197名，较之前约增长56%。②

以上通过正途或"异途"获得科名之人，以及退居在乡的官员，构成了江西的士绅群体。他们与地方政府共同管理当地事务，成为地方社会与国家之间的"中介"。在平常时期，士绅们不仅从事慈善活动、为公共工程筹款、调解或仲裁地方纠纷，还致力于维护儒家伦理道德。在社会动荡年代，创建和领导团练、维护和恢复帝国的政治秩序，则是士绅们的首要目标。③

晚清至民国时期，士绅阶层除在传统事务中发挥积极作用外，还致力于新式教育、现代商业以及地方自治等各种新式事务。从《江西省志》之《教育志》记载来看，清末民初江西新出现的各类新式小学和中学堂，甚至高等学校，大多是地方士绅利用官方政策、为谋求新的权力资源而创建。④ 如光绪二十八年（1902）优贡、新淦人周尔璧，先是担任省初级师

---

① 光绪《南昌县志》卷12《学校上》，第2页。
② 张仲礼：《中国绅士——关于其在十九世纪中国社会中作用的研究》，李荣昌译，上海社会科学院出版社1991年版，第168页。
③ 同上书，第213—228页。
④ 《江西省志》之《教育志》，方志出版社1996年版，第105—109、163—172、375页。

范学堂学监，后改任省高级师范学校校长。1915 年，省高级师范学校停办，周尔璧在清江县章山沟创办省立第五师范学校。南昌县增生熊育钖，先是与堂弟熊元锷、夏敬观、蔡公湛等人创办"乐群英文学塾"，后独力掌管"心远中学"。① 此外，值得注意的是，在现代政治机构——江西省谘议局选举中，议员的席位仍由有传统功名的士绅集团把持。甚至到了 20 世纪 20 年代，这些士绅仍然是江西省议会议员的不二人选。1923 年刊印的《江西省议会第三届第二期常会报告书》，对江西省议会第三届议员的身份有较为详细的记载。现列举其中部分议员身份如下：戴秉清，莲花县人，清拔贡七品小京官；李凝，新建县人，清进士，历充第一第二届议员；陶绪泰，新建县人，清癸卯举人，山东济阳县知事，江西第二届省议会议员；葛第春，武宁县人，壬寅科举人广东补用知事，江西第一届第二届省议会议员；钟光殿，瑞金县人，清优增贡生，广丰县丞，瑞金东区壬田镇自治会议长，私立凤冈高等小学校校长，壬田保卫团总，第一届省议会议员。② 这种"旧"身份和"新"政治结合的现象，充分说明了清末民初社会文化传统、现代政治制度和士绅群体之间的复杂关系。

清代江西科举的发展，除经历了制度性的兴废更替之外，还呈现出地方性的矛盾。在江西部分州县，移民在定居和入籍之后对科名的追求，引发"土""客"学额之争。尤其是在万载县和义宁州，土客之间的竞争不仅持续时间长，且矛盾最为尖锐，甚至发生了被地方官斥为"挟制官长，非法妄为"的土著童生集体罢考事件。直至嘉庆十三年（1808），礼部采取了划定名额的录取办法，将土著考生与客籍考生分别给予名额，二者之间的争夺方得到平息。③ 这种"土""客"科考之争，不仅反映出时人对科名这种文化资源的重视与追求，且表明当地社会结构有了变化，为后世

---

① 《江西省志》之《教育志》，方志出版社 1996 年版，第 569、571 页。
② 江西省议会编：《江西省议会第三届第二期常会报告书》，1923 年，第 23—26 页。
③ 梁洪生：《从"异民"到"怀远"——以"怀远文献"为重心考察雍正二年宁州移民要求入籍和土著罢考事件》，《历史人类学学刊》2003 年第 1 卷第 1 期；谢宏维：《化干戈为玉帛：清代及民国时期江西万载县的移民、土著与国家》，《历史人类学学刊》2005 年第 3 卷第 1 期。

社会变革提供了土壤。正如学者所言："在一些府县，移民与土著为了谋求各自生存发展的空间而引起的各种社会矛盾不断激化，甚至成为江西清前期以来地方历史发展的主要脉络和内容之一。这种二元的社会人文分野长期存在，对近代以来的江西社会变迁及地方动乱和革命等，都产生了长远而深刻的影响。"①

三 宗族组织与乡村公共事务

自明中后期以来，作为中国传统社会的基层组织，宗族逐渐与国家制度融为一体。它们不仅充当起负责国家赋税征收的角色，还成为政府治理地方社会的合作组织。明末清初的战乱，一度使江西的宗族组织遭到破坏。但是，随着社会秩序的稳定，清政府开始大兴教化，推行"孝治"的伦理政治。康熙九年（1670）和雍正二年（1724），清政府先后颁布了《上谕十六条》和《圣谕广训》，倡导修建家庙、置办义产、编纂谱牒及举行宗族祭祀，为宗族组织的复兴提供合法性依据。在此背景下，江西各地掀起了一股修谱建祠的热潮。至雍乾时期，江西各地不仅建起了为数众多的祠堂，且在规制、仪式等方面逾越了政府的规定。尤为重要的是，这些遍布城乡各地的祠堂之间，通过"同姓联宗"的方式，将宗族的地域范围不断向外延伸，形成了一个村—县城—府城—省城的有机层级。泰和人萧敷政在《重建郡城萧氏大宗祠主谱序》一文中，曾这样描述江西的合祠之风："我江右风俗从厚，甲诸行省。凡族聚而居者靡不有祠。祠以派分，既各隆其小宗矣。而村又有合祀各派之宗祠，邑则有合祀各村之宗祠，郡则有合祀各邑之宗祠，甚至省会亦复有合祀各郡之宗祠。"② 如吉安府城萧氏大宗祠创建于明万历年间，地点位于城西玄妙观之右。康熙三十五年（1696），该祠移至西关严家巷重建。此后，萧氏大宗祠兴废不一，并于光

---

① 梁洪生、李平亮：《江西通史》（清前期卷），江西人民出版社2008年版，第6页。
② 《吉郡萧氏大宗祠主谱》，宣统二年刊，不分卷，"序"第1页。

绪三十一年（1905）再次重建。在省城南昌，豫章黄氏鉴于"各派各基一地，收辑为难"，"与各郡祠宗先生思同体之亲多异地之隔"，于乾隆二十一年（1756）采取集资的方式，在南昌城百花洲畔杏花村建立了黄氏大宗祠，"一以春秋礼祀得共报祖宗功德之隆，一以考试临期且堪为孙子寄寓之便"①。然而，在实际生活中，这些建立在府城和省城的大宗祠，并非仅如黄宗启所说的作为祭祖敬宗和科考寄寓之地，而是成为地方官眼中催生词讼的温床。对此，江西巡抚辅德在乾隆二十九年（1764）的《请禁祠宇流弊疏》中就说道：

> 窃照江西民情健讼，有司勤惰不齐，州县自理词讼，及上司批查案件，多不遵照例限审结，且有判断失平，不能折服其心，未免益长刁风，而滋拖累。……惟查各属讼案繁多之故，缘江西民人有合族建祠之习，本籍城乡暨其郡郭并省会地方，但系同府同省之同姓，即纠敛金钱，修建祠堂，率皆栋宇辉煌，规模宏敞，其用余银两置产收租，因而不肖之徒，从中觊觎，每以风影之事，妄启讼端，藉称合族公事，开销祠费。县讼不胜，即赴府翻；府审批结，又赴省控。何处控诉，即住何处祠堂，即用何处祠费。用竣复按户派出私财，任意侵用。是祠堂有费，实为健讼之资；同姓立祠，竟为聚讼之地。欲弥讼端，不得不清其源而塞其流也。臣查民间祠堂如系建于本乡，时祭飨而联络族谊，设公费以教养子弟，乃系敦尚古道，实为美俗可封。若远于府省地方，祭飨无闻，族谊不浃，其屋宇则傍宿健讼之徒，其公财则积为逞讼之费，颓风败习，莫此为甚。况查所建府省祠堂，大率皆推原远年君王将相一人共为始祖，如周姓则祖后稷，吴姓则祖泰伯，姜姓则祖太公望，袁姓则祖袁绍。有祠必有谱，其纂辑宗谱荒唐悖谬，亦复如之。凡属同府同姓者，皆得出费与祠，送其支祖牌位于

---

① 《省会黄祠四修主谱》，光绪二十年刊，不分卷，"原序"第3—4页。

总龛之内，列名于宗谱之册。每祠牌位动以千百计，源流支派无所择。出钱者联秦越为一家，不出钱者置亲支于局外。原其创建之初，不过一二好事之徒籍端建议，希图经手侵渔，访其同府同省同姓，或联络于生童应考之时，或遍走于农民收割之后，百计劝捐，多方耸动。愚民溺于习俗，乐于输助，故其费日集而多，其风日踵而盛。初成广厦，置之空闲，歇讼聚睹，窝匪藏奸，不可究诘。……嗣后永远不许添建府省祠堂公宇，其有实系敦本支而睦宗族者，只许于本乡本村以时飨祀，庶几礼教可明，讼源可涤，而民生日厚矣。①

为了加强对宗族组织的管理和控制，自雍正时期开始，江西地方政府推行了"族正制"，要求族正担负起"宣讲圣谕，以兴教化"之责，同时禁止宗族将公共财产用于诉讼。乾隆时期，江西巡抚陈宏谋要求全省各宗族设立约正，管理本族的教化之事。凌燽在任江西按察使期间，为了强化对乡村社会的治理，大力推行保甲和乡约，并将宗族引入其中，从而导致宗族进一步组织化，出现了族正、族约的"族保"系统。② 道光年间《西江政要》则记载："议评选立族正，给予委牌，族中小事治以家法，祠内公项止许祭祀修祠之用。如有盈余，将族中鳏寡孤独残废穷苦之人量为周恤，不准将祠内公项放作讼费。"③

尽管辅德等人对同姓建祠加强了管控，并试图通过族正制强化宗族组织的教化之责，但随着地方政府因财政困难而引发的职能萎缩，只好将救济、助考等诸多公共事务下移。在族中士绅的主导下，许多宗族不仅形成了一套用以维系祭祀祖先和教化子弟的秩序，还衍生出济贫、助考、育婴等公共职能，成为乡村社会治理的建设者和管理者。如萍乡县硚南李氏宗

---

① （清）辅德：《请禁祠宇流弊疏》，（清）贺长龄编：《皇朝经世文编》卷58《宗法上》，清道光刻本，第37页。
② 常建华：《乡约·保甲·族正与清代乡村治理——以凌燽〈西江视臬纪事〉为中心》，《华中师范大学学报》（人文社会科学版）2006年第1期。
③ 《民间选立族正章程》，《西江政要》，抄本，不分页，江西省图书馆藏。

族在"宗政"中特设"立义仓"条例:"凡各支稍有力之家随其高下各出谷硕许,轮流生积,择一公平无私者主之。丰则照常例而收,荒则减常例而放。"① 对科考中试者,许多宗族按等级和名次分别予以奖励。万载县珠树汤氏元公、联公两房联合设立"文昌会",规定"入庠者,会内给花红钱四千文,应童试者程仪钱四百文,应乡试者程仪钱二千四百文"②。吉安县斋楼前曹氏则专门设立考费,规定"吾族自童试及乡会试,俱有帮费,至如上大者,亦各有增资"。道光十五年(1835),该族在族谱内专设"考费志"一项,将助考条规逐一列出:"童试县府正场各帮费钱三百二十文,县府复试各帮费钱四百文,道考正场各帮费钱四百文,生员过岁科考各帮费钱三百二十文,贡监廪附乡试各费帮钱四千文,贡监考北闱各帮费钱一十六千文,会试各帮费钱三十二千文,入泮贺礼四十千文,补廪贺礼钱十六千文,恩拔副岁优贡贺礼钱一十六千文,中举贺仪钱六十四千文,中解元贺礼钱一百千文,中进士贺礼钱一百二十千文,中会元贺礼钱二百四十千文,主事中书贺礼钱一百六十千文,点翰林贺礼钱二百四十千文,中榜眼探花传胪贺礼钱三百二十千文,中状元贺礼钱五百千文,捐四五六七品官员出仕贺礼钱八十千文,捐八九品官员出仕贺礼钱四十千文,捐大小职衔贺礼钱大职二十千文、小职十二千文,捐贡监贺礼钱贡二十千文、监十二千文。"③

除济贫与助学外,育婴也是江西宗族组织普遍具有的社会功能。江西溺女之风古来有之,清代尤盛。但是,自清中叶起,由于官办育婴堂逐渐衰败,民间育婴事业开始兴起,士绅和商人纷纷在宗族中创办育婴会。如新建县举人程亮采因本乡俗多溺女,"商禀大父捐赀数百吊,设立禹思堂生生会,以救族间之贫乏者,近邻愿入会者听。除初生不给外,嗣后每女给谷二石,双生者五石,其已入会而复干禁者议罚"。同县昌邑乡人陶福

---

① 《萍乡礤南李氏家谱》卷2《宗政》,1919年刊,第10页。
② 《万载珠树汤氏族谱》卷10《艺文》,1938年刊,第10页。
③ 《斋楼前曹氏续修族谱》不分卷《考费志》,1991年,第5—6页。

廷"屡试不遇","乡邻有溺女者,尝倡首醵金,立育婴会以救之"①。星子县太学生余定茂,"见本都地方贫人多溺女,爰偕同志者兴育婴会,自捐田二十五亩六分为之倡。自是贫户之生女者稍得衣食之助,而好溺者之风渐息矣"②。都昌县五都王文政裔孙、附生王以蕃等人,于道光年间合族集议,捐资设立育婴会,"遇本族贫户生女给钱米,佐其哺养之资"。为此,知县顾麟趾奖以"德普宗婴"匾额,并批准立案刊刻家谱存据。③

清前期江西的宗族组织不仅规范和影响着族内成员的生活,还在一些社区性公共事务中扮演了主导角色。如萍乡县石溪周氏宗族的育婴会,先是族内亲睦堂四房人士捐出租谷为之倡,再有裕兴会、有怀堂、省斋会"多寡捐租输谷为之和",在祠内建仓积储,"每岁出陈易新,发借本祠子孙及本境族邻",从而达到"广好生之德即以寓救荒之意"④。此外,在清代江西乡村社会中出现的水利工程和书院中,由单个或多个宗族组织联合创建也是屡见不鲜。无论是这些水利设施的修复和书院的重建,还是它们的日常管理,均是由邻近的宗族组织共同承担。⑤

这些事例充分说明,在清前期江西乡村社会生活中,宗族组织已占据重要地位,是基层社会管理体制中的重要一环。值得指出的是,这种以宗族组织为中心的乡村社会权势格局,并未因晚清以降各种政治变革而被打破,而是一直延续至清末民国前期。如清末民初江西许多新式学堂的办学经费,就是由宗族组织中各类公产转化而来。⑥ 这一点在一定程度上反映了宗族组织在当时江西乡村社会中仍具有相当的生命力。

---

① 同治《新建县治》卷45《笃行》,第21页。
② 同治《星子县志》卷10《人物上》,第43页。
③ 同治《都昌县志》卷2《规建志》,第27页。
④ 《石溪周氏族谱》卷末《簿序》,民国年间刊本,第1页。
⑤ 衷海燕:《儒学传承与社会实践——明清吉安府士绅研究》,世界图书出版公司2012年版,第260—321页;廖艳彬:《明清赣江中游地区水利开发与地方社会变迁》,江西人民出版社2012年版,第168—180页。
⑥ 江西省农业调查所编:《南昌全县农村调查》,1929年刊,第127页。

四 神庙祭祀系统

在清前期江西乡村社会文化传统中，神庙祭祀也是重要的组成部分。除了列入官方祀典的神庙祭祀外，江西各地乡村的神庙祭祀主要是社区性的神灵崇奉和祭拜。无论这些神庙是以宫观的形式出现，还是以祠庙的名义存在，由于它们崇奉的神灵具有浓厚的乡土色彩，因而其历史往往与周边乡村社会中的不同姓氏或村落有着千丝万缕的联系。围绕着各色房头神的祭祀，乡村社会往往会举行一定规模的迎神和演剧活动，形成为期数天的庙会。如袁州府分宜县昌山自唐代就立有龙母阆城君庙。据地方志记载："每逢八月十三日圣母诞辰，朝谒晋香，古庙为之塞，道路络绎不绝。无论本邑人及他邑人莫不若厥角稽首，虔诚顶礼，诚所谓香火千秋。"① 在广信府铅山县，邑人以八月二十日为葛仙翁诞期。每年六月初一至十月初一，当地百姓纷纷备好香亭仪仗、箫鼓管弦，前往葛仙山进香，形成"络绎道途，肃人观听"的盛况。②

除了这些不同区域、规模不等的进香外，还有每个县在不同月份为不同神灵举行的祭祀活动。如赣州府赣县有"崇尚赛神"之俗，城内外庙宇"每岁灯节后即画龙舟祀奉，弥月盛筵演剧，送神之日钲鼓沸地，旗旛蔽日"③。会昌县自正月至十二月，每月均有神灵祭拜，形成多种多样的祭祀组织。正月十五日，城乡张灯结彩，扎有龙灯、花灯、走马灯、花鼓灯，"遍谒神祠，沿街歌唱"。二月初三，"文昌会"会众赴文昌宫庆祝神诞，"馂余酬饮，共享神惠"。同月十九日，"观音会"信众聚集到观音殿，供奉观音大士。三月三日，"真武祖师会"出资演戏，庆祝神诞。四月八日浴佛日为"太子会"，各寺观遍设斋供，诵经礼忏。六月十九日为白衣神

---

① 民国《分宜县志》卷14《风俗》，第8页。
② 同治《铅山县志》卷5《地理志之风俗》，第18页。
③ 同治《赣县志》卷8《地理志之风俗》，第1页。

诞期，县内水东、高排两地百姓前日至庙迎请神像，自水东庙出游，沿街各商户在门口摆设香案迎接。七月七日是祁山道人赖神诞日，士民先一日迎神出游，"城乡市镇皆演剧恭祝，以答神庥"。八月十二日为许真人诞辰，家家户户备好斋供，至庙中叩首跪拜，戏班在庙前演戏。九月九日为"九皇会"，民众自初一日开始斋戒，至初九日止。十月初一为"十月朝"，乡村大众各自斋戒素供，"于是日清晨谒祖祠及各坛宇"。十二月，县内各地组织"谢福会"，募集钱银，购买牲醴、香供，酬谢福神，"饮酒演剧为乐"①。

在清前期江西民间崇拜与祭祀祭祀活动中，福主崇拜与万寿宫网络的形成，是一个引人注目的历史现象。自明代以来，在政府官员、地方士绅以及商人群体等社会阶层的共同塑造下，许真君逐渐由"净明祖师"演变为"江西福主"，万寿宫成为江西地方文化的象征。至清前期，万寿宫已经遍及江西乡村。清道光年间，时人苏廷魁在一首名为"许旌阳庙"的诗中就这样描述："仙家何事觅刀圭，济物功多天寿齐。不见旌阳慈父母，至今祠庙遍江西。"②

此外，江西各地方志的记载表明，从明末至清中期，万寿宫（真君庙）由数县向数十县扩散，各县境内万寿宫的密度不断增大。如赣州府兴国县，从清顺治至道光年间，先后在枫边墟、江口墟以及三僚等地共兴建真君庙22座，其中9座出现在嘉庆朝。③赣县除城内米市街、贡水东以及文昌阁三地分别建有真君庙外，"又各乡多建，不及详载"④。袁州府万载县自清雍正时期至同治年间，先后在槠树潭中街、高村中街、潭埠、白良等地创建了26座万寿宫，其中高村中街万寿宫乃是当地饶姓独力建造。对此，其族人饶继光在《建真君庙记》中说道："真君乃江右福主也，由都会以及村落无不立庙而崇祀之。予于丙申岁不惜土木瓦石之费，醵金六百

---

① 丁世良、谢放编：《中国地方志民俗资料汇编》，华东卷（中），书目文献出版社1992年版，第1171页。
② （清）苏廷魁：《守柔斋诗钞续集》卷1，同治三年刻本，第6页。
③ 同治《赣县志》卷13《祠庙》，第12页。
④ 同治《赣县志》卷11《坛庙》，第7页。

有剧，鸠工三千有奇，而庙于是成。"① 潭埠万寿宫为"雍正十年邹元万、杨荣成等募建。嘉庆丁卯，朱梅林、易祥云等更募重建，并置店房"②。自乾隆年间始，江洪盛、张书文等119人先后起立老真君会和新真君会，"合置田业，同为权积，以维庙祀久远之计"③。嘉庆年间，新老真君会捐银120两，重建万寿宫。④

在南昌府义宁州境内，万寿宫遍地皆是。至同治时期，该州万寿宫多达54座。在这些万寿宫中，除两座位于州城外，其余52座分处各乡，具体为武乡14座，崇乡9座，泰乡和安乡各8座，西乡和仁乡各4座，高乡3座，奉乡2座。⑤从现有记载来看，这些万寿宫大多是由乡村社会中各种力量共同完成的。如武乡山口万寿宫创建于清乾隆五十五年（1790），其中"廿九都建牌坊，三十一都修戏台，三十二都修中重，正殿则归于街甲募诸十方善信"。此外，"关帝会捐银二百三十两，墙脚会捐银一百一十两，泗王殿借来银三十两正。观音桥会助田租拾六担，又捐银四十两。盐会众信捐银四十两，又加银四十两。老真君季捐银四十两，又加银一百两"⑥。仁乡石坳万寿宫于乾隆五十年（1785）重修，当时"朱左奉助修戏台一座，樊冠琳、艺五、班若助修神台一座，彭卓士助修砖排切一座，邓河孙助石门框一付，黄丹孙助梁一根，樊循南、卢孚鱼等35人分别助银1两至9两"⑦。

总之，清代江西全省万寿宫网络呈现出由点到面、从省内到省外的历史态势，各县万寿宫数不断增多。随着各地万寿宫系统的不断扩展，形成以西山万寿宫为中心的区域文化网络。这一网络将不同地域的不同利益集团连成一体，集中地反映了明末清初以来江西地方权力体系的跨

---

① （清）饶继光：《建真君庙记》，《饶氏族谱》，同治十三年刊本，卷首，第8页。
② 民国《万载县志》卷2《祠庙》，第6页。
③ 合会共修：《潭溪真君新老二会册》，序，1914年刊，第1页。
④ 《潭埠万寿宫题捐碑》，嘉庆年间，此碑现存潭埠万寿宫内。
⑤ 同治《义宁州志》卷10《祠祀》，第1—4页。
⑥ 《万寿宫碑序》，《山口三殿祀产志》，光绪二十年刊，第39页。
⑦ 《乾隆五十年重修万寿宫助银碑》，此碑现存石坳万寿宫内。

地域整合趋势，以及江西与其他省份在经济和文化上不断交融的历史过程。

除了许真君信仰和万寿宫之外，清前期江西乡村普遍出现的区域性神灵还有萧公和晏公。萧公信仰，指以萧伯轩、萧祥叔、萧天任三世为中心的各种祭祀活动。明万历年间，该信仰因郭子章的阐释和《大洋洲萧侯庙志》的编修，形成了一个有机的系统，确立了在王朝祭祀体制内的正统地位，为民间的崇奉和祭祀提供了合法性。进入清代后，萧公崇拜得到进一步发展，成为从官方到民间普遍祭祀的神祇。道光年间，以清江人饶学澍、杨世锐为首的临江府士绅重新刊刻了《大洋洲萧侯庙志》，强调无论是从王朝利益来讲，还是就地方福祉而言，崇奉萧公都具有合法性和正统性。不过，尽管临江府的士绅阶层都将萧公视为地方保护神，但随着商业的发展和人口的流动，萧公信仰沿着赣江—鄱阳湖水道向其他地区扩散。至清中叶，江西已经有20多个县建有数十座祭祀萧公的祠庙，其中宁都县建有3座。从名称来看，这些祠庙有的称水府祠，有的称萧公庙（殿），也有的称英佑侯祠。就功能而言，这些庙宇各有不同。如铅山县河口镇的"仁寿宫"，作为"临江一郡公所"。新喻县的萧公庙，既是沿江放排工人奉祀萧公的场所，也是他们处理行业内部事务之地。另外，从其他史料记载来看，至清前期，随着江西人的向外流动、商业的扩张和漕运的发达，萧公信仰已经越出了江西一省之境，进入两湖、四川、山东、山西、浙江、河南、广西、贵州等其他省份，成为一种与特定人群相关的全国性崇拜。正是在多种力量的作用下，萧公信仰完成了从临江一府之神向全国性神祇转变，形成了"凡通都巨镇，省会京师，仕宦商贾，舟车往来之区，莫不立庙以专祀侯"之景。①

晏公崇拜，指的是以临江府清江人晏成仔为中心的祭祀活动。据《搜神记集》记载，元朝初期，晏公以人才应选入官，为文锦局堂长。不久

---

① （清）饶学澍：《河口新建仁寿宫落成碑记》，《重刊大洋洲萧侯庙志》卷8《跋》，道光三十年刊本，第1—2页。

"因病归，登舟即奄然而逝。从人敛具一如礼。未抵家，里人先见其扬驺导于旷野之间，衣冠如故，咸重称之。月余以死至，且骇且愕，语见之日，即其死之日也。启棺视之，一无所有，盖尸解云。父老知其为神，立庙祀之，有灵显于江河湖海"①。明洪武初，晏公被朝廷诏封为"显应平浪侯"。由于朝廷的推崇，自明中期始，在各阶层的塑造和推动下，晏公与萧公一道，走向了江西各乡村和市镇，以及全国各地。②至清前期，江西许多城镇和乡村创建了为数众多的晏公庙，其中赣东北为晏公庙较为集中地之一。康熙年间，广信府铅山县重建了晏公庙。庙址在县治以西三里居西关水上，为一县之福地。"雍正七年，知县张崇朴增广其制，楼阁焕然一新，载入祀典，风值庭辰，令必亲祀之。"③乾隆三十年（1765），乡人刘亮珍又在北关城外兴建了平浪王庙。另外，该县的五都河背和石塘镇，各建有一座平浪王庙。④饶州府鄱阳县共立有四座晏公庙，其中一座位于城西柳林津，"官民舟楫必祷，国朝同知刘愈奇修，乾隆五十四年重修"。另外三座则分别在棠阴、立德乡和安吉社。⑤

在江西西部地区，也兴建了一定数量的晏公庙。如袁州府万载县晏公庙建于明洪武十四年，创建者为邑人龙明远。至万历年间，该庙毁于水患，明远之孙重修。⑥康熙三年（1664），瑞州府高安县迎恩门内众姓捐资，兴建了第一座晏公庙。康熙十年，乡人陈汝言捐资增建两廊，砌立甬道。⑦南昌府奉新县的晏公庙，"建于奉化乡上村"⑧。此外，吉安府安福

---

① 佚名：《搜神记集》卷3《晏公》，第12页。
② 唐庆红、张玉莲认为，明清时期，在移民、商业和国家力量的共同推动下，晏公信仰与萧公信仰一样，经历了从乡土之神向他乡之神的演变，成为贵州地区普遍的信仰。参见氏著《明清江西萧公、晏公信仰入黔考》，《宗教学研究》2013年第4期。
③ 乾隆《铅山县志》卷3《坛庙》，第43页。
④ 同治《铅山县志》卷6《坛庙》，第16页。
⑤ 同治《鄱阳县志》卷4《坛庙》，第20页。
⑥ 康熙《万载县志》卷4《坛庙》，第9页。
⑦ 同治《高安县志》卷27《坛庙》，第11页。
⑧ 同治《奉新县志》卷4《祠庙》，第63页。

县、建昌府南城县都建有一座晏公庙。① 这些不同地区新建或重建的晏公庙，充分说明晏公崇拜已经成为清代江西民间崇拜中一种普遍的祭祀活动。

康王信仰和刘猛将军祭祀，也是清前期江西乡村社会中常见的活动。康王庙、刘猛将军庙与万寿宫、萧公庙、晏公庙一道，构成了不同层次的乡村神庙祭祀体系，不仅与村落、姓氏或行业等社会组织联系密切，且在政府"神道设教"的理念下，与里甲或保甲等基层行政组织形成了有机的关联，逐渐成为乡村社会中的权力中心。如分宜县的刘猛将军庙，地方官希望通过建庙祭祀蝗神，使管辖之地"田谷不害，仓箱可盈"，同时又将地方治理置于神灵的监管之下，期望百姓"体神之忠诚而不致诈伪，慕神之节义而不敢贪婪"。② 新城县四十八都西成桥万寿宫建成后，当地监生杨先沛等人鉴于县内"向有射利之徒，以故贴冒充，私索买卖粮食行税"，于是"较准公斗，用铁索锁于殿外柱上，令买卖粮食均于此处印用，不得妄取分毫"③。新淦县大洋洲萧侯庙，则是临江府官民的共同祭祀中心，凡"有事于江淮河北四方之役者，必先斋戒趋大洋洲，卜吉以往"④。

通过以上简单勾勒可以看出，在江西这一独立性与差异性并存的地理空间与行政格局之内，随着国家政治的变化与社会经济的发展，形成了以科举功名、士绅阶层、宗族组织和神庙祭祀为代表的乡村社会文化传统。这些社会文化传统不仅有着自身的历史脉络，且相互之间不断交融，形成了一个有机的统一体。因此，当历史的轨迹开始进入近代之时，我们还是看到，面对日益频繁的国家政治变革，江西的社会文化传统并没有被外部的冲击打破，而是充满了内在活力：士绅在地方社会中的地位没有发生根本变化，仍然是国家与社会之间的中间桥梁；宗族组织仍然在水利建设、

---

① 乾隆《安福县志》卷3《坛庙》，第9页；同治《南城县志》卷4《祠庙》，第16页。
② 同治《分宜县志》卷2《祠庙》，第13页。
③ 同治《新城县志》卷2《坛庙》，第5页。
④ （清）施闰章：《大洋洲萧公英佑侯庙碑文》，《施愚山集》卷18《碑文》，何庆善、杨应芹点校，安徽古籍出版社1992年版，第367页。

书院管理等乡村公共事务中发挥着作用，对人们的日常生活产生深刻影响。以许真君信仰与万寿宫为代表的民间祭祀与神庙系统依旧在发展，扮演着乡村社会管理中心的角色。所有这些，充分表明了地方社会历史发展的内在连续性。

当然，正如前文所言，清末以降，江西与河南、安徽等其他内陆地区一样，卷入近代化的浪潮中，出现了诸如商会、自治会、新式学校，甚至谘议局等现代性组织机构。然而，尽管这些现代性机构在成立宗旨、组织方式和管理原则等方面，与书院、行会和会社等传统组织有时代之别，但是，如果我们回到特定的时空之中，从人的社会网络出发，不难发现这些新事物实际上与士绅群体、宗族组织之间有着不同程度的重合。因此，本研究将从地方历史发展脉络出发，着重思考以下几个问题：第一，在晚清至民国前期"大变局"背景下，在每一个具体的历史阶段，江西乡村社会除了上述不变的现象外，又出现了哪些新事物，增添了哪些新因素？第二，在乡村社会文化传统与新事物、新因素发展的过程中，它们之间存在怎样的互动过程？其发生互动的途径和方式又是什么？对各自的历史发展趋势带来了怎样的影响？第三，乡村社会文化传统与现代性机构的互动，以及二者在此过程中各自发生的变化，又在哪些层面对地方社会的近代转型产生了影响和制约？

为了回答这些问题，我们以近代政治变革为背景，围绕士绅与乡村社会文化传统两大主题，按照时间序列，分别从团练与乡村社会权势转移，士绅与乡村社会秩序重建，新式社团与士绅权力网络的重构，士绅与乡村社会文化的延续，以及宗族组织、乡村联盟与地方自治等内容，以专题的方式，将整体分析与个案研究相结合，重构近代政治变革与乡村社会变迁的历史图景，以期有助于我们重新思考中国传统社会近代转型的历史与逻辑。

第二章　清中叶江西乡村中的房谱、神庙与会社

近代江西的政治变革与乡村社会变迁，既是在中国传统社会的近代转型的"大历史"中展开，又与江西地方社会的"小历史"有着密切关系。因此，在考察近代政治变革之前，必须对江西乡村社会文化传统有一个基本的认识。本章试图通过家谱的编修、神庙的管理与会社组织的发展三个方面，进一步考察清中叶江西乡村社会文化传统的基本内涵，揭示其形成的内在机制，以期有助于理解近代江西政治变革与乡村社会文化传统的互动关系。

第一节　房谱的编修及其社会文化意义

家谱的编修，是明清时期南方传统乡村社会中一种普遍的文化现象，反映了国家意识与乡村社会权势转移的内在联系。[①] 房谱的产生，既有特

[①] 刘志伟：《从乡豪历史到士人记忆——由黄佐〈自叙先世行状〉看明代地方权势的转变》，《历史研究》2006 年第 6 期；《祖先谱系的重构及其意义——珠江三角洲的个案分析》，《中国社会经济史研究》1992 年第 4 期；《宗法、户籍与宗族——以大埔茶阳〈饶氏族谱〉为中心的讨论》，《中山大学学报》（哲学社会科学版）2004 年第 6 期；梁洪生：《辛亥前后江西谱论与社会变迁》，《中国社会历史评论》2000 年第 2 卷；《谁在修谱》，《东方》1995 年第 3 期；钱杭：《谁在看谱》，收入上海图书馆编《中华谱牒研究》，上海科学技术文献出版社 2000 年版；郑振满、张侃：《培田》，生活·读书·新知三联书店 2005 年版；［日］濑川昌久：《族谱：华南汉族的宗族·风水·移居》，钱杭译，上海书店出版社 1999 年版。

定的时代背景和地域环境，又是明清时期社会结构和宗法观念长期演变的结果。因此，考察从族谱到房谱的转变，不仅有助于厘清族谱这种民间历史文献的发展脉络，还能进一步揭示族谱生产的社会机制与文化意义。本节试以江西新昌县（今宜丰县）天宝乡《墨庄刘氏塏下重修房谱》为例，考察从族谱编修到房谱编修的转变，以及房谱内各种文本产生的历史过程，分析房谱的编修与宗族结构转型的内在关联，揭示房谱编修背后的社会文化意义。

一 从族谱到房谱

天宝乡位于新昌县北部，距离县城约90里，与南昌府奉新、义宁二州县交界，是新昌通往湖北的必经之地。该乡四面环山，东南为洞山，西南有桶木黄岭，西北亘大姑岭，东北蕴古阳寨，形成一个四周高、中间低的盆地和独立的地理单元。境内溪流众多，其中耶溪是县内最大的河流。该河流经县城后与锦江合流，汇入赣江—鄱阳湖水系。明清时期，顺耶溪而下是天宝乡通往县城和外部世界的主要途径之一。在生计模式上，除了农业生产之外，纸张的生产和销售对天宝乡具有相当重要的意义。早在宋代，天宝乡就有土纸生产。明清时期，天宝乡生产的土纸占全县总量之半。至民国初期，地方志仍称天宝乡"力农者少而游食者多，不若东南勤苦，贫富均俭而易足也"[①]。由此可见，明清时期，因纸张的加工和贸易，天宝乡产生了一批游食四方的工商业者。

明清时期，天宝乡下辖第三十一都至三十六都，各都管有数个或十数个村落，其中三十三都内的辛会村，即墨庄刘氏宗族聚居之地。据《墨庄刘氏塏下重修房谱》记载，宋光宗时期，时任大姑岭巡检司的刘椿"见天宝辛会形势颇胜，遂家焉"。刘椿生子一，名承全。承全生念，念生允迪，

[①] 民国《盐乘》卷1《疆域》，第16页。

允迪生阳祖、阳可。阳祖生四子，分别为孟洪、仲洪、季和、季珍；阳可亦生四子，分别为季铭、季昭、季华、季荣，"而子孙繁昌，实自兹始矣"。元明时期，随着人口不断增加，部分刘氏族人开始由辛会向外分居。如六世祖季和携子孙迁往新居，季荣迁往大楼，七世祖敬翁和子孙分居仓背，奇翁和文翁的子孙分居墥下，八世祖彦谦同子孙迁居庙下，等等。至清中叶，这些迁居各地的刘氏分支，先后形成了新居、镇居、仓背、下房、墥下、上屋、大楼、庙下等房派①，各房下面又有为数不等的支派。

与房支不断增多相伴随的是，刘氏宗族在科举上取得成功。据方志记载，明清两代，刘氏宗族共产生了进士9名，其中明代1名，清代8名，100多名举人和为数众多的生员。由于刘氏子弟中举者颇多，以致清道光时有江西乡试"无刘不开榜"之说。② 这些进士、举人及生员等各类功名的获得者，构成了刘氏一族内的士绅阶层，主导了族内事务的建设与管理，展开了修族谱、建祠堂等系列活动。据史料记载，刘氏族谱编修始于元末和翁公。至明永乐九年（1411），时任秋官主事的用实鉴于"宗族浩繁，年派辽远而谱不重修，恐遂紊乱"，与叔父彦伦重修了族谱。此后，在士元、士会、金峰、云溪等士绅领导下，刘氏族谱多次得到重修，"迄盛朝乾隆乙亥庚子计八修矣"③。此外，为了强化宗族成员对大宗祠的认同，明隆庆二年（1568）进士刘体道重修了开基祖刘椿及其夫人之墓，重建了大宗祠，制定了"天宝墨庄家约"，强调凡是刘氏子孙"宜念水源木本，无忘天经地义。尚有灭伦犯分，轻则绳以家法，重则送官究治"，从而使刘氏宗族进入一个体系化和规范化的阶段。

通过族谱的编纂和重修，以及大宗祠的重建，刘氏宗族确立了一套用以界定族人社会身份和规范族人行为的准则，保证了在各房支力量日益凸显的情况下宗族的整合与发展。尤为重要的是，在此过程中，刘氏宗族不

---

① 《墨庄刘氏墥下重修房谱》卷3《本源总图》，1916年修，第6页。
② 同治《新昌县志》卷12《人物志》，第26—28页。
③ 《墨庄刘氏墥下重修房谱》卷1《序》，第1页。

仅通过世系的建构，达到了与新喻墨庄刘氏在世系上的对接，还借助在纸张贸易中获取的商业利润，对整个村落的布局进行了整体的规划，新建了墨庄阁等众多具有文化象征意义的建筑，完成了从天宝"辛会刘氏"到天宝"墨庄刘氏"的转变。① 至道光初年，刘氏宗族在文献中自豪地宣称："墨庄，吾望族也！新昌刘氏以十数而望墨庄者无他族，其丁财文物，他族亦无及墨庄者，故墨庄在郡邑中赫然为诸刘首族。"②

尽管刘氏宗族在士绅的主导下，通过修谱建祠等各种方式，达到了对宗族组织进行整合的目的，成为地方社会中的望族，但是我们也发现，自明后期以来，该宗族内部出现了分化的趋势。如刘体道在重建大宗祠时就发现，族人对始祖刘椿之墓已有了"地势穷隔而疏旷者亦久矣"的现象，而进士刘大成主持的第八次修谱活动，因族内各种意见无法统一，最后历时25年方才完成。这些现象表明，随着族内各房支发展程度不一，刘氏宗族自明代以来形成的编修族谱的传统，已经难以继续维持下去。嘉庆朝以后各房支谱的出现，则是这种趋势的必然结果。

刘氏宗族房谱的编修，发端于清中叶而滥觞于清后期。嘉庆十五年（1810），该族堦下房鉴于族谱30多年未修，而"每月登祠酌议，各房意见虽同，而计议方兴，尚待有因"，故率先纂修了本房的《兰玉集》。道光十一年（1831），刘氏宗族第九次修谱。不过，与此前历次族谱编修不同的是，这次修族谱并不是一次性编修完毕，而是"商定各房先行纂就兰玉集，汇齐交祠"，然后由谱局统合而成。因此，刘氏九修族谱实际上是各房房谱（兰玉集）的合成。这次修谱方式的转变，极大地刺激了各房派对本房谱的纂修。同治朝后，编修房谱成为刘氏宗族中的一种普遍现象，甚至出现了编修支谱的现象。如同治《墨庄士元支谱》就写道："吾族谱修有年，今欲重修，族大人繁，各持意见，恐一时不能遽协，不如纂集兰

---

① 有关此一问题，后文将做详细论述，此不赘述。
② 合族公撰：《墨庄阁记》，《墨庄刘氏堦下重修房谱》卷8《艺文集》，第10—11页。

玉，留以待后之贤者，由分而复合，但事不宜延，择日兴工可也。"①

族谱编修的受阻与房支谱的频繁出现，反映了刘氏宗族文献编修的重心已由族谱转到房谱。那么，为什么会出现这种现象呢？表面上看，直接动因是刘氏宗族人口的增长和房支分化，即各房在编修房谱时提及的"族大人繁，各持意见"。但是，如果我们做进一步的探究，不难发现在这种表象的背后，实际上是明后期以来刘氏族人的认同，逐渐由"大宗"转向"小宗"的结果。如该族堵下房在初修《兰玉集》时就写明，"将来大宗重修谱牒，持此以付合编，亦较易也"②。在第三次编修房谱时，有人更是将房谱视为不可缓之事："族谱之修，既以族大人繁屡梗其议，而修辑房谱之事，断有亟亟而不可缓者也。"③ 另外，从一些房谱编修的背景来看，清中叶以后刘氏宗族中房谱的编修，还与族中商人群体的出现及其在宗族和地方事务中作用的抬升分不开。这一点，充分体现在《墨庄刘氏堵下重修房谱》这一文献的生产过程中。

二 《墨庄刘氏堵下重修房谱》中文本的历史演变

如上所述，清中叶以后，随着房支的分化，编修房谱逐渐成为刘氏宗族中的一种普遍现象。那么，作为一种新出现的宗族文献，房谱在文本上与族谱又有哪些联系和差别？时代的变化和编修者的身份又分别对房谱文本的构成产生了什么影响？等等，均是值得讨论的问题。下面试以《墨庄刘氏堵下重修房谱》（下简称《房谱》）为例，对此做进一步分析。

我们现在所见《房谱》为民国五年（1916）刊本，连同卷首在内共13卷，计16册。尽管《房谱》在名称上没有言明第几次编修，但从谱中内容看，墨庄刘氏堵下房的房谱，初修于清嘉庆十五年（1810），继修

---

① 《墨庄士元支谱》卷1《序》，同治六年修，第1页。
② 《墨庄刘氏堵下重修房谱》卷首《序》，第11页。
③ 同上书，第13页。

于咸丰七年（1857），《房谱》为第三次编修。另外，从《房谱》卷一至卷四和卷八中文本的类型及产生时间来看，《房谱》中文本应是集历修族谱和《房谱》的前身——《兰玉集》中内容而成。

首先从卷一说起。该卷收录3篇序文，分别是为两次编修房谱和九修族谱所作，另有宋人刘永、刘敞、元人刘杰年、明人刘季鹏所作"刘氏得姓源流考""集贤公彭城考辩""杰年公考谱序"和"季鹏公墨庄辩"4篇文章。根据这些文章的内容，前3篇为房谱或族谱所作的序文，应是分别来自嘉庆和咸丰版《兰玉集》及九修族谱。后4篇由刘永等人所做的文章，则可能来自刘氏宗族二修族谱。如《房谱》记载："吾族旧谱自和翁公提其端，彦伦、用实、士元、士会诸公理其绪。"这里提到的和翁公与堵下房祖文翁公同辈，文翁公生于元延祐三年（1316），殁于元至正十四年（1354），因此和翁公应属元末之人，故初修族谱不可能收录明人刘季鹏文章。另据《房谱》记载，彦伦生于明洪武七年（1374），其主持修谱是永乐九年（1411）。因此，有可能是此次修谱时，将后4篇文章收入其中。不过，对照卷二和卷三的文本，这些文章更可能迟至清乾隆年间才被编入族谱。

卷二和卷三包括本源世系、本源总图和合族系世总图三个部分。在本源总图中，刘氏将新喻刘氏始迁祖刘逊视为天宝启源祖。在本源世系中，通过上溯至西汉的楚元王交，刘逊以前世系得以建立起来，使天宝、新喻、彭城三地的刘氏有了一个完整而分明的世系。但是，新喻墨庄刘氏的子孙、宋人刘敞在《先祖磨勘府君家传》中却这样说："刘氏之先出楚元王，世为彭城人。西晋末，避兵乱，迁江南。其后又迁庐陵，世次皆不明，不可得而知，然犹以彭城为望，自庐陵迁新喻者，曰逊。"① 可见，刘敞虽然也称自己为彭城之后，但对于刘逊之前的世系却不甚明了。因此，《房谱》中完整的世系图其实是天宝刘氏建构而成。那么刘氏宗族究竟于

---

① （宋）刘敞：《公是集》卷51《家传》，影印文渊阁《四库全书》第1095册，商务印书馆1983年版，第1页。

何时完成了这种世系的建构呢？《房谱》收录的《墨庄刘氏九修族谱序》曾说道："藉先贤参稽博考，而宗源昭晰无虑其略矣；由聚族见真闻确，而世系分明无虑其淆矣。"这说明最迟在乾隆四十六年第八次修谱过程中，辛会刘氏就已经完成了与新喻墨庄刘氏（即宋人刘敞一族）的对接。此后通过创建"墨庄阁"等一系列文化活动，完成了由"辛会刘氏"向"墨庄刘氏"的转变。① 因此，上述 4 篇有关刘氏得姓与郡望的文章，极有可能是乾隆时期辛会刘氏在编修族谱之时收录，以达到与建构世系相呼应的目的。至于《房谱》中出现的这些文章与世系图，是否收录于《兰玉集》，则因《兰玉集》的缺失而难以确定。

卷四为合房世系分图，由天宝各支世系图、颍川支世系图和皖北支世系图三大部分组成。由《房谱》中"稿谱既齐，而颍川一派又举执事而远至"，和"及迁徙皖北之支派莫不一一而记载之"等内容来看，颍川、皖北两支世系在此前《兰玉集》中并未收录，而是民国五年才编入《房谱》。至于《房谱》内天宝各支世系图，应是糅合了《兰玉集》中相应内容和各支的谱稿。②

卷八为艺文集。除"记文"和"寿序"两类文章外，其他几类文章产生的时间均不晚于咸丰七年（1857），即该房第二次编修《兰玉集》的时间，这说明它们应是来自咸丰版《兰玉集》。在"记文"中，只有《房谱》主修者刘嘉会所作《南轩书舍记》产生的时间晚于咸丰七年。如刘嘉会在文中就说："七月房谱告成，已付剞劂，爰撰是记编次其中，以表公之遗迹云。"至于"寿序"文章，也应是在咸丰版《兰玉集》基础上增编而成。因为从第一篇作于乾隆三十二年（1767）的文章，到道光五年（1825）的文章，乃是按照时间先后顺序编排，而此后的文章则有先有后。

---

① 刘氏宗族的这种转变，在不同时期的地方志中也能窥见一二。如康熙《新昌县志》中有关天宝刘氏宗族的记载，均称其为"辛会刘氏"，而同治《新昌县志》则冠以"墨庄刘氏"。如其中记载："文昌阁，在三十三都庙下，墨庄刘姓建。二隐祠，在三十三都会市，祀明隐士刘穗、刘全钦，墨庄刘姓建。"参见同治《新昌县志》卷 6《祀典志》，第 33 页。

② 《墨庄刘氏墒下重修房谱》卷 4《合房世系分图》，第 1—2 页。

造成这种结构的缘由,《房谱》的一条凡例做了最好注解。该条文云:"记序传墓志铭,旧谱已录全文登载艺文者,仍之。以后惟忠孝节义受旌典及善行众著而名公为之传记者,呈稿核实,亦许登载。"换句话说,"寿序"中前半部分作于咸丰五年(1855)前的文章,在《兰玉集》中已登载,故全文收入《房谱》。后半部分文章有的虽产生于咸丰七年之前,但《兰玉集》并没有收录,故而谱局按照当时设定的标准进行核实,符合条件的文章才能收入《房谱》。

另外,"记文"中有一篇署名"合族"、作于道光八年的《墨庄阁记》。该文在道光十一年(1831)的九修族谱中有收录,这说明咸丰版《兰玉集》采纳了九修族谱的部分内容。至于"序"中作于永乐九年(1411)的两篇文章,均是时人应刘氏之请,为其第二次修谱所作,因而完全有可能初收于永乐版族谱,并在此后历次修谱中仍然保留下来。因此,我们所见《房谱》的"艺文集",应是明前期以来族谱和房谱交替编修的结果。

尽管《房谱》文本有不少来自族谱和《兰玉集》,但是与原来文本相比,它们在世系成员的记述、各种封赠和科名的表述等方面均有了变化。对此,《凡例》有如下说明:

> 是集生殁、配娶、嫡庶、继嗣、尊卑、爵秩,俱遵族谱,即间有未合而旧谱已载者,仍之。
>
> 旧谱于渎紊伦纪之辈,例以阴文黑圈示惩,兹从宽,仅缺其本身齿行殁葬。
>
> 旧谱纪庠生分郡邑,文载习经,后因公令士子普习五经,故不载习经,书廪、增、附为区别。旧谱曾载习经者,仍之。武庠生照旧分郡邑科第加载科目、名次、官职。恩荣、援例各功名据实直书,各学校毕业照依凭单。
>
> 封赠凭诰勅本身实任随品级书诰授、勅授,封赠父母及祖父母,

书以子孙某贵诰赠某地某职,捐封赠贵字换职字。命妇照品级书,有例得封赠未膺勅命者不录,旧谱已载者仍之。①

另据《房谱》记载,《兰玉集》曾依据方志记载,来确定房族成员事迹。如卷八"艺文集"中"凌云塔记"一文,道光《新昌县志》有收录,其中原为"俱面膺圣朝封诰"的语句,《房谱》则删掉了"圣朝"两字,仅留下"俱面膺封诰"。这一点,折射出文本产生过程的时代变迁。

除受到时代影响外,编修者身份也制约了《房谱》的形成。从前引文来看,垱下房初修《兰玉集》,乃是"素园、石泉二公用是斤斤,尽出所赀而不恤"的结果。据《房谱》卷四《世系》记载,素园、石泉二人实为兄弟关系,谱名分别为瀛芳和浯芳,他们的父亲朗窗公与伯父菡堂公都是拥赀巨万的商人。② 换言之,朗窗公和菡堂公派下子孙在房谱编修过程中发挥了重要作用。因此,我们就会看到,"艺文集"中文章所提及之人,大部分与该支派成员有关。如荣轩公为朗窗公和菡堂公之父,松亭公是荣轩公第六子,云阶公、黻亭公、藻园公均为菡堂公之子,石泉公、素园公、秀圃公三人为朗窗公之子,梦岩公为菡堂公之侄,伯瑷公则是梦岩公之孙,等等。

此外,由于经济实力较强,朗窗公和菡堂公这一支先后有多人为房祠捐献了大量祭产,成立了众多会社作为管理机构。有关该房祭产数额,《房谱》第九卷至第十二卷有较详细记载。从这部分内容看,该房祭产的形成大约为乾隆朝后期,至道光年间有了大幅增长。如《房谱·祀事纪》说道:"吾房祀典,循族旧规,悉遵温公家礼,参考折衷,不僭不忒。第祭产未丰,藉后裔佽助,始得告虔洁、罔厥仪、披斯篇也。"③《房谱·义产志》亦云:"吾房自文、奇两翁分房,而后厚积储……种种盛举,俱仗

---

① 《墨庄刘氏垱下重修房谱》卷1《凡例》,第1—6页。
② 《墨庄刘氏垱下重修房谱》卷8《艺文集》之《寿序》,第16—18页。
③ 《墨庄刘氏垱下重修房谱》卷9《祀事纪》,第1页。

豪杰义士先后捐资，各解余囊，公制义产，以垂久远而励风俗，故分别造册，附载谱尾，俾后有考据云。"①

综上所述，《房谱》的文本，来自明初至清中叶历次编修的族谱和《兰玉集》。在此过程中，由于时代的变化和编修者的身份，《房谱》在人物记载、表述方式以及篇章安排等方面均发生了一定的变化，最后形成了我们现在看到的这种文本结构。正是由于文本与时代及人物的社会活动之间有着内在关联，因而要对《房谱》的生产与变化有进一步的认识，还必须回到刘氏宗族和垱下房的发展以及更大的社会背景中。

三　商业活动与清中叶以后垱下房的发展

据《房谱》记载，垱下一房出自季昭公的二子文翁公和四子奇翁公。文翁生于元延祐三年（1316），殁于至正十四年（1354）。奇翁生于元至正三年（1343），殁于明洪武十二年（1379），生彦立、彦伦二子。由于文翁公无子，以奇翁公次子彦伦为嗣，故该房尊文、奇两人为始祖。分房之初，该房人丁较为单薄，直至三世才有了一个较大的发展。如《庚午兰玉集序》就说道："我房文、奇两翁以花萼开宗，二彦相承，棠棣竞秀，人称玉友，金昆当世，同堂兄弟，十有八人。有瀛洲学士之目，玉质兰枝，挺生一门，可谓椒条之盛矣！"此后，随着房内人口的增多，该房又先后分化成更多的支派。自第五世起，一些支派中的成员开始寓居外地。如五世祖士隐公支寓仪真，其子必仲、光仲，其孙亦聪、亦缣、亦绛随寓；七世祖亦卦公及其子豸正，寓河南；八世祖情正公寓襄阳，补正公与运正公寓湖广，幸正公寓颍州；九世祖全宋公与三子寓淮安山阳县，全火具公与一子四孙寓孝感；十世祖昺成公与三子寓亳州；十一世祖守颢公寓浏阳，等等。这些寓居外地的成员，大多在一至两代之后就趋于消亡，只有寓居

---

① 《墨庄刘氏垱下重修房谱》卷10《义产志》，第1页。

颖州府阜阳县的幸正公系下繁衍较为兴旺,形成了一个单独的支派,并在民国初年编修房谱时将世系附辑其中。

凭借房支的发展和一些成员的个人能力,至明中期,塔下房已成为刘氏宗族中最具势力的房派之一。从《墨庄刘氏九修族谱序》中"吾族旧谱自和翁公提其端,彦伦、用实、士元、士会诸公理其绪,金峰、云溪诸先达相继续编"的表述来看,该房自彦伦公后,一些成员在此后的族谱编修中仍然扮演了重要的角色。这一点,也成为该房在嘉庆时期初修房谱时引以为豪之事。据《庚午兰玉集序》记载:

> 忆我房二世祖彦伦公,博学淹通,根究世系之渊源,辨分宗支之酌派,于前明永乐间偕侄用实编辑族谱,有内翰刘、周二公序,其事详载家乘。后越五世,有运使金峰公踵继其编。又越三世,有行人云溪公专任其集。谱经先辈之手,脉络分明,次第有序,洵乎董事之不可无人也。①

另外,从卷五至卷八的内容来看,从明前期开始,该房先后有不少成员取得科举功名,或出仕为宦。不过,从他们所获功名和任职来看,该房在科举上并没有取得太大成功。如三世祖用节公"由选贡任浙江上虞知县",十世祖全证公"由礼部儒士历工部营缮所所丞相,升北直武清县县丞",十一世祖守顺为国学生。此外,该房在明代还有3人获得乡饮冠带,13人获得恩例冠带,51人获得恩赐顶戴,另有32人为文庠生。至清前期,该房的一些成员或因受困科场,或因家贫而弃儒从商,从而使该房的发展由专治举业转向经商为重。如南滨公"少时从学……习举子业,潜心典籍,勤等向郎,而屡困名场,幡然以裕后为计,拥有余资";瑞庭公"因弃儒就商,致富累万"。而蕊堂公由"赤手起家",到"财儿为一邑最",

---

① 《墨庄刘氏塔下重修房谱》卷1《序》,第12页。

更是集中地反映了该房在发展策略的转型。在后人为莅堂公所作的传记中,有如下记载:

> 公系出墨庄,父容轩翁,讳寿世,举雍正壬子孝廉,又举族正,族中倚为柱石,年逾大衍而遽卒,未竟所施。卒时子男七人,家薄瘠,而莅堂、朗窗居长,莅堂谓朗窗曰:五翁冲稚,责任在我二人,倘不能撑持门户,抚诸弟以成人,何以见吾父于地下。朗窗曰:敬诺。乃俱弃举子业,转谋生理。天宝故产纸,而力少者难图。一载之中,购售各虚半载,二公则伯出仲处,消息时时相通,如奕者之每得先手,故所获恒兼人数倍,五弟亦卒以此起其家。①

莅堂、南滨诸人在商业上取得成功后,他们及其后人又转而致力于房中的文教事业。据道光《新昌县志》记载,墨庄刘氏创建的书院有观澜山房、青萝园、尚友山房、琢玉书舍、南轩书舍、传经堂等十数所②,其中尚友山房、南轩书舍分别为该房的朗窗公刘份、南滨公刘涧创建。此外,垱下房还倡立了诸多文社和义学,创建者及其后人亦捐献出足够的田产,为房(族)中子弟治举业提供有力的保障。如《房谱》卷八《石泉公七十寿序》记载:

> 翁墨庄世族,先世皆慷慨仗义,王父容轩公以孝廉奉例推为族正,凡有利于乡族之事无不解囊倡助,如兴立课文诸会,鼎建凌云文塔诸义举,啧啧人口,刘氏人文蒸蒸日上,为一邑弁冕,大率公之力居多。尊甫朗窗公益恢先绪,见义必为,其助修章江桥、捐建筠阳试院、兴文社、创书院、立义产,义声丕振,当事采访,题请旌表义士,崇祀忠义祠,诚盛事也。翁承先绪,兢兢以继述为己任,时族议

---

① 《墨庄刘氏垱下重修房谱》卷8《艺文集》之《寿序》,第9—11页。
② 道光《新昌县志》卷5《书院》,第24—26页。

举行义学，商于翁，翁曰："此吾父夙志也，当力成之"。遂谋于家，捐田租百石为族人倡，且以父所创建书院为学馆授生徒地，而又不掠其美，善则归亲。①

这些宾兴组织的建立，极大地推动了塅下房的科举事业。至道光初年，该村"俊秀之士、蒙养之童，约计百余人"，出现了"每当清风月夜，周览衢巷一遭，诵读之声，比屋相闻"的景象。道光二十四年（1844），刘拱宸的会试获俊，更是将该房的科举事业推向高峰。

这些科举成功之士不仅获得了比此前族人更高的官职，还为家庭和房族成员带来了各种荣誉。如进士刘拱宸先是出任河南西华知县，后升任南阳知府。由于其政绩卓著，同治十二年（1873）江西巡抚刘坤一奏请入祀乡贤祠，光绪三十二年（1906）河南巡抚陈夔龙奏请入祀名宦乡贤祠。而卷五之"宸翰表"亦表明，该房许多举人、贡生及为官之人的父母、甚至祖父母，也得到了诰敕和封赠。此外，清中叶之后，该房还产生了大量的国学生、文庠、武庠和从八、从九官衔之人。在捐纳制度日益盛行的情况下，这些获得低级功名的成员，又通过筹办军饷、捐纳等各种方式，获得了更高的虚衔或实职。如《房谱》记载："馨芳，由国学生加捐州同，敕授文林郎"；"理中，由从九导筹饷例报捐知县"；"镇南，由庠监生加捐按察使经历"，等等。

凭借各类高级科举功名，塅下房成员进入更高层次的官僚系统，与全国各地的精英建立起了一个稳定的社会关系网络。从卷八"艺文集"的内容可以看出，塅下房的官绅与省内外的名宦巨绅建立联系的方式主要有以下四种。一是通婚。如赐进士出身、吉安府教谕卢殿衡在为石泉公所作寿序中就说道："衡与翁令侄孙家彦有朱陈之谊，复与令嗣学博、大荼姻长相友善。"南昌府学训导漆道基在《瑞庭公六十寿序》中，亦称瑞庭公为

---

① 《墨庄刘氏塅下重修房谱》卷8《艺文集》之《寿序》，第39—40页。

姻兄。二是同事和同年。嘉庆九年（1804），曾任福建盐法道员的陈观应同事刘日炳之请，为其兄菈堂公八十寿辰作序文。同治十二年（1873），赐进士出身的刑部广东司主事陈炳星，以同年的身份，为仙舫公五十大寿作序文。三是师承。如曾三次为塔下房成员作寿序或传文的举人李迪修在文中就谈道："嘉庆十年至十六年，予三次馆先生家，每间一岁而至，踪迹益密比"，"其子侄从予游者十余人"。而时任江西学政的项家达之所以为该房容轩公修建的凌云塔作记，主要原因在于容轩公后裔中九穗、濂芳等人皆为其门人。四是同乡和同姓。嘉庆十三年（1808），福建延平知府雷维沛以同乡的名义，为鸣翁公作七十寿序。道光年间，该房的学博公任职吉安府，与状元出身的永丰人刘绎建立了联系。道光二十六年（1846），刘绎为学博公之子和圃公及其夫人六十寿辰作序。

在加强与各地精英联系的同时，塔下房还积极参与到地方事务中，尤其是菈堂、朗窗兄弟二人，在府县诸多的重大公共事务中均扮演了重要角色。据史料记载，嘉庆壬戌年间，瑞州府兴修考棚，在总共十号考棚中，"新邑之刘实分任其三，而菈堂偕其难弟朗窗乃各肩其一"。新城人鲁兰枝在《朗窗公八十寿序》中称，朗窗公"造章江浮桥、修瑞郡考棚及近议贡院号舍等事，且不仅为善乡隅，且有利济民物意焉"。嘉庆二十五年（1820），两人因对地方事务贡献良多，得以旌表义士，并入祀忠义祠。此后，朗窗公之子刘观与兄弟廷辉等遵伯父与父遗命，"建本乡文塔、郡城考舍、合邑考棚，均竭尽心力，矢公矢慎，都人士皆称颂之"①。

另外，根据卷八"艺文集"和卷九至卷十二的记载，我们还发现清中叶塔下房经历了一个房内建设和整合的过程。首先，通过设立义产，为房（族）内贫困的成员提供各种保障。如《裕轩公墓志铭》记载："公谊重本源，情隆报答，念祖德宗功之懋，捐田以佐其丰洁，使牺牲粢盛丰而不致于嗇，且勇于从善，有死而无归者，或棺或赗以资之；苦节者，义助之；

---

① 同治《新昌县志》卷19《善士》，第37页。

贫乏者，乐给之。室家不相保聚者，时解囊以周之。乾隆癸亥岁大饥，公减价出粜，多赖以全活之。"朗窗公，"凡族戚乡邻有关祭祀及风水并赈恤诸义举，无不解囊，累百累千，俱所不惜"。

二是通过制定祭规、完善祭仪和创设祭产，维持了房内祭祀，强化了对房祖的认同。如卷九《祀事纪》就说道："吾房肇修祠宇，以祀以享，用妥先灵，庙制所登，不敢从略。"此外，埠下房还对房祖和其他世祖神台的摆放、祭期、祭品、祭器以及祭仪做了详细的规定。至于该房创设的祭产，单是文奇公名下的祭田产业，就有崇本会、新祭会、袝祐会、继世堂、胙会等多个会社组织。

三是进行了较大规模的村落建设。嘉道时期，在埠下房的主导下，刘氏宗族疏浚了环绕村落的护村河，重修并加固了村北的城墙，新建了凌云亭、文昌阁、西门楼等多所亭台楼阁。在该村四季公祠内，至今还保留了一通重修北门楼的捐款碑，上面记载文奇公、老拱宸会、少拱宸会分别捐款六千文和三千文。另据卷八中的《墨庄阁记》记载，嘉庆二十五年（1820），该房的九穗、洵芳二人先是"捐千数百金"，于宜阳桥之阳兴建了墨庄阁，作为整个村落建筑的总门。八年后，"因风水不利"，二人又循族人之请，将墨庄阁迁建于村东半里的林间。上述亭台楼阁的兴建，完善了村落的布局，提升了村落的文化意涵，墨庄阁也因之成为该村的一个文化象征[①]。

总之，通过对明清时期埠下房的历史考察，我们不难发现，在清乾隆时期，该房经历了一个耕读并重向商业经营的变化，出现了一个以应份、应葆兄弟为代表的商人群体。这些房内成员在商业上的成功，为该房重新开拓科举事业提供了坚实的物质保障，培养出了以刘拱宸为代表的一个士绅阶层。在商儒并重的策略下，该房不仅与各地的官绅建立起一个庞大的社会网络，还为自身参与地方公共事务、加强房内的整合及宗族建设提供

---

① 《墨庄刘氏埠下重修房谱》卷8《艺文集》之《墨庄阁记》，第10—11页。

了必要的经济基础和文化资源，成为主导宗族生活和地方事务中的一支重要力量。因此，当族谱的编修因房支的分化而出现困境之时，垱下房不仅成为第一支编修房谱的房派，而且将房谱的重修一直持续到民国初期。

四　结语

通过以上分析，我们似可得出如下结论：一是自明代以来，在士绅阶层的主导下，刘氏宗族形成了一个以大宗祠祭祀和族谱编修为核心的宗法传统。至清中叶，随着房支的发展，"小宗"逐渐取代"大宗"成为各房的认同对象。加之族中商人阶层的出现，及其在宗族事务中的地位抬升，这就必然要求建立起一套新的界定族人社会身份、规范族人行为的标准，最终导致族谱编修向房谱编修的转变。

二是《房谱》的历史及其文本，集中反映了清中叶以后垱下房的历史变迁。《兰玉集》的出现，反映了垱下房在商业上的成功，及商人阶层成为房内事务的主导者；"宸翰表""旌表录"和"阀阅汇"，反映了垱下房由耕读并重向商儒并重的转型；"艺文集"反映了垱下房建立社会关系网络、参与地方事务的过程。"祀事纪"反映了垱下房在"大宗"之祭内建立"小宗"之祭的变化。而"义产志"的出现，更是表明宗族祭祀权力的分配，已经难以按照原来的宗法原则来进行，而是要以会产股份为依据。这一点，在一定程度上折射出宗族结构已由依附式宗族转化为合同式宗族。

最后应当指出的是，《房谱》的出现，除与垱下房的发展息息相关之外，还与明清时期宗族组织的发展，以及特定的时代背景密不可分。明清时期，宗法伦理的庶民化导致了宗族组织的普遍发展。在士绅的主导下，宗族组织通过编纂族谱，建立起一套界定社会身份的准则。但是，随着社会经济的变化，商人阶层逐渐成为一支重要的社会力量，在宗族生活和地方社会中的作用不断增强。尤其是自清代以来，许多商人通过捐纳或封赠等不同途径，开始了由商而绅，进而商绅一体的过程，成为宗族建设和基层社会自治中的主导者，这就必然导致他们要求建立起一套新的界定社会身份的准则。

另外，必须说明的是，从现有资料和研究成果来看，《墨庄刘氏塔下重修房谱》所反映的从族谱到房谱的这种转变，并不是单一的个案，而是清中叶以后江西乡村社会中一种普遍的文化现象。[①] 因此，在某种程度上而言，正是在宗法观念的变化、商人群体的崛起和士绅阶层的主导共同作用下，包括房谱的编修在内的修谱活动，已经成为江西乡村社会文化传统的重要组成部分。

第二节 地方庙宇与乡村社会权势

明清时期，在官员、士绅、商人及民众的共同作用下，许真君逐渐由"净明祖师"演变为"官方神灵"，进而成为"全省之神"，万寿宫成为具有正统性的文化象征。在此过程中，江西各地建立了为数众多的祭祀许真君的庙宇——万寿宫，形成了以西山万寿宫为中心的文化网络。[②] 但是，由于乡村社会中的每一座万寿宫都有着自身的历史脉络，因而在它们所呈现的文化统一性的背后，又展现出各自的差异性，有着更为多元的社会文化内涵，因而有必要在具体的时空背景下，对万寿宫这一文化现象做进一步的分析。本节试图通过对清代萍乡清溪万寿宫的历史考察，探讨其背后所展现的市场网络、宗族组织、图甲户籍与乡村社会权力体系演变的互动过程，揭示地方庙宇与乡村社会文化传统的内在联系。

一 许真君信仰与清溪万寿宫的创建

萍乡的许真君信仰，始于清康熙时期。不过，从现存史料来看，这一

---

① 有关清中叶以后江西各地房谱的编修情况，可参见梁洪生《江西公藏谱牒目录提要》，江西教育出版社 2002 年版。
② 李平亮：《宋至清代江西西山万寿宫象征的转换及其意义》，《宗教学研究》2012 年第 3 期。

信仰当时具有较浓厚的道教色彩,并无专门奉祀许真君的万寿宫。如康熙《萍乡县志》记载:

> 卓剑泉,在萍实迎祥观,传许旌阳卓剑于此。
>
> 仙游观,在县南十里仙桂里,晋永和三年道士张统一创。旧传许旌阳曾游于此,以剑插地得泉,观旁有井尚存。元末兵毁,洪武初重创。
>
> 紫清观,在县北八十里同唐里,旧名道堂。相传晋许旌阳曾游此,宋景德间建改今额。元末毁,重建。①

清乾隆朝以降,萍乡的许真君信仰经历了一个快速发展的过程,城乡各地先后出现了诸多奉祀许真君的庙宇。乾隆八年(1743),在萍乡县城东和城南,出现了两座专祀许真君的万寿宫。如乾隆《袁州府志》记载:"(萍乡县)许旌阳庙,一在县城东,一在县城南。"② 道光初期,萍乡县内"湘东、芦溪、宣风、上栗市、蜡树下、赤山桥、荷尧桥等处土著及商民皆建之"。③ 至清末,萍乡境内的万寿宫多达十数所,且都具有一定的规模。如民国《昭萍志略》记载:"真君庙在县南门外,祀晋真人许逊,清乾隆八年市民杨登吉等建。同治九年,邑绅会商吉瑞临抚建赣七郡绅商纠资新之。查现时邑中真君庙甚多。一在东门外,一在湘东,一在上栗市,一在赤山桥,一在彭家桥,一在清溪,一在芦溪,一在麻山,一在白竺,均称万寿宫,规模宏敞,堂宇壮丽。"④

除了大量万寿宫的出现外,乾隆朝以后萍乡的许真君信仰还被纳入国家祀典的体系内。例如,乾隆《袁州府志》和道光《萍乡县志》,两者均将许旌阳庙或万寿宫纳入祀典志。再者,从各地万寿宫由土著和商民共同

---

① 康熙《袁州府志》卷2《山川》,第13页;同治《萍乡县志》卷2《寺观》,第30页。
② 嘉庆《袁州府志》卷14《祀典》,第8页。
③ 道光《萍乡县志》卷7《祀典志》,第5页。
④ 民国《昭萍志略》卷2《坛庙》,第30—31页。

创建，以及"邑绅会商吉瑞临抚建赣七郡绅商"集资重修城南万寿宫的事例来看，许真君信仰无疑也得到士绅和商人的认同。另外，就这些万寿宫的空间分布而言，它们基本上处于水陆交通便利的市镇或墟市，这就充分反映了市场体系、商人集团与万寿宫这一文化网络之间的密切联系。如乾隆十二年（1747）拔贡杨炳中所作《许旌阳赞》云：

> 为循吏，君之忠；乐承欢，君之孝。既而羽化冲举，神功妙济，君又为太史都仙。今郡邑市镇，庙而祀者所在皆是，岂徒大江之西乡人不忘其先，实清晏奠定，真君之锡福者甚速而且遍。噫！天下祈福者众，维神聪明正直，默佑于无党无偏，而世之以忠孝迪吉者，应共虔奉俎豆，亿万斯年。①

当然，正如前引方志所说，"土著"或"乡民"同样在创建万寿宫过程中发挥了积极作用。可以说，正是许真君信仰与不同社会阶层的紧密结合，万寿宫才能成为社区整合的有效工具。清嘉庆年间清溪万寿宫的创建，无疑是许真君信仰与社区整合的最好写照。

有关清溪万寿宫创建的经过，《吉郡五邑会清溪创建会馆序》有如下记述：

> 盖闻乾坤正气，忠孝为先；阆苑高风，神仙居上。矧以神仙而称忠孝，仰求忠孝本于神仙也。我豫章之有真君，犹函谷之瞻老子。钟匡庐之秀应运而生，宅西山之阳栖真得所。……洎乎巳蛇为害，驱风雷绥靖河清；又虑逆蛟通灵，遣吏兵直捣贾井。妖氛尽绝，千秋铁树镇洪都；功续丕隆，万寿琳宫跨寰宇。况清溪章水□境内之地，而声应神明皆暨讫之天。惟兹市场庙貌独缺，端赖众力轮奂。斯兴自乾隆

---

① （清）杨炳中：《许旌阳赞》，见《萍北清溪杨氏八修族谱》卷2《葵园文钞》，1946年修，第10页。

辛丑，吉郡五邑四十二名捐金联会，以倡美举。至嘉庆壬申，会内诸人同声相应，慨给众费，已觅址基，计直进十六丈，横过十丈。倡计历存之费，难兴浩大之功。爰集本里诸君同勷广募，欣共解囊，庶几不日落成，颇称广厦焉。①

由上引碑文可知，乾隆辛丑年（1781），来自吉安府庐陵、吉水、安福、泰和、永新五县的42名商人各自捐出一定数额的资金，成立了名为"五邑会"的组织，倡导修建万寿宫。但是，直至嘉庆壬申年（1812），该会所拥有的资金还是难以承担创修的费用，于是采取了"本里诸君同勷广募"方式，完成了万寿宫的创建。

那么，究竟哪些人主持了募捐活动？又有哪些地方的乡民向万寿宫捐款？由《建修万寿宫题捐碑》（1）、《建修万寿宫题捐碑》（2）和《建修万寿宫碑》可知，当时地方上成立了相应的劝募机构，由喻忠克、刘庆魁、李光彩、李盛瑶、宁安兴五人担任"化首"或"劝捐首士"，然后向当地乡民劝捐。从捐款者的名称来看，既有"瑞州高安黄同春""临江清江饶泉源"等多个商号，又有法仙、兴建等僧人和建萍会、中和会等会社组织，以及大量的个人名称；就捐款者的地域而言，既有清溪本地的商号和喻、杨、甘等姓氏，还有遵化乡宣化里的李、邬等姓氏和大安乡的"中和会"及文、萧等其他姓氏。清溪万寿宫捐款碑中捐款者的姓氏构成和地域特征，充分说明许真君信仰已经成为一种整合乡村社会中不同力量的文化手段。

由于资料所限，我们无法对捐款碑中所涉及捐款者的情况做逐一说明，但是从《建修万寿宫题捐碑》（1）所呈现的内容来看，在一甲喻忠克"所化众姓钱并石柱共钱八十六挂五比"中，捐款最多的是喻贵甫，捐钱的数额是10挂，接下来依次是"瑞州高安黄同春捐钱六挂"，"杨秉昌捐

---

① 《吉郡五邑会清溪创建会馆序》，该碑现存清溪村万寿宫内。

石柱一对、室人宋氏捐钱五挂"、"喻□特捐钱四挂",甘□和和临江清江饶泉源各捐钱3挂,其余20多人或商号则分别捐钱二挂五比至五比不等。在万寿宫的石柱上,亦留有题于嘉庆十九年(1814)的"沐恩信士甘隆恩偕侄文栋、文梅,侄孙章燦敬捐"、"沐恩信士甘章燦、弟章美、侄华春敬捐"和"沐恩信士杨柄昌敬题"等字样。由此可见,除了少数几个外地商号外,在向万寿宫捐款和捐物的众多姓氏中,喻、杨、甘三姓无疑是主要力量。

值得注意的是,通过其他文献的比对,笔者发现,捐款最多的"喻贵甫"实际上是一甲喻氏在清溪的开基祖,是他们在政府登记的纳税户名。如康熙《萍乡县志》记载:"喻贵甫,清教里人,景泰四年举义士,敕存于家。"① 《清溪一甲喻氏续修族谱》则将其视为一世祖:"先代大武公由南昌迁萍乡,传倬公卜居清溪,公隶遵化乡清教里一图一甲民籍。明景泰四年土寇窃发,公团练防御,事闻,敕旌表义士。"② 在初修于嘉庆十六年(1811)的《萍乡十乡图册》中,遵化乡清教里一图一甲登记的名字仍然是"喻贵甫"。而根据《萍北清溪杨氏族谱》的记载可知,杨氏开基祖惠生公在清初先后通过寄籍、承顶等方式,进入遵化乡清教里一图十甲户籍系统之中。至于甘氏开基祖秉常公,则是与刘、熊、苏等姓合户于遵化乡清教里一图二甲。③ 这些史料的存在,以及化首由遵化乡清教里一图一甲喻忠克、宣化里二图六甲李盛瑶等人充任,不仅充分反映了"一甲喻氏"在创建万寿宫过程中的主导地位,还在一定程度上表明这一文化创造与户籍体系之间的密切联系。

二 户籍、商业与多元权力格局的形成

明末清初,清溪的权力格局经历了由一元到多元的演变,而导致这一

---

① 康熙《萍乡县志》卷5《选举》,第6页。
② 《清溪一甲喻氏续修族谱》卷1《世系》,清宣统二年修,第1页。
③ 《萍乡十乡图册》,遵化乡清教里一图,1924年抄本,无页码。

转变的原因，是移民的进入和图甲系统的重组。

前已述及，早在明景泰年间，清溪喻氏开基祖喻贵甫因"旌表义民"，取得了遵化乡清教里一图一甲的民籍身份。此后，喻氏一族人丁繁衍，在一图之中占据了多个甲户，出现了"十递七喻"的格局，成为当地一支重要的社会力量。如宣统《清溪一甲喻氏续修族谱》中记载："明景泰四年，世祖贵甫公以平土寇功，敕封义士，籍隶遵化乡清教里一图一甲，子孙累居清溪，最为蕃昌。"① 不过，从现有史料来看，清溪喻氏此后的发展似乎进入一个衰落期。至清初，喻姓在一图之中仅存一甲、五甲、十甲三户。如《萍北清溪十甲喻氏族谱》云：

> 余族系出江西澹台门龙沙井一派，自唐至宋迁萍，迄明允熙公定居萍北清溪，聚族于斯，人文济济，十递七喻，可谓盛矣。至本朝而喻氏子姓仅存一甲、五甲、十甲，求如昔年之盛，何可得哉？幸而岁祭有祠也，庐墓有所也。吾族隶籍遵清一图十甲，以济可公为始祖，历今五百余岁。②

喻氏在图甲体系中地位的变化，与当时萍北地区遭受的一系列战乱不无关联。明末清初，来自湖南的"临蓝寇"、万载的邱仰寰及张献忠的武装先后进入萍乡，对当地社会经济秩序造成了巨大冲击，许多图甲组织因大量人口逃离而变为"绝甲"和"绝图"。对此，《袁州府志》和《萍乡县志》分别有如下追述：

> 祸自癸未万载巨寇邱仰寰聚党数千，立寨于天井堝，逆贼张献忠马步数万云集于萍乡，而分宜为要路，宜春为屯营，时而出兵剿万载之寇，时而发兵拒萍乡之贼。兵来贼避，贼去兵来，相持数载，阡陌

---

① 《清溪一甲喻氏续修族谱》卷首《原序》，第3页。
② 《萍北清溪十甲喻氏族谱》序，1997年修，第2页。

尽废。继值丁亥奇荒，斗米万钱，殍死载道，人尽死亡。甚而绝甲绝图，一望无际，百里烟消，可怜有粮田产，尽是长林丰草。①

萍自明季以来，兵火频仍，丁丑临蓝入寇，癸未张左交躒。既经贼毁，又被兵燹。继以乙酉鼎革时，袁署郭天才、楚黄朝宣日哄杀于萍境，城郭圮墟。加之丁亥奇荒疫厉，白骨填途，青怜遍野，履道荆棘，田辛污莱。其时士民毙于兵、毙于馁、毙于病者，十有八九，所存一二。遗黎生活无计，相继逃亡，几无复烟火矣。②

在此动乱的环境下，清溪喻氏一族亦受到极大影响，许多族人纷纷迁往湖南的浏阳、攸县、宁乡及平江各地。如十甲喻氏铭瑚公在作于康熙三十八年（1699）的谱序中就说道："厥后突遭兵燹，各抱族谱迁徙。或迁往浏阳攸县，或迁往宁乡平江，纷纷不一，未详其实，但检阅各家所存宗谱，俱被风雨损坏，失其大半，以致名讳失考，次第失宜，生殁失稽，葬址失处，殊深惨然！"③

明清之际的战乱，既改变了清溪原有图甲组织与社会力量的构成，又为外来移民的进入提供了历史契机。顺治年间，清溪杨氏开基祖惠生公兄弟由抚州府乐安县殷坊迁至清溪，购买阳葵赤田产，被编入遵化乡清教里一图十甲喻济可户内，"报丁入朋，差务各管一半"。康熙元年（1662），惠生公兄弟通过写立合约的形式，承顶了喻济可户内户丁杨辰佑的名字，获得了"承差管业"的权利。如《合约》记载：

> 立付合约人喻光辉兄弟、刘君佐，原祖户喻济可原有户丁杨辰佑，因兵变世乱故绝，原无田粮，止有屋基一所，坐落地名清溪水口内井前下。后龙山一障，坟山九只，地名枣树园虎形、水口外月形、

---

① 咸丰《袁州府志》卷11《田赋》，第26页。
② 康熙《萍乡县志》卷1《疆域》，第18页。
③ 《萍北清溪十甲喻氏族谱》序，第2页。

皂窜蛇形、志度院梧桐叶形、社背虎形、长窜虎形、桐木冲凤形、对门狗形、杨梅岭月形，有杨惠生兄弟自愿承顶，共户充差。今凭中立付约一纸，将屋基后龙山坟山尽付与杨人承差管业，日后任从杨人起造安葬，喻人、刘人不得阻当（挡）。此系二比情愿，再无异言生枝，空口无凭，立付约永远为照。

     喻仲生 喻贵我

  凭约正 黄瑞呈 周季章

     喻光辉、喻明辉

            康熙元年二月初一日

            立付约人 刘对山①

至康熙三十年（1691），杨氏借助重新编审图甲户籍之机，请求政府将遵化乡清教里一图十甲"喻济可户"合为"喻杨名"，以取得合户当差的权利。告照云：

  告照人杨昇为恳恩准照合户全差事。宪爷大治，千载奇逢，蚁于顺治年间价买隅坊阳葵赤田产，蒙军宪敕老爷编入遵化乡清教里一保一图十甲喻济可户内，报丁入朋，差务各管一半，迄今充差多年，管汰米伍硕八斗，有丁无户，有差无名。上年奉上均补，蚁思补绝，有户丁喻成斌、喻孔麟兄弟挽八甲保正苏祖仁等，立写合户合约为证，合名喻杨名。幸逢宪天编审，恳乞一视同仁，准照合户朋名应差。阴鹭齐天，公侯万代。衔恩上禀县主大老爷前印。

            康熙三十年八月二十二日

            告照人 杨昇②

---

① 《萍北清溪杨氏八修族谱》卷1《合约印照》，1946年修，第23页。
② 同上书，第24页。

从《萍乡十乡图册》中记载来看，杨昇要求合户当差的愿望似乎并未实现，遵化乡清教里一图十甲户名还是"喻济可"，"杨昇"仍只是傍户。因此，至康熙四十九年（1710），杨昇的次子文显公"不安子户"，与侄清生承顶了安乐乡萍实里七保二图一甲绝户"周和翁"的户头，并改户名为"杨发祖"，成功地取得了单独立户的权利。如康熙五十二年（1713）订立的《合约》云：

> 立合约人安乐乡平实里二图二甲户丁李天申等，缘有本图一甲周和翁明末故绝，丢遗赋粮四硕二斗。迨至顺治初，本图李发、杨得、瞿云甫、李茂孙、荣唲、柳英、周政各认赋粮六斗，提归七递，止余荒废田产四亩未垦，以致田粮俱无，轮值大差，系册书代充。近有荣英于康熙三十三年新垦田粮三斗有零，在于和翁户内输纳。近因大差在迩，众递思议难以朋充，自愿出顶，凭中李涵芬，有遵化乡清教里一保一图杨文显同侄清生愿向前承顶，当日图众二比面论，顶人以原有赋粮认在众递不愿受产，图众亦以杨人自来顶补，一则可以苏累，一则可以全图，不应又将余粮田产与新顶之人，以致后来枝节，其田粮照七递均分，不与顶人相干，但例有图规等礼，以杨人来顶，明年即便差临，众递理宜不受，三面议定不受杨人分厘，以全雅谊。至于改顶过粮等项，俱系顶人自任理落，亦不得干及众递。自今立约之后，任从杨人更名改顶，日后随儒应考，众递无得异说等情。今恐无凭，立此合约永远为照。
>
> 凭中　李涵芬
>
> 　　　　二甲　李发，户丁李天申
>
> 　　　　三甲　杨得，户丁易文乡
>
> 　　　　四甲　瞿云甫，户丁锡文
>
> 　　　　六甲　李茂孙，户丁李涵羹
>
> 　　　　七甲　荣唲，户丁星予、景予

八甲　　柳英，户丁伯达

九甲　　周政，户丁周玉尚

验讫

康熙五十二年十月十八日　　立①

　　清溪杨氏对里甲户籍的不断追求，其根本原因在于里（图）甲户籍已经成为重要的社会身份象征。因此，从户丁到傍户，再到独户，无疑为杨氏的发展提供了良好的社会基础，使其能够更好地参与当地的社会文化活动。此外，现有资料表明，在明末清初萍乡社会的发展过程中，像杨氏这种由无籍的外来移民到成为里（图）甲户籍体系的一员并非特例，而是一种普遍的社会现象②，这就必然导致清溪这一社区的社会权力结构发生变化。

　　除了图甲重组带来的社会变化外，商业的发展也是清前期清溪社会权力结构发生改变的重要因素。在康熙时期的地方志和其他文献记载中，清溪被称为"清溪坊"。乾嘉时期，随着外地商人的进入，清溪社会经历了一个商业化的过程。至道光初期，清溪已经成为萍乡北部重要的市场之一。如道光《萍乡县志》记载："青溪市，在县北（遵化乡）清教里，距城三十五里，街半里，商民百余家。"③ 正是在此背景下，我们才能在《建修万寿宫捐款碑》（1）看到来自临江、瑞州的商号，以及吉安府五县42名商人组成的"五邑会"。

　　总之，自明末至清中叶，清溪社会不仅经历了图甲组织重组的历史过程，而且经历了一个由村落向街市的转变。在此期间，外来移民通过"朋充"或"顶替"等方式，进入里甲户籍体系，从"无籍之徒"转变为"编

---

①　《萍北清溪杨氏八修族谱》卷1《合约印照》，第28—29页。

②　郑瑞达：《移民、户籍与宗族：清至民国时期江西袁州府地区研究》，生活·读书·新知三联书店2009年版。

③　同治《萍乡县志》卷2《建置》，第6页。

户齐民"。这种社会身份的变化，有助于通过科举制度获取政治文化资源，成为乡村社会的重要力量。与此同时，随着乡村的市场化，外地商人来到清溪，参与到社区的文化生活中。这些不同社会力量的介入，导致清溪社会权力格局发生了根本性的变化，形成了外来商人和本地喻、杨、甘三大姓氏共同主导的多元格局。因此，嘉庆十九年（1814）万寿宫的创建，以及捐款者的姓氏构成和身份特征，实际上是当时清溪社会权力结构由一元转向多元的结果，是各种社会力量借助万寿宫这一文化资源进行重组的集中体现。

三　士绅、宗族与社区权势转移

清溪万寿宫创建后，分别有一次增建和重修。道光五年（1825），在万寿宫左侧增建了观音殿，供奉观音与十八罗汉。据殿内现存碑文记载，这十八尊罗汉均由喻氏族人捐塑：

> 今将十八罗汉塑像乐捐芳名列左：第一尊喻金□塑，第二尊喻仕海塑，第三尊喻正范塑，第四尊喻序贤塑，第五尊喻和甄塑，第六尊喻冠群、喻莲馨塑，第七尊喻调年塑，第八尊喻□□塑，第九尊喻□□塑，第十尊喻开榜塑，第十一尊喻□□塑，第十二尊喻□□塑，第十三尊喻□□、喻□□塑，第十四尊喻□□塑，第十五尊喻□□塑，第十六尊喻□□塑，第十七尊喻□□塑，第十八尊喻□□塑、喻永珍塑
>
> 大清道光丙申年□□月吉日　立①

光绪八年（1882）万寿宫重修，由喻氏的"喻三益堂""五邑堂"及"公庆堂"共同完成。在现今万寿宫石柱上，仍留有以下文字：

---

① 该碑现嵌于清溪村万寿宫内观音堂墙上。

五邑、公庆堂敬捐，大清光绪壬午八年季夏月谷旦公庆堂、五邑堂立

　　喻三益堂清溪喻氏三益堂印敬捐，大清光绪壬午八年夏月谷旦立

　　那么，这三个堂名究竟有怎样的含义呢？在现有资料中，笔者没有找到相关记载，但据村内喻品奎等人介绍，五邑堂是由五邑会演变而来，喻三益堂则是一甲、五甲、十甲喻氏共有族产的管理机构，至于公庆堂，村民则语焉不详。

　　上述情况表明，清中叶以后清溪万寿宫的管理权，逐渐由众姓之人归于喻姓一族。至民国时期，"连万寿宫每年唱戏，也必须取得喻氏三家（甲）同意，同时又要参与倡议，否则亦难办成"。① 那么，为什么喻氏能成为控制万寿宫的主导力量呢？笔者认为，这种现象的出现，其根本原因是喻氏凭借科举功名与宗族建设，实现了对清溪社会的全面干预，导致了乡村社会权势的转移。

　　早在明中期，清溪喻氏子弟就在科举之路上取得了一定的成功。嘉靖十年（1531），喻均韶取录岁贡，分任浙江泰顺县知县。万历十三年（1585），喻以达举于乡，就任浙江青田县知县。② 明末至清前期，喻氏子弟在科场的表现似乎不尽如人意，直到雍正十年（1732），方出现了清代第一位贡生——喻铭鼎。然而，至道光时期，喻氏涌现出了一批科举成功之士，其中以喻增高、喻兆蕃祖孙两进士最为人津津乐道。有关他们的具体情况，《昭萍志略》之《选举志》"进士栏"记载："道光十五年，喻增高，遵化乡人，翰林院编修，仕至詹事府右春坊左庶子；光绪十五年，喻兆蕃，北区清溪人，钦点翰林院庶吉士改主事，分工部，仕至浙江宁波府知府、宁绍台道、护理布政使。"除祖孙两进士外，还有诸多喻氏子弟获得了贡生或举人的功名。具体情况如下：

---

① 《清溪喻氏五家（甲）谱》，手抄本，不分卷，第17页。
② 康熙《袁州府志》卷9《选举》，第55页。

举人：道光三年，喻增仁，遵化乡人。同治元年，喻恭瑾，遵化乡人，报捐签分刑部主事、广东清吏司兼浙江清吏司行走加员外郎衔，赏戴花翎，有传。同治三年，喻增伟，遵化乡人，内阁中书，赏戴蓝翎，广东赤溪直隶厅同知，调署阳江直隶厅同知，有传。光绪二十八年，喻恭仪，北区清溪人，□南试用直隶州州同。光绪二十九年，喻磐，北区清溪人，历任知县。

恩、岁贡：雍正十年，喻铭鼎，遵化乡人。嘉庆二十三年，喻廷灿，遵化乡人。道光九年，喻廷灼，遵化乡人。同治五年，喻恭义，遵化乡人，候选训导。

这些"正途"士绅与"异途"士绅一道，构成了喻氏宗族内部的贤贵群体，与商人成员共同主导了喻氏宗族的内外建设。有清一代，喻氏共修谱5次，每次纂修者均拥有各类科举功名。例如，康熙朝负责纂修族谱的，即是上文提及的贡生喻铭鼎，喻廷灿、喻廷灼分别为嘉庆、道光两次修谱的纂修人，同治、宣统两次族谱的纂修者，则分别是举人喻增伟、喻恭瑾和进士喻兆蕃。在历次修谱过程中，喻氏制定了"务职业""敦伦纪""习礼文""修祠宇""保坟茔""均财用""勉学修""供赋役"八条祠规，建立起一套行之有效的规范族人行为的道德价值标准。一些由商而绅的族人，也积极投身各类宗族事务。如史料记载："公讳垣瑰，字申富，号玉珊，十三即弃儒从商……先是其祖祠费颇负债，公竭力经营，不数年间债清，乃复有赢余，族众敬谢焉。又邀从侄先铃各捐资倡立一会，颜曰'崇文堂'，劝学颁胙之资咸取给之，迄今犹沿其例。"①

除了利用绅商的政治身份与经济力量来加强对族人的管理外，喻氏还借助官方的权威来管束族人的"因私损族"的行为。咸丰七年（1857），族中士绅因有族人私自在祖山挖煤，故以全族的名义，请求萍乡知县颁示

---

① 《清溪十甲喻氏族谱》卷1《世系》，第3页。

禁碑，竖于祠中。碑文云：

> 为乞批示禁永断后累事。生族所管山岭地名不一，乾隆壬子癸丑年，间将所管井嘴头未耕种山岭批与罗会川取煤，被徐文煜等误控，沐前宪李讯明，自愿将该山封禁。是年冬，与宗族立约四纸，于嘉庆十八年复立约四纸，凡族中山岭不许取煤，并不许卖地以滋事端，至今咸遵无异。不料去岁族中有唯利是视，背约忘祖，肆行无忌，并不通知，胆敢在杨柳冲山内起棚开井取煤，族内闻之力阻，伊等潜逃。窃取煤利小，贻害甚大，今虽阻止，异日恐有不肖子孙将禁约蔽匿，仍蹈前辙，滋蔓难图。再思之不乞宪恩永禁刊碑竖祠，后累莫测，为此禀恳大父师赏赐严批示禁，刊碑竖祠，即约据可蔽，祠碑难磨，永杜后累，合族沐恩，上禀。①

自咸丰年间始，以士绅为首的喻氏一族，围绕山产、墓葬、地基等各种权利，与周边的杨、曾、王、张等族姓之间展开了一系列的诉讼，确立并强化了对周边山产的所有权。咸丰元年，增生喻廷煌、廪生喻增伟等人，以彭炳昌邀人在祖山内挖煤，伤及龙脉为名，向萍乡知县提起诉讼。知县在接到状纸后批示："彭炳昌等在与尔等祖坟相连山内开井取煤，既因有碍来龙，今投保邻迭向阻止，自不容其复挖滋事，如再复萌故智，尔等即偕地邻呈究可也。"但是，此后彭炳昌之侄南瑞、南林、南扬等人又多次在喻氏祖坟近山取煤，从而引发喻氏士绅的再次控诉。同治元年（1862），举人喻恭瑾、廪生喻恭义、增生喻恭和先是以个人名义要求萍乡知县拘拿彭姓等人，后又联名向袁州府衙上诉，请求将竖井挖煤之人"提讯究办"。袁州知府在查看了相关文件后，认为彭姓所为不当，因而发布告示，禁止彭姓与其他居民在喻氏坟山开井挖煤。② 袁州府官方禁约的颁布，为喻氏祖山产权提供了坚实的保障。光绪年间，王姓、李姓、杨姓等

---

① 《清溪一甲喻氏续修族谱》附录《案牍》，第58—59页。
② 同上书，第15页。

人试图在禁山内取煤,但均未能成功。光绪三十四年(1908),喻氏以张祥山越占基地起造房屋,多次提起控诉,最终迫使张姓写立具结。①

清中叶以后,喻氏宗族还主导村内外其他神庙的管理与仪式活动。清溪村内现存有一座僻鲊大王祠,为香城社社庙。根据祠中碑文记载,该祠在乾隆三十六年(1771)曾重修,喻文蔚、杨树□、甘海□、胡孔照、陈为藻5人各助银一两五钱,喻敖十助银一两;喻成祖助银六钱。此外,还有数十人分别助银二钱至五钱不等。由此可见,乾隆时期大王祠的管理,还是喻、杨、甘等多个姓氏负责。不过,到了同治年间,喻氏已在大王祠的事务中居于主导地位。同治九年(1870),40位喻氏族人,分别以先祖或合族的名义,每人出钱五比四分,向祠内敬献了一口大钟。② 此外,清溪村外龙王祠的创建和管理,也在喻氏族人玉珊、采文等人主导下。根据庙内碑文记载,他们募化众姓钱文,购置了不少田产。"一坵归庙祝耕作,当收田规钱二十挂正。每年收早租一硕,以为捡盖完粮之用",其余概归庙祝,作为祀奉香灯之资。租种这些庙田的农户,"每年完粮钱四百文,于十月廿日送交清溪喻姓宗祠内年首收完。田契批字均交喻姓宗祠收存,批明田契、批字,捐契由喻玉珊、采芝收"。③ 由此不难推断,龙王祠的管理权实际上也是控制在喻氏一族之手。

由上可知,清中叶以后,清溪喻氏借助族内士绅的政治身份和商人的经济实力,在族内建立了一套用以规范族人的社会行为标准,强化了族内认同。同时利用官方权威,取得了与杨、王、张等姓氏之间诉讼的胜利,提升了自身在乡村社会的地位,实现了对清溪乡村社会文化活动的全面控制。因此,清中叶以后喻氏对清溪万寿宫管理权的把持,实际上是导致乡村社会权势转移的必然结果。

通过上述论述,我们似可得出以下几点结论:清初以来,萍乡许真君

---

① 《清溪一甲喻氏续修族谱》附录《案牍》,第51—54页。
② 《同治十五年喻氏一族铸钟碑》,此碑现存清溪村大王祠内。
③ 《龙王祠募化□□置买香火田业碑》,此碑现存清溪村龙王祠内。

信仰经历了一个从道教神灵到官方祭祀之神，再到地方神的演变过程。随着许真君信仰的正统化，促使大量万寿宫在萍乡乡村出现。这些庙宇的创建和重修，与外来商人群体有密切关联。它们的空间分布格局与市场体系之间的对应关系，在一定程度上反映了许真君信仰的演变趋势。此外，萍乡各地万寿宫还经历了一个地方化的过程。从清溪万寿宫创建者来看，既有来自吉安府的商人组织"五邑会"，又有不少商号、会社和喻、杨、甘三大姓氏的成员。这些不同身份之人，分别扮演了倡导者、化首、捐款者等不同角色。参与万寿宫创建人员的这种社会身份构成和角色安排，实际上是随着明末清初图甲户籍体系重组和商业力量的介入，清溪乡村社会权力格局多元化的结果，是不同社会力量借助万寿宫这种文化象征进行整合的体现。清中叶以后，喻氏之所以能成为主导万寿宫事务的力量，与其在科举考试与宗族建设上的成功分不开，是喻氏宗族对社区生活实现全面控制的必然结果。换言之，清溪万寿宫的创建及其管理权的演变，不仅集中反映了明末以来清溪社区权力结构演变的历史趋势及时代特征，还为我们理解地方神庙与乡村社会文化传统的相互关系提供了一个范例。

第三节　会社组织与乡村自治

在中国传统社会中，会社组织的兴起与发展，经历了一个长期演变的历史过程。从汉唐时期的民间宗教结社，到宋明时期的文人结社与行业性团体，会社组织的类型与功能日益多元化，渗透至中国社会的政治、经济、军事与文化等诸多领域，并逐渐与基层社会的行政体制连为一体。清代以后，随着国家政治体制与意识形态的变化、社会经济的发展、宗教政策的演变，以及基层行政组织的转型，会社组织与宗族组织一道，成为不同社会群体进行乡村治理与社会控制普遍采用的组织形态与文化方式。[①]

[①] 陈宝良：《中国的社与会》，浙江人民出版社1996年版；史五一：《明清会社组织研究综述》，《安徽史学》2008年第2期。

但是,由于时代的变化与不同地区的历史传统,会社组织呈现出不同的形式与内涵,其与宗族组织的联系呈现出时代性与差异性。本节试图考察清中期江西会社的类型,探讨其与士绅阶层、宗族组织的关系,揭示传统乡村社会运作的内在机制。

一 "会社"的类型

在《明清江西农村社区中的"会"》一文中,邵鸿以乐安县流坑村为例,对明清时期江西乡村社会中的"会"做了类型化和功能性的分析。他认为,明至清前期,流坑村"会社"大多为合族或房派所有,属于"族会"。这些"族会"的功能是为全体族人和房支成员提供各类资助,可归为"义会"。但是,自清中叶开始,流坑村的"会社"逐渐从"族会"转向"群会",从"义会"转向"利会"。这种变化,反映了晚清以后流坑村商业力量的崛起及其对宗族组织的消解。① 邵鸿的研究,使我们对明清时期江西乡村社会中的"会"的类型有了一个基本认识。但是,由于邵文主要依据流坑村史料,应而难以展现清代江西乡村社会中"会"的全貌,且无法揭示会社组织与乡村治理之间的关系。

笔者依据所见史料,按照形成的直接原因,将清代江西乡村社会中的会社组织分为以下几种:一是经济类会社。此类会社的出现,有的因为商业,有的缘于救济。如乐安县流坑村"木纲会",就是该村木材商人为了规范木材交易而成立的行业组织,"歙筐会"则是以向村中贫困妇女提供免息贷款为目的。但是,除了以商业和救济为宗旨外,还有的经济类会社因缴纳政府课税而起。

在中国传统社会中,按时缴纳赋税,历来是乡村社会中士绅们所极力倡导的。为此,他们往往借助族规或祖训,严禁族人拖欠国课,否则不许

---

① 邵鸿:《明清江西农村社区中的"会"——以乐安县流坑村为例》,《中国社会经济史研究》1997年第1期。

入宗祠。如新建县《魏氏宗谱》在"家约"中明确宣称:"有田出租,有丁出役,庶人忠君之道,当然不待官府呼召者也。今世流弊,务为欺蔽,或影射钱粮,或延缓时日,甚则诡计飞洒,贻累子孙,至犯刑宪何怨。或今后凡为里甲者,勿肆贪暴而凌,勿恃奸顽而拒抗。先期速办,可免追乎。如有拖欠负累者,非朝廷之良民,非祖宗之肖子,不许入祠。"① 因此,一些宗族为了免受拖欠课税之累,往往共同出资,组成"急公会"。当甲内之户无力缴纳国课时先行垫付,待其有能力后再偿还。如甲内各花户没有拖欠,则将余资储存生息。如新昌县天宝乡龙冈邹氏宗族设立"代兴庆丰堂",就是以此为目的。据该会会册记载:

> 我代兴,八甲输纳会也。幸运际升平,世和年丰,输将完备,无逋赋之累,众首士修养生息,得以有余资焉。每岁秋,见丁颁谷二斗。今届颁谷之期,众幸秋获之有庆,且喜兵灾之未至,将所颁之谷,邀集百人,各出谷一斗,订成一会。其始不过为生息之计,而其实亦未始不足一时之盛焉。是为序!
>
> 　　　　　　　　　　　时在咸丰二年岁次壬子孟冬月　谷旦②

"庆丰堂"成立后,会内首士为了将该会维系下去,拟定了相应的管理条例,"议定每年代兴颁谷之时,每股出谷一斗,收入会中生息。自壬子起至丙辰止,丙辰以后不必再收"。"庆丰堂"的管理人员,暂由"代兴会"管首照理。"如有将会出卖者,公议代兴以外之人不得滥买入会。"此外,为便于对会股所有权进行确认,该会还刊印了会本101册,"众收一本,其余各执一本为据"。③

一是宗教类会社。这种"会社"的创设,主要是为了祭祀某个神灵。

---

① 《魏氏宗谱》卷1《家约》,1915年修,第3页。
② 《龙冈代兴庆丰堂会册》,咸丰二年刊,第1页。
③ 《天宝龙冈代兴庆丰堂会册》,《凡例》,第2页。

如前文提及的西山万寿宫进香活动，信众大多是组成"香会"前往。此外，其他地方性神灵祭祀，也多采取集会的形式，为庙宇的维修提供资金。据《萍乡城隍庙善后会图册》记载，该县城隍庙创建于清顺治年间，后因历年久远，城隍庙已有"折崩之势"，于是"邑中仗义诸公，聚资鸠工。自辛卯至戊戌，越七载而事竣，且规及久远，敛成一会，购置田园，岁收其值为供奉葺修之资，颜曰'善后'，诚哉其能善后也"。① 在新昌县天宝乡龙冈村，当地刘姓族人与其他客姓乡民为奉祀都总管，特起立一会，名"百福堂"。对此，《百福堂序》有如下记载：

> 自来人世每有爱人之量，周天下救人之念，切衷怀世，知则显其才能，不知则完其大璞者，人固有之，神何独不能？吾族都总管默佑黎民，生全赤子，料已有年，而人或习焉不察。岁届乙巳，神之赫声濯灵屡焉。大显神通，有求必应，保我宗族，于是众心感动，用集一堂，曰"百福"。盍谓堂？集百股，每股敛钱二百文。其神象（像）则赖以祀奉，其会钱则共相商以生息。是固众心之事神必诚必敬，有以致神罔时怨、神罔时恫者也。《书》曰：至诚感神。其在斯乎？其在斯乎？谨序。

道光二十七年岁次丁未八月　日吉旦②

同样，在南昌府义宁州何家社，当地村民为了维护社庙，成立"护社会"，选出数名负责的首事。对此，《何家社重修社坛碑》有如下记述：

> 从来圣佛尊崇，流传有鉴，于前汉庙貌巍峨，祀奉无愧于朝唐，今吾三帝、云霄乃何家社福主，神声灵赫濯，有感皆应，亦如古圣神也。社令建树，多历年所，尚未有维持会。因想日往月来，不无风雨

---

① （清）顾家相：《萍乡城隍庙善后会图册》，序，光绪二十九年刊，第2页。
② 《百福堂册》，道光二十七年刊，第1页。

之飘摇；岁席递迁，岂乏摧残之剥削。近十余年，邀我同人将□嘴上茅柴□工坎研，积成一护社会。原于维持庙宇计，迄今彷徨四顾，庙宇樵落，我同人将会底付出，懋为修整，遂觉焕然一新，则吾社福主岂不愈增神灵于远著，而人民愈沾福泽于无疆哉！是为志。先年合社建修，于今护社季首事匡德立、卢以和裔、成波、杜显名修整。①

除了何家社社众建有"护社会"之外，笔者在当地一些庙宇考察时，发现庙内捐助碑文上刻有大量的"会"。从渣津镇马溪寺内《龙安观音季碑》，可知，该寺在道光年间曾设立了"观音季"，后因资金困难中止。至光绪二十二年（1896），当地乡民又成立"斋仪季"，作为该寺祭祀观音的资金。② 石坳乡万寿宫内《光绪二十一年重修厨房乐助碑》，详细地记载了各会的名称和捐款的数额。具体为："门框季，捐钱十二千文；酒廊季，捐钱十千文；酒廊季，捐钱七千文；永庆季，捐钱六千二百文；祥云堂，捐钱三千文；老长生季，捐钱三千文；五帝钾会，捐钱二千文；真君季，捐钱二千文；龙灯季，捐钱二千文；彭团庆季，捐钱一千文；护庆季，捐钱一千文；余太公季，捐钱一千文；进钱季，捐钱一千文；安良季，捐钱一千文；八名鼓季，捐钱一千文；本社桥季，捐钱一千文；新庆生季，捐钱四百文；四名鼓季，捐钱四百文。"③

一种是教育类会社。此类会社名目不一，有的称"文会"，如万载县九图廖俊旺、周彬文等人，于乾隆四十三年（1778）成立了"文会"，一直持续至同治九年（1870）以后。④ 有的称"宾兴会"。⑤ 如咸丰年间，义宁州"怀远人"联合建立了一个名为"光云堂"的会社组织，后因"人繁

---

① 《何家社重修社坛碑》，光绪十四年，此碑现存渣津镇何家社坛内。
② 《马溪寺龙安观音季碑》，光绪二十九年，该碑现存渣津镇马溪寺内。
③ 《重修厨房乐助碑》，光绪二十一年，此碑现存石坳镇万寿宫内。
④ 《九图文会全册》序，同治九年刊，第1页。
⑤ 有关晚清以后江西各地"宾兴会"的情况，可参见杨品优《科举会社、州县官绅与区域社会——清代民国江西宾兴会的社会史研究》，中国社会科学出版社2018年版。

地广,后必有所不便",于是将"光云堂"一分为二,"近奎光者为光记,近梯云者为云记"。① 此外,该州内四都也设有"宾兴会",聚奎书院下有"老文昌季"和"新文昌季"。有的称"采芹会""崇文会",或是其他称呼。如乐安县流坑村,就有"崇文社""崇文会"和"养正会"等多个文会组织。②《奉新县志》记载:"毓英文会,即联英会,在奉化乡,经始于雍正二年,同乡李云士、刘育孟、曾次侯、彭企先、蔡次雍邀同乡内四十二人醵金联会。嗣后五姓轮值经理,置田租量出为入,以为小试、乡试、会试卷赀。凡乡内有后进续入会内,仍听五姓主之。"③

尽管名称不一,倡设者也不同,但是这些会社均是为了一族,或一乡,或一县从事科举事业之人提供各种资助,对各种助考的费用均有详细规定。如万载县《九图文会全册》记载:

> 童试逢岁科两考,首士亲赴郡城,俱于院试后一日,各带浮票,亲誊年貌、三代及捐名、住址,当面领钱一百文。
>
> 赴乡试者科费一千二百文,每科六月二十五日给发。若有恩加额,总是一科,不得加倍。惟例贡、监生,必录遗后给发,其不录者不给。
>
> 赴会试者京费钱十二千文,优拔贡赴朝考者十二千文,其余出仕就职者不给程仪。
>
> 生员加贡,花红钱三千文。
>
> 捐纳功名者,无论文武、贡监、职员,每名花红钱五百文。④

一是公益类会社。这类会社,大多是为了完成某种地方公共事务而

---

① 《云记宾兴志》,光绪十二年刊,序,第2页。
② 邵鸿:《明清江西农村社区中的"会"——以乐安县流坑村为例》,《中国社会经济史研究》1997年第1期。
③ 同治《奉新县志》卷3《乡集》,第71页。
④ 《九图文会全册》卷1《规条》,同治九年刊,第1—3页。

设，主要有"桥会""渡会"和"育婴会"① 等。如南昌府义宁州武乡山口市，地处修河和带溪二水交汇之处，"春夏水涨，往来行人移日不能渡"。乾隆年间，当地乡民"乃举一年之慈祥，矢心倾囊，联合会股三十有二，玉成一季，名曰'悠津季'，敛会底而积累，越岁月以充饶"。② 仁乡渣津市，亦因地处修河游头之区，"春涨冬水，行者苦之"。道光年间，当地乡民合力捐修石桥一座，名为"福星桥"。桥成之后，由于经费所剩无几，于是"爰集董事五十余名，各出青蚨二十千，共联一会，以期善后"。③ 同样，龙泉县南乡左安墟，"近桂城，通犹邑，为往来贸易之通衢"，由于"溪水涨急，洪波横流斯地"，当地曾姓"虑行人之病涉"，先是架设木桥，"额其会名曰'曾家新桥'"，继而将木桥改建为石柱大桥。④

一是祠谱类会社。它们的设立，或是为了族内祖先祭祀，或是为了祠堂修建，或是为了族谱编修。这类"会社"数量众多，名称不一，是乡村社会中最为常见的一种。如瑞州府新昌县天宝乡刘氏宗族塔下房，就有"朋储会""昨会""崇本会""谱会""袥祐会""报丁会""清明会"7种。同乡龙冈邹氏宗族，则有专门为领取宗谱而设的会社。如《惇本堂引》一文记载：

> 盖闻宗谱三世不修，附于不孝，则谱之綦重也，审矣！但修费浩繁，其领费亦必不轻，于此宜先事调剂焉。盖吾族户口繁衍，势难编户颁给。溯明万历乙卯所修谱牒，印刷五十部，其颁领条规世远难稽。至大清乾隆己卯重修族谱，印刷六十八部，除各房分领十六部外，余所领者每部出银十两。是时我公支下家裕户足，所领谱者居其半焉。越四十九年嘉庆丁卯，族谱继修，举前乙（己）卯乐助赢余所

---

① 萧倩：《清代江西民间育婴事业研究》，《中国社会经济史研究》2001年第1期。
② 《山口悠津渡志》，序，1925年刊，第1页。
③ 《福星桥序》，咸丰七年，该碑现存渣津镇福星桥局内。
④ 《曾家新桥会录志》，序，1928年刊，第1页。

买田产，并累年租息，一概支费使用，于旧领谱者各发一部，以消前项。新领谱者，族止五人，各帮银十六两。夫兴败何常，乾隆间固极盛矣，嘉庆间赖有前遗，脱后复修，既无谱田，又安能长保其如是哉？惟时诸老先生咸怀远虑，于己巳之春，佥议建立一会，以善其后。酌量每股敛银二两，当四十一股。至道光乙酉及丁亥，又补进一十八人，共五十九股焉。历年本息，置产若干，详载于后。所望管理诸公，矢公矢慎，日积月累，庶几克绍前徽，不负先人立会之意。而后日修谱，纵不能私出银领，亦可藉会息以相助云。其会颜曰"惇本"者何？盖深有取于君子笃亲之义，且隐寓乎反本修古，不忘其初之遗意也夫。

时大清道光九年岁次己丑□秋月　中浣之吉　会众公撰①

以上情况表明，在清中叶江西乡村社会中，"会社"已经成为时人处理各种社会事务和文化生活的重要组织形式。这种历史现象的产生，既是明后期以降政府职能不断下移的结果，又与士绅阶层和以宗族组织为代表的基层社会力量的积极参与密切相关。因此，为了更好地揭示"会社"形成与发展的历史原因，下文将着重考察士绅阶层和宗族组织与"会社"的内在关系。

二　士绅、宗族与"会社"

清中期江西乡村中各类"会社"的出现，从整体上来看，当为士绅、商人、宗族或乡民等各种不同社会力量共同参与的结果。但是，如果单就"会社"的发展而言，主要来自士绅与宗族组织的推动。尤其是那些辐射范围超越了一乡或一族的"宾兴会"，士绅阶层在其中有着不可替代的作

---

① 《惇本堂册》，引，道光九年刊，第1页。

用。如临江府清江县"宾兴会",即是在士绅关耀南、吕世田、朱孙贻等人的倡导下成立。此后,"宾兴会"在士绅的运作下,会产与日俱增,开设了多个质铺,成为一个实力强大的地方公产机构。① 吉安县坊廓乡"文会"的组建,亦是在士绅阶层的全面主导下完成。②

除了教育类"会社"外,士绅创建的其他各类"会社"也是屡见不鲜。衷海燕的研究表明,在清中叶以后,吉安府出现了大量渡会、桥会、神明会、节庆会。在这些会社的创立和管理过程中,士绅一直居于主导地位。③ 此外,瑞州府上高县邹定邦等23名士绅,于嘉庆十三年(1808)倡设"惜字桥灯会"。④ 南昌府义宁州渣津市"福星桥会"首士徐黼平、熊警声等人,分别拥有举人、贡生等身份。⑤ 道光二十年(1840)成立的临江府清江县樟树镇"鹿江渡会",其发起者是监生关荣璧等人。⑥

士绅起立各类会社后,往往借助自己的政治影响力,向地方官员呈文,请求以官方名义确立会社对相关事务的管理权。如鹿江渡会首士关荣璧就呈文清江知县,声称"窃生等于道光二十年夏禀建义渡,请立章程各情,两叩前宪李仿照湖南西关外章程,创建樟镇上石埠义渡并渡口码头、两岸亭宇等工,当蒙酌定义渡条规十二则,并奉有应视捐输多寡,妥为擘画,工竣之日,仍候具详立案勒石渡口,以彰义举"。⑦ 对此,清江知县钱氏颁示禁令,不准船户在码头挽锚系缆。禁文云:

署清江县正堂加十级纪录十次钱为严禁事:照得樟树镇为商贾居

---

① 有关清代江西士绅阶层与各地"宾兴会"的关系,参见杨品优《科举会社、州县官绅与区域社会——清代民国江西宾兴会的社会史研究》,中国社会科学出版社2018年版。
② 民国《吉安县河西坊廓乡志》卷首《倡兴总理首事》,第7—8页。
③ 衷海燕:《儒学传承与社会实践——明清吉安府士绅研究》,中国图书出版公司2012年版,第145—165页。
④ 《惜字并桥灯会砧基》,序,1918年刊,第1—2页。
⑤ 《福星桥序》,咸丰七年,该碑现存渣津镇福星桥局内。
⑥ 《义渡录四集》卷上《重建义渡记》,光绪三十一年刊,第2页。
⑦ 《义渡录四集》卷上《各宪原示谕》,第2页。

民辐辏之区，登舟登岸，俱由码头上下，阶级自应平整。现据该镇绅士公同捐资修理，洵为好义。兹查有等船户辄于码头，挽锚系缆，每致阶石易于歪斜坍塌，于碍步履，殊属不合。本应查拿示惩，姑宽出示严禁。为此示仰该处船户人等知悉，嗣后尔等毋许在于码头阶级挽锚系缆，以免日渐损坏。倘致不遵，许该地保指名赴县禀究，决不姑息。各宜禀遵毋违，特示！

道光二十一年四月　日给①

创设各种会社，既是士绅参与地方公共事务、规范社会经济秩序的组成部分，也是他们宣扬儒家道德价值体系、教化乡民的文化手段。通过倡设"神明会"和"惜字会"等会社，士绅将一套礼教秩序渗透至乡民的日常生活。② 新昌县士绅邹家琪倡立祭祀康王的"太保会"时，就从儒家礼仪的角度做了具体阐释：

> 昔者圣人以神道设教而天下服，自天地、日月以及山川群小祀，莫非灵爽之所凭，即各有祀事以相报，盖谓其聪明正直而能降福于民也。洪惟我村龙船会上修有康王太保英烈尊神，保障一方，匡扶百室。百余年来，凡村中有疾病苦厄以祈祥者，靡不为苍生请命，是太保有大造于我村也。且夫有功烈于民者，礼宜崇祀。太保以保釐东郊之绩显于周朝，经亿万年而声灵犹赫濯于不朽。然则食德，其可忘德乎？辛亥岁，适从堂叔祖迎春为骐言，曰：太保，吾村之庇荫也，礼不容以不报。骐曰：然。因相举集腋成裘，联会一百廿六股，渐加生息，以为八月十四庆贺诞辰之资。又正月初出巡村舍，用阐幽光焉。行见生齿繁昌，户口殷盛，所谓民和而神降之福者。其在斯与！

---

① 《义渡录四集》卷上《各宪原示谕》，第1页。
② 有关惜字会与社会教化的关系，参见梁其姿《施善与教化——明清的慈善组织》，河北教育出版社2001年版。

其在斯与！

咸丰壬子正月中澣　家骐谨序①

邹氏的行为与解释，反映了作为儒家道德价值继承者与实践者的士绅阶层，与"神明会"之间的文化一致性。但是，我们也发现，在清中叶江西乡村社会中，各类会社组织的出现，往往与宗族组织的历史联系在一起。这一点，在乐安县流坑村会社历史中得到印证。② 但是，由于资料的限制，我们对流坑董氏宗族内各种会社的具体情况，尤其是会股的构成，难以做进一步分析。下文以新昌县天宝乡龙冈邹氏宗族会册为基本史料，对宗族组织与会社的关系进行探讨。

邹氏宗族会册共 15 种，每种 1 册。从时间上来看，这些会册最早产生于清道光九年（1829），最晚形成于民国十年（1921），其中以道光年间产生的会册最多，分别是道光九年（1829）的《邹氏习公支谱》（惇本堂册）、道光十一年（1831）的《诏公枝下松茂堂册》、道光二十年（1840）的《邹氏南门社会册》、道光二十七年（1847）的《百福堂册》和《镇江会册》、道光二十九年（1849）的《龙冈永寿堂册》6 种。其余 9 种分别产生于咸丰、同治、光绪以及民国初期。具体情况为：咸丰朝有 2 种，分别是咸丰二年（1852）《龙冈代兴庆丰堂册》、咸丰七年（1857）《培耕堂会册》；同治朝有 2 种，分别是同治五年（1866）的《岩前石神会崇祀录》，同治九年（1870）《邹氏太保会册》；光绪朝有 3 种，分别是光绪三年（1877）的《龙冈荒田会崇祀录》，光绪七年（1881）的《邹氏宗祠世祀会本》和《彭家山石神会崇祀录》；民国时期有 2 种，具体为民国三年（1914）的《文蔚堂崇祀实录》和民国十年（1921）的《镇江会录》。现依据这批会册中的内容，将邹氏宗族与会社的关系列为下表，并略作分析。

---

① 《太保会本》，序，同治九年刊，第 1 页。
② 邵鸿：《明清江西农村社区中的"会"——以乐安县流坑村为例》，《中国社会经济史研究》1997 年第 1 期。

表 2-1　　　清代新昌县天宝乡龙冈邹氏宗族会社基本情况

序号	会名	成立时间	成立原因	会股构成
1	惇本堂	嘉庆十四年	后日修谱，纵不能私出银领，亦可借会息以相助云	初习公支派41人，道光年间补入18人
2	松茂堂	道光十一年	管理诏公派下产业	芬公支下206股、苓公支下91股、尊公支下210股，共507股
3	南门社会	道光二十年	以为社祠祭赛之资	中房67股、细房82股、河园4股、南公16股、上下大园51股、茅园17股、罗家屋48股，共计285股
4	百福堂	道光二十六年	祀奉都总管	门楼27股、南园1股、大园2股、枧下2股、茅园12股、荷园5股、罗门42股、客姓9股，共100股
5	镇江会	道光二十七年	祀奉镇江神	中房6股、细房65股、大园3股、茅园11股、荷园11股、罗门21股、客姓9股，共计126股
6	永寿堂	道光二十九年	以为父母身后之费	中房17股、细房15股、良房8股、恭房11股、谦房3股、南公2股、枧下4股
7	代兴庆丰堂	咸丰二年	将输纳会所颁之谷，各出一斗，以为生息	好公支下44股、芬公支下18股、苓公支下16股、尊公支下21股、范公支下1股，共计100股
8	邹氏太保会	咸丰二年	以为庆贺康王太保诞辰之资	共126股，分成6班管理，未见客姓或杂姓
9	培耕堂	咸丰七年	三十一二都以禁六畜，以防盗窃	政公支96股、习公支99股、亮公支67股、枧下39股、南公支13股、良公支72股、恭公支83股、谦公支44股、杂姓92股
10	荒田会	咸丰七年	以垦荒收成之盈余联成一会	中房15股、细房11股、窑下49股、齐作4股、大园7股、茅园14股、荷园24股、罗家屋26股，共150股
11	岩前石神会	同治五年	以为日后祷祀石神之资	茅园205股、中房65股、细房40股、罗门45股、荷园9股、大园10股、枧下14股、客姓17股

续表

序号	会名	成立时间	成立原因	会股构成
12	邹氏宗祠世祀会	光绪七年	斯会原为供奉明神而（下残）	原为50股，后仅剩40股，分四班管理
13	彭家山石神会	光绪七年	以为祷祠祭祀之费	有罗门、尊公、中房等地名或房派，以及刘、黄等杂姓。共183股，分六班管理
14	文蔚堂	光绪三十年	为祭祀温公时捐纳者开设宴席而设	
15	南门镇江会	时间不详	为祭祀靖江王而设	共20股

由上表可知，邹氏族内会社组织的出现与发展，呈现出以下特点。首先，从时间上来说，会社的发展具有较强的连续性和集中性。从清中期道光十四年（1834）至晚清光绪三十年（1904），历朝都有会社的设立。在总共15个会社中，道光、咸丰两朝出现的有9个，占总数的60%。其次，在类型上，各种会社均有一定的数量。既有为修谱而设的"惇本堂"和管理祖产的"松茂堂"，也有为祭祀靖江王、石神和康王太保而设的神明会；既有为应对政府税粮供应而起的"代兴堂"，也有为族内贫寒之人提供资助的"永寿堂"。再次，还有"为祭祀温公时捐纳者开设宴席而设"的"文蔚堂"，以及规范当地农业生产的"荒田会"和"培耕堂"。最后，就会股构成而言，这些会社大多数由邹氏宗族各房支成员组成，但在"百福堂""镇江会"和"岩前石神会"这三个会社的股份中，有一部分来自"客姓"或"杂姓"。

龙冈邹氏宗族会社的上述特点，一方面反映了其族内各房支的发展与分化过程；另一方面表明了自清中叶以后，会社组织开始在天宝的社会经济和文化生活中扮演起较为重要的角色。为此，下文将从历时性角度考察邹氏宗族的历史及其与乡村社会自治的关系。

三 宗族、会社与乡村社会治理

天宝乡是新昌县下属八乡之一，位于县境之北，距离县城约九十里，与南昌府奉新、义宁二州县交界，是新昌陆路通往湖广地区的必经之地。明清时期，天宝乡内有第三十一都至三十六都，六都之下分管十九图，每图又由数量不等的村落构成。龙冈邹氏宗族属天宝乡三十二都。① 该都内大姓主要有六个，分别是龙冈邹氏、逍遥赖氏、逍遥徐氏、逍遥毛氏、墩溪杨氏、堆上胡氏。这些村落大多为单姓聚族而居，少数是一姓为主，其他几个小姓合居。在所有村落中，尤以三十三都的辛会和三十二都的潭山为巨。如地方志记载："统计四境村落，东以棠浦、澄塘为大，西以芳塘、黄冈为大，南以徐家渡为大，北以辛会、潭山为大。最大者数盈千户，次亦不下数百，率多聚族而居。"② 明清时期，这些姓氏与村落兴衰更替，最终形成了邹、刘、陈、吴四姓主导的格局。民国初年，新昌人胡思敬在纂修《盐乘》一书就有如下感慨："天宝一乡，总六都三十七姓，以邹、刘、陈、吴为最著。不独生齿之盛，亦代有闻人。三十一都及三五、三六两都，民多业农，未克大显。松柏之下，其草不殖，理或然欤？据兴贤堂乐输碑，尚有司前杨氏、毛氏、郑氏，黄花庄金氏，早田姚氏，路边何氏，院前张氏、夏氏，港溪冯氏，丁口均不过二十余人，谱牒不具，无可稽考。"③

以上情况表明，最迟至清末，在天宝乡诸多姓氏中，形成了以邹、刘、陈、吴"四大姓"为著的局面。那么，龙冈邹氏宗族经历了何种历史发展，成为著姓之一呢？依据明清时期新昌县方志的记载，我们大致可以梳理出邹氏宗族的发展轨迹。

---

① 同治《新昌县志》卷1《乡屯》，第20页。
② 民国《盐乘》卷1《疆域》，第16页。
③ 民国《盐乘》卷2《氏族志》，第57页。

在崇祯《瑞州府志》中，对龙冈邹氏始祖邹用有如此记载："邹用，字惟信。新昌人，读书好义，元末大乱，与毛忠吾等纠义兵保乡曲，屡破贼将陶九于郡境，抚恤流亡，宜丰赖之。复说天完袁州守将欧普祥附迎高皇于龙兴，帝命仍充欧氏兵马□帅。洪武四年，帝命从宜春侯黄彬收□□□头目，论功授雄武卫管军百户，钦授敕命子孙世袭，又以备倭功赠昭信校尉。"① 康熙《新昌县志》对邹用之子邹宁及其他子孙有如下记录："邹宁，用子，袭偏桥卫百户"；"邹杰，宁子，袭百户，累功升本卫千户，世袭"；"邹政，袭偏桥千户"；"邹文，袭偏桥卫千户"；"邹良臣，武生，钦依御倭守备"；"邹绍武，良臣庶子，袭百户，升广东守备"；"邹宗武，良臣长子，世袭百户"；"邹元柱，宗武子，世袭百户"。②

由此不难发现，元末至明前期，邹氏宗族经历了从地方豪强到军功之家的转变。不过，自明中期开始，龙冈邹氏子弟逐渐走上了科举之途，产生出一批士绅，包括万历三十五年（1607）进士，历任福建巡抚、兵部侍郎的邹维琏。③ 明后期至清前期，随着族内士绅阶层的形成，龙冈邹氏一边通过修谱建祠，加强宗族建设，一边通过参与地方公共事务，建构社会文化权势。对此，方志中有如下记载：

> 邹起茂，天宝乡人，仗义急公，慷慨不吝。族有双涧路僻崎岖，出入艰难，起茂改修石路，捐田筑塍，资费千金，族人邹维琏为传。
>
> 监生邹慰明，字秉直，天宝乡人，好义乐施。倡立大宗拯饥会，捐金二百两，助小宗祭产计值七百金。修文塔助银一百两，施棺六百副，宗族颂之。
>
> 范阳书室，在三十二都龙冈邹文裔众建，立有赡学山数十号，田租四百石。

---

① 崇祯《瑞州府志》卷2《选举志》，第5页。
② 乾隆《新昌县志》卷8《封荫》，第32页。
③ 乾隆《新昌县志》卷14《名臣》，第13页。

十堂祠，在三十二都龙冈，邹文裔众建。

藻龙庵，在三十二都龙冈南门水口，邹文裔众建。

登云塔，在三十二都，邹文裔众建。①

清中叶之际，随着房支的增多，邹氏宗族的大宗认同逐渐呈弱化之势，房支认同得到强化。如史料记载："邹习章，字道源，天宝乡人，勤俭持家，诗书启后，乐义举，同侄启政捐银二千两建庸斋祠，捐银数千两建立本支义学，置产以备岁需。""孝子邹恩名，字廷锡，号裕堂，天宝乡人，敦仁尚义，乐育人才……又捐一千四百两助入房祠，以为供祭□□之费，主事董瀛山为之传。"②

除了族内的变化外，此时天宝乡的姓氏构成，因诸多"客姓""杂姓"等外来人群的进入被打破。族内与族外的变化，最终导致了清中叶以后邹氏族内各类会社组织的出现。因此，在某种意义上说，邹氏会社的形成与发展，在一定程度上反映出天宝乡村社会中人群的流动，及其导致的社会关系的变动。下面将以"培耕会"为例，对此做进一步说明。

有关"培耕会"成立的时间和缘由，《培耕堂会本》中有详细记载，现引述如下：

> 盖闻生植恒资乎地利，而栽种尤赖乎人工，故昔盛世，野无旷土，乡鲜闲民，乘时赴工，无地不称饶裕焉。吾村三十二都，只有春耕而无秋种。是一年之人工，仅得其半；即一年之地利，亦仅得其半，亦何怪乎土瘠而民贫也。而究其所以然者，则以为村无禁议，六畜害之，盗窃又害之。夫是以虽有可种之地，愿种之家，亦不能不因之以自阻。现各村老成，知田土之不可以无禁而旷也，知人工之不可

---

① 同治《新昌县志》卷5《书院》，第35—36页；卷6《祀典》，第44页；卷19《善士》，第33—34页。

② 同治《新昌县志》卷19《义士》，第19—20页。

以无禁而闲也,于是即一、二都相近之地,联成一会,颜曰培耕,以禁六畜,以防盗窃。庶五谷既登,方仓箱之有庆;而秋苗又起,更生发之无穷。地利人工,又岂患仅得其半也哉!是为引。

咸丰七年季春月　谷旦合会公撰①

由上可知,"培耕会"的创立,缘于天宝乡三十一二都境内"牲畜和窃贼为害甚深",以致"只有春耕而无秋种",故龙冈村中老成之人倡议将三十一二都邻近之地联成"培耕会","以禁六畜,以防盗窃"。从该会会股构成来看,既有邹氏宗族多个房支成员,也有朱、钟、谢、王等多个"杂姓"成员。具体股份分配如下:邹氏宗族政公支下96股、习公支下99股、亮公支下67股、枧下39股、南公支下13股、良公支下72股、恭公支下83股、谦公支下44股、杂姓92股。因此,该会实际上可视为一个"股份制"的乡村自治组织。

"培耕会"成立后,为了对三十一二都地界进行管治,不仅制定了相应的禁约条规,还明确了处罚细则和管理范围:

一禁猪牛不许闯放,违者照所伤五件估价,加倍赔补。其钱一半归公,一半补还。失主如恃强不遵者,通众究论。

一禁群鸭不许闯放,伤害田中禾稼,并不得将田贮水,有害秋种,违者打坏勿论。

一禁家鸡鸭不许闯放,违者打坏勿论。

一禁盗贼不许偷窃田园塘垄山土,麦粟、烟叶、毛豆、红薯、芋头、杆草、菜蔬、番薯、杂粮及人家猪、鸡、鸭、竹木、杂树等物,违者照依所窃之物估价,加倍罚赎。其钱一半归公,一半补还失主。若不遵者,轻则责打排街,重则送官究治。

---

① 《培耕堂会本》,培耕堂小引,咸丰七年刊,第1页。

以上禁规俱系当众公议，自八月十六日起，不拘谁家田园山土，自当日夜互相稽查。果有庄据，捉获来报及直证者，领钱五百文。其钱犯禁人出。倘捉获无钱赔补之人，会众出钱给赏。如自己捉获者，必要中证见眼，方准公罚，以免狭嫌诬陷之弊。勿论何家捉获，凡相近邻右，务须帮助出力，不得视为一家之事。庶几直道而行，不致以强欺弱。如有犯禁负固不服不遵公究者，合众闻公究治，断不宽纵。凡我村中之人，各宜自爱，勿犯此禁。所禁地界自三十一都破坑以下，至合浦江漳溪、大小庵、漆家坳等处，至冈头大港止一带，俱在禁内，永远公禁。①

除制定条规外，"培耕会"为强化自身的合法性，以邹氏子弟邹世传、邹璵德两人为首，向新昌知县呈请将会内禁约条规在官方立案。新昌知县接到呈文后，除将禁约条规存案外，还颁示禁文，要求乡民"毋再纵畜践踏田内禾稼，伤害杂粮"，否则由"培耕会"报官惩处。②

新昌知县告示的颁布，标志着"培耕会"对天宝乡三十一二都的管理得到官方授权，从而使这个会社组织由民间自治组织向"半官方"管理机构转变，成为乡村社会中管理体系中的重要组成部分。

综上所述，清中叶江西乡村社会中的会社组织不仅类型多样，且与士绅、宗族组织等各种社会力量结合。士绅借助"惜字会"和"神明会"等会社组织，宣扬了儒家的传统道德价值，将礼教秩序渗入广大乡民的日常生活中。新昌县天宝乡龙冈邹氏宗族各种会社的历史则表明，自清中叶以降，随着族内房支的变化与外来人群的进入，会社组织开始在乡村社会经济和文化生活中扮演起重要角色。建立在"股份制"基础上的"培耕堂"等会社组织，既有助于邹氏宗族继续对族内公共事务实行有效管理，又有利于其对乡村社会的控制。龙冈邹氏宗族与会社组织之间的关系，在一定程度上反映了清中叶会社组织与乡村社会文化传统之间的内在联系。

---

① 《培耕堂会本》，培耕堂禁约条规，咸丰七年刊，第1—2页。
② 同上书，第3页。

第三章　晚清地方军事化与乡村社会重组

晚清时期，面对太平天国运动的爆发，清政府诏令士绅组织地方武装，协助清军作战，导致了地方军事化。团练的组建及其体系化，集中体现了国家控制权的下移和社会政治结构的变化，进一步推动了地方社会自治化。本章拟在地方军事化的背景下，分别探讨团练局的形成及其与士绅、宗族和村落之间的关系，以期揭示地方军事化对乡村社会权力结构的影响。

第一节　团练、宗族与村落

晚清地方军事化，集中表现为团练的出现。团练作为一种军事组织，自唐代就已出现，此后历代相袭而内容稍异。至清嘉庆时期，由于军队废弛，清廷为镇压川楚之地的白莲教起义，重兴团练之制，从而使团练逐渐由官方军事组织演变为地方武装力量。① 咸丰时期，随着太平军进入长江中下游，咸丰帝借鉴先朝以团练平定白莲教之乱的办法，下令各省兴办团练，先后任命数十位在籍官员作为团练大臣，帮办本省团练事宜。如咸丰二年（1852），咸丰帝就"降旨命罗绕典、陈孚恩、曾国藩等于本籍湖南、江西帮办防剿事

---

① ［美］孔飞力：《中华帝国晚期的叛乱及其敌人——1796—1864年的军事化与社会结构》，谢亮生等译，中国社会科学出版社1990年版，第11—50页。

宜"。其余各省在籍绅士，根据地方实际情形，帮同团练，保卫乡间。①

江西团练的出现，以咸丰二年南昌府团练创办为开端。此后，随着太平军在江西活动范围不断扩大，其他地区先后组建了为数众多的团练，形成了一个多层级的地方军事防御系统。在此过程中，以刘于浔为代表的地方士绅逐渐成为"团练局"的领导者。此外，团练的兴起及其体系化，导致了乡村社会中村落和宗族组织等各种力量的重组与整合。

一 团练的兴起与扩散

咸丰二年（1852），太平军进入两湖地区，攻陷武昌，威胁江西。由于省会南昌城是江西省级官员重点保卫对象，因而南昌府成为最早组建团练之区，设有官团局和绅团局。其中官团局下领八军，分别是卫民军500人，志同军400人，开化军400人，信新军400人，章武军500人，川勇300人，贵勇300人，广勇500人；绅团局下设三军，分别为镇洪军，左、右哨各500人，镇平军600人，保信军300人。九月，南昌县举人刘于浔来到南昌城，加入省城绅团局中，与在籍刑部尚书、新城人陈孚恩和举人万启琛、方用仪一同负责绅团局事务。② 十二月，江西巡抚张芾一方面赶赴九江，驻军瑞昌，要求各地组建团练，协助清军进行防御，一方面委派刘于浔团练乡勇，以作外援。刘于浔带领与绅团局合作的梓溪团勇，返回中洲，设团练总局于灵仙观。此后，刘氏好友、南昌县举人燕毅创建了南州局，万舍、保安、定安3个团练局也相继建立，"自是五局并起，而以中洲为总局"。咸丰三年八月，刘于浔被任命为江西全省团练署理大臣。咸丰五年，他在团局中挑选了数千名团勇，组建了"江军"。③

---

① 光绪《江西通志》卷首之4《训典》，第3页。
② 光绪《南昌县志》卷54《兵革》，第15页。
③ ［美］孔飞力：《中华帝国晚期的叛乱及其敌人——1796—1864年的军事化与社会结构》，谢亮生等译，中国社会科学出版社1990年版，第159—160页。

中洲、南州等团练局的建立，在南昌城外围形成了一道防御力量。如同治《南昌府志》记载："南昌中洲团局举行最早，后以次推及各乡。盖地既殷富，又依省垣为声势，故事易成而力易集。"① 此后，张芾要求南昌、新建两县官员下至各乡，"各举公正绅耆，共司局务，散给口粮。各乡挑选壮勇共六千六百余名，委员随时点验"。②

南昌、新建两县创办团练后，同属南昌府的进贤、丰城两县相继创办了团练。如《丰城县志》记载："（咸丰）五年冬，伪翼王石达开由湖北入江右，率匪众十数万，瑞、临、袁、吉相继陷，逼近丰境。张尹韶南集绅董，谕令乡城各设团局，募精壮，制器械，逐日训练，遇警由各团绅董召集，分防守隘。"③ 进贤县各都创立的团练局则多达33个，具体是：十三、四都守望局、进思局，十五都尚义局、九经局，十六都崇信局，十八都时和局、人和局，二十二都志成局，十七都同德局，十一都合志局，十二都本固局、同心局，十都保卫局、保耕局，六、七都经武局，八、九都镇东局，前坊新集守望局，一都靖烽局，二都刚毅局，三、四都果毅局，三十三都合济局，三十五六都愤义局、众成局，三十四都赤田局，二十三都义胜局、福胜局、保全局、西安局，二十六都泸浔局，二十四五都普福局，三十七都永安局，三十八都云山局，下五坂二十七都、二十八都、二十九都、三十都、三十一二都共澄江局。④ 此外，奉新、靖安、武宁、义宁州等州县，也先后组建了团练，形成了颇具战斗力的地方武装力量。如《义宁州志》对本县团练有如此评价："义宁自咸丰二年军兴以来，团练乡勇为江省首倡，一闻寇警，凡年十六以上、五十以内者，踊跃效命，名'扫地勇'。……天下团练并皆有虚名而鲜实效，惟江西之义宁、湖南之平江办团确有成效。"⑤ 光绪《南昌县志》的纂修者则认为，南昌城之所以没

---

① 同治《南昌府志》卷18《武备》，第74—75页。
② 同治《新建县志》卷64《团练》，第16页。
③ 同治《丰城县志》卷6《武事》，第10页。
④ 同治《进贤县志》卷22《兵革》，第15—17页。
⑤ 同治《义宁州志》卷14《武事》，第18页。

有被太平军攻破，完全是各县团练组织相互联络、群策群力的结果："（太平军）厥后规图省城，瑞临贼由市汊、抚州贼由中洲、丰城贼由三江口、进贤贼由罗溪逼渡头市，由山阳渡青岚湖寇窥幽兰市、泾口、新集市，皆以团练联络堵御，贼势盛则江军水师策应之。使一路得逞，则长驱入内，合境糜烂，裹粮胁众，抵省城之背，不可为守矣。是以兵革十年，狂寇四踞，省城无重兵宿将，安然不再惊者，团练之力也。"①

省级官员的倡导与南昌府团练局的有效防御，激发了其他地区团练的组建。在北部九江府和南康府，许多团练在乡村创建起来。如德安县东、西、南三乡，设有10个团练，"团分正副长佐，县城募勇集团，号义军，统带举人熊符梦、哨长生员易善元、陈凌衢、郭映光、郑梦祥、桂香轮，承办贡生李道济、孝廉方正吴凤诏、举人李道元"。② 都昌县在咸丰四年（1854）四月后，"节节起团，分段防堵"，其中十一都增生刘鼎设立的团练局，与长垄贡生余秉炎、中馆举人段其升所设团局互为犄角。三十八都举人袁英设局于四乡，二十九都举人刘廷辉、二十八都职员杨法程，"各练勇与为声援"。③ 在西部袁州府和临江府，团练局也呈现出逐渐增加的态势。如宜春县先在西乡设立了西村局、新田桥局等20多个团练局，后在东乡设立合浦局、厚田局、下浦局、南源局、渥江局、栗村局、彬江局、隅厢局8个团练局。④ 新喻县先是"奉宪团练"，设立了5个大团局，后又在"墟市与人烟稠密之处，分设二十一小团，举立团总"。⑤ 同样，在东部抚州府临川县内，各团练局相互连为一体，声援官军。如同治《临川县志》记述：

> 同年，知府李瑞章、知县戴荣桂奉善后总局札，催各乡起局团

---

① 光绪《南昌县志》卷54《兵革》，第17页。
② 同治《德安县志》卷7《武备志》，第8页。
③ 同治《都昌县志》卷8《武事》，第12页。
④ 同治《宜春县志》卷5《武事》，第28—29页。
⑤ 同治《新喻县志》卷6《武事》，第5页。

练，各乡士民痛心疾首，阴行团练。附城则洞府庙局陈学海为首，东南乡则清泥陈玉镇为首，西南乡则龙溪李玉如为首，北路则唱凯、李渡等局，西路则上顿渡等局。彼此关通，声势联络，以援官军。①

江西南部的赣州府和南安府，同样出现了团局林立的景象。咸丰二年（1852），吉南赣巡道周玉衡"谕赣城绅士许奎、罗亨焯、徐德慕、黄金奏、王一山等，设局团练乡勇"。次年，陈传曜等人又增设义勇局，"筹军饷，备器械，编立十家牌，严稽查，谨防御"。②据光绪《龙南县志》记载："咸丰三年，发逆大股围省城，寇氛日炽，诸属官绅罔不以团练为急务。我邑从前亦设数局，马邑侯修良深悉利弊，改弦更张。城中立公局以为纲，而居中调度。八堡立四十八局以为目，在外维持。"③此后，县令苏沛芬又增设6个团练局，最终龙南县团练局达54个。

二　士绅的整合与团练局的体系化

晚清地方军事化，既与太平军对乡村社会的冲击有关，又是乡村社会力量整合的结果。士绅阶层的整合与宗族的联合，不仅是团练局建立的直接动力，且是其体系化的首要条件。

正如前文所论及，明代以来，江西一直是科举发达之区，形成了一个数量巨大的士绅群体。张仲礼的研究表明，对于士绅而言，领导团练历来是其重要的社会活动之一。到了晚清时期，组建团练更是被士绅视为重中之重。④正是不同层级士绅的整合，江西的团练组织才能形成体系化的乡村防卫武装。当然，这种整合因不同情形形成了多元的合作模式。

---

①　同治《临川县志》卷32《武备志》，第6页。
②　同治《赣县志》卷24《武事》，第27页。
③　光绪《龙南县志》卷3《戡寇》，第9—10页。
④　张仲礼：《中国绅士——关于其在19世纪中国社会中作用的研究》，李荣昌译，上海社会科学院出版社1991年版，第224页。

从单个团练局组建来看，有的是低级士绅之间的相互合作。如赣州府长宁县三标堡团练的组建，就是一个典型的案例。对此，长宁县士绅凌永照在《三标堡团练记》中有如下记载：

> 发逆洪秀全之据金陵，伪翼王石达开骚扰东南，郡州县之不陷者，十无一二。时邑侯杨公俊卿，名长杰，初下车即首倡团练，议邑诸绅。城内设总局，既而上堡建总局于城冈。县丞衔张名扬始合余叔祖云锦抵三标，与诸生胡荣峰、监生胡准龄等，宣明大义五昼夜，绅众皆匙之。于是监生华凌霄、胡德贵、胡名标、黄生千、胡邦柱、谢戍成、黄发连、黄生福、胡林松等，各先捐重资，而堡之殷实家继之。阅半月，三标团练之局成，军装、器械及火药、飞弹俱备。①

有的则是高级士绅与低级士绅共同完成。如南昌县中洲团练局，就是举人刘于浔、万启英联合创建，"以贡生毛绍春、生员万立镐、县丞刘于浚、监生陈鸣岐分司局务"。② 不过，就一县团练局组建来看，进士、举人等高级士绅与监生、生员等低级士绅之间，还是形成了一个"士绅共同体"。从县际之间比较，则"士绅共同体"会表现出不同的整合力。下面试以南昌、靖安两县为例，略作讨论。

南昌县为府城附郭，与新建并称首邑，有深厚的人文传统。从宋代开始，该县产生的进士和举人数量一直位居全省前列。有明一代，该县产生了236名进士。在进士、举人之下，则有一个庞大的低级士绅群。明末清初，由于遭受战乱，南昌县举业受到一定的影响，至清中期才逐渐恢复到原来的水平。道光十二年（1832）乡试，吴笏、刘锡铭等7人中第。道光十四年（1834）乡试，刘于浔、甘棠等5人中举。这些科举成功之士，成

---

① 光绪《长宁县志》卷3《兵戎》，第8页。
② 同治《南昌县志》卷28《武备志》，第1—2页。

为咸丰时期团练武装的主要创办者，先后组建了 27 个团练局。①

靖安县位于南昌府西部，界连同府的武宁、奉新二县和南康府安义县，境内山多水少，"僻小而山深谷穷"。在历史上，靖安县科举一直都不甚发达。有明一代，该县共产生进士 11 名，远不及同郡南昌、丰城等县。至清代，该县科举有所发展。顺治十一年（1654）乡试中，舒良璧、熊良、钱士炌三人同榜。嘉庆十八年（1813）乡试，涂翼燕、熊燧两人高中。② 这些为数不少的进士和举人，为该县团练的创建提供了组织保障。太平军起事之后，在朝廷的谕旨和江西地方官员的倡导下，曾任浙江杭嘉湖道员、举人舒化民等开始创办团练。他们先在城内设局，后渐及各乡。到战事结束时，全县共设有 19 个团练局。这些团局按界址分为仁、义、礼、智、信五团。③

可以说，在地方绅士的领导下，南昌、靖安两县能迅速建立为数不少的团练局。但是，在团局领导者的身份构成上，两者则有所不同。现依据有关资料，将两县团练局创建者人数及身份列表如下，并做比较分析。

表 3－1　　咸丰年间靖安县团练局创建人身份构成　　（单位：人）

团名　人数 \ 衔名	进士	举人	贡生	廪生	监生	生员	州同职员	武职军功	其他④	总计
城厢西外保福禄寿财喜团	—	1	1	1	3	2	1	—	2	11
南外保忠义团	—	1	—	—	—	2	—	—	—	3
东北保吉字团	—	1	—	1	1	2	—	—	—	5
五都宏宣守定安团	—	—	1	—	3	1	—	—	—	6
大梓元字团	—	—	—	—	—	—	—	2	1	3
石霞利字团	—	—	—	—	1	—	—	—	3	4

---

① 同治《南昌县志》卷 28《武备志下》，第 1—13 页。
② 同治《南昌府志》卷 31《国朝举人》，第 25 页。
③ 同治《续纂靖安县志》附卷《团练》，第 1—20 页。
④ 主要包括议叙六、七、八、九品及乡饮、耆老等身份。

续表

团名＼衔名＼人数	进士	举人	贡生	廪生	监生	生员	州同职员	武职军功	其他	总计
仁首亨真团	—	—	—	—	1	—	—	—	6	7
南石马团	—	—	—	—	—	—	—	—	1	1
北石马团	—	—	—	—	—	—	—	1	—	1
塔里团	—	—	—	—	—	—	—	1	1	2
上下沙河团	—	—	—	—	—	—	—	1	—	1
桃园团	—	—	—	—	—	—	—	3	—	3
回溪团	—	—	1	—	—	—	—	1	—	2
高中团	—	—	—	—	—	—	—	1	1	2
山河团	—	—	—	1	2	1	2	1	2	9
上下团	—	—	—	—	—	—	—	—	2	2
塘埠团	—	—	—	—	—	—	—	—	5	5
西头团	—	—	—	—	—	—	—	—	—	—
东源团	—	1	—	—	1	9	5	—	31	47
总计	4	3	4	9	15	13	11	55	114	

资料来源：同治《续纂靖安县志》附卷《团练》，第1—20页。

表3-2　　　　　咸丰年间南昌县团练局创建人身份构成　　　　（单位：人）

团名＼衔名＼人数	进士	举人	贡生	廪生	监生	生员	职员	武职	其他	总计
中洲总局	—	2	1	—	—	—	—	—	1	4
南州局	—	1	—	—	2	2	2	—	7	14
万舍局	—	—	—	—	2	2	—	—	2	6
定安局	—	3	—	—	1	2	—	—	—	6
保安局	—	2	2	—	—	6	1	—	2	13
大安局	—	—	—	—	—	2	2	—	—	4
幽兰局	—	2	2	—	—	—	2	—	1	7
联义局	—	—	—	—	—	7	—	—	—	7
安全局	—	1	1	—	—	—	1	—	—	3
普安局	—	—	—	—	—	4	1	—	—	5

续表

团名＼衔名＼人数	进士	举人	贡生	廪生	监生	生员	职员	武职	其他	总计
谢埠局	—	1	1	—	1	—	—	—	—	3
镇南局	—	2	—	—	1	2	2	—	—	7
中乡镇东局	—	—	—	—	1	2	—	—	—	3
东乡镇东局	—	—	—	—	1	1	—	—	—	2
莲塘市局	—	1	—	—	—	—	—	—	1	2
中洲分局	—	1	—	—	1	1	—	—	—	3
安和局	—	2	1	—	1	1	—	—	2	7
同人局	—	2	—	—	4	6	—	1	—	13
众成局	—	1	1	—	—	2	—	—	—	4
渡市局	—	2	1	—	—	—	2	1	—	6
又安局	—	—	—	—	—	2	—	—	—	3
顺外保卫局	—	—	1	1	2	—	1	—	—	5
蔴圻保卫局	—	—	3	—	—	—	—	—	—	3
五乡局	—	—	—	—	—	1	—	1	3	5
南昌县局	1	2	—	—	—	1	—	—	—	4
市汉团练局	—	1	—	—	1	1	1	—	—	4
城背局	—	—	—	—	—	1	—	—	—	1
总计	1	25	15	2	16	46	17	3	19	144

资料来源：同治《南昌县志》卷28《武备志下》，第1—13页。

由以上两表可知，在两县团练局组建过程中，参与的各种社会力量非常广泛。既有进士、举人这样的高级士绅，也有乡饮、耆老等基层力量。从参与创建团练的士绅总人数上看，两县略有差别。但平均到每个团来说，则是非常接近。南昌县每个团练局有5个多士绅，靖安县每个团练局有6位士绅。从绅士的构成来说，南昌县共有43名高级士绅参与团练创建，约占总人数的30%；靖安县仅有11名高级士绅参与团练局的创建，约占总人数的10%，大大低于南昌的比例。在每个团局领导者的构成上，两县也表现出很大不同。南昌县27个团局，70%为高级士绅创建；靖安县19个团局，有高级士绅参加的团局数仅为6个，占总数的30%。

由于高级士绅在地方团练中拥有更大控制权，低级士绅通常只是较小团练单位的首脑①，因此，尽管靖安县团练组织分为仁、义、礼、智、信五团，但这只是一个地域上的名称，并没有形成实际的领导机构。由低级士绅领导的各乡堡团练局，不仅出现相互邀功之事，且缺少联系的纽带，大都处于一种分散的各自为战的状态。如一位亲历者就说道：

> 丁明府奉檄遍招团练，首选团总二十八绅董事。羡门一乡分元亨利贞四团。□训导聂子嘉先生赴乡阅团。吾堡为利字团，合石上、石下、梅源三堡是也。……迩时合邑团练惟五都与吾堡擒贼。次年戊午，邻境肃清，撤防叙功，而高才捷足者得之，予等坦然无容心也。先是竹庄中丞收复筠州，又合奉、靖安三县数十万团练之众，直逼城下与贼决战之禀，故有内外奖，吾局谈笑而道者竟获荣焉。……辛巳春，邑侯陶清丞先生复奉檄催办，三堡各自为计。盖涣而难萃，各自分局自办。②

而南昌县团练局的领导者不仅具有高级绅士的身份，且相互之间通过姻亲、朋友和师生等各种社会关系，形成了更为紧密的"士绅共同体"。因此，南昌县的团练组织能够做到"联络一气"，形成较严密的体系，最终形成"江军"。③

三　村落、宗族与团练局

咸同时期江西各地团练局的组建，是乡村社会中大小村落与宗族组织为应对太平军而进行集体动员的体现。不过，由于村落大小不一，宗族组织发达程度不同，因此村落、宗族组织与团练局的关系呈现出多样化的

---

① 张仲礼：《中国绅士》，李荣昌译，上海社会科学院出版社1991年版，第213—235页。
② 同治《续纂靖安县志》附卷《团练》，第8页。
③ 同治《南昌县志》卷28《武备志下》，第13—38页。

态势。

一是以村落为主体，大小村落之间形成有机联系。这种模式，在偏僻之处、贫乏之乡得到更多体现。如泸溪县士绅卢暎在与地方官论及团练一事的信中说道：

> 前奉县谕，催各村举行团练，诸公相聚而谋，为保固地方之计，此诚今日急务。……邑中无大村落，惟嵩市有店数十家，药行典铺并处其中，聚积约可万计，土匪垂涎最久，故保护此地尤为要，此地无虞则尽无虞矣。远者不能相及，惟三、四、五、六及十三都之地，可共联为一甲。大村选三四十人，次二十人，小或十人、五人，为数可得千余。……各村共相联络，人虽少而实多。有事始给口粮，费虽多而究少。僻小之乡，贫乏之县，必如是方可持久，无从前所举诸弊。若各都相连而起，相仿而行，又可得丁壮数千，彼此声势相倚，远近共成犄角。不惟土匪可除，并外寇亦将不惧。①

此外，《崇仁县志》记载："西下乡贡生汪波等招集近村壮勇，保卫乡间，贼扰其乡，即时枭首，声势颇振。南乡黄道谦、周宗洛，上乡王谦、夏步瀛等亦就东乡招集民勇各数千人，力守村隘，贼不能逞志。"② 萍乡县安长一图5个村落则通过捐资建立会社的方式，联合组建团练："况应奉上宪谆谆示谕，劝民捐资练团防……我境五村群欲体此意而奉行之……因是逐户劝导，幸皆慷慨急公，捐有成数。除制造抬枪火药外，剩有钱八百五十六挂八比文正，起立团练一会，颜之曰长胜。"③

一是以宗族组织为核心，两个或多个宗族组织联合。如南昌府南昌县中洲团练局，就是当地梓溪刘氏与合炗万氏两个宗族共同组建。赣州府会

---

① 同治《泸溪县志》卷13《艺文下》，第2页。
② 同治《崇仁县志》卷5《武备志》，第10页。
③ 《石溪周氏族谱》卷14《序》，民国年间刊本，第5—6页。

昌县永乡团练,由"永、湘二乡各村、各堡、各姓,视族之大小,定人之多寡,自备资斧赴援,以固根本重地"。① 袁州府万载县卢、彭、李、喻、杨、辛各姓不仅在乡村组建团练,还以县城祠堂为中心,组建了"祠勇"。如同治《万载县志》记载:"城内各祠聚集壮丁,族大如辛、郭或数百人,次之或百余人,或数十人不等,号为'祠勇',以资城守。"② 在一些大姓临近之地,则是数姓合作组建团练。如丰城县年丰黄大观,"以所居船市为楚匪往宁州冲衢,与邻都徐、车、程、雷、黄等姓相团练,率挫贼锋"。③

一是跨县域大宗巨族联合建团。此类团练局,大多出现在两县交界之处。如南昌县东乡镇东局,就是由士绅姜应门、姜应菊兄弟,联合同乡万、刘、李三个宗族及进贤县吴、陶、艾、万4个大宗族共同组建。对此,方志中有以下记述:

(东乡镇东局)初设赵家铺万寿宫,后移前坊新集万寿宫。咸丰七年七月,贼踞进贤县城,距南邑之二十八都仅四十里,土匪勾引出入无常。生员姜应门于十二月初八日遄赴临江刘方伯行营告急。是日方伯克复临江城,闻南邑边境有贼游弋,即传令移营回保南昌,并分水师入青岚堵剿。一面札生员姜应门暨殷实公正之监生姜应菊讯行团练,以助声援,兼之乡导。时土匪导贼大掠前坊新集,并南、进交界数十里地面焚掠劫杀,惨不堪言。姜应门、姜应菊即邀吴杞栋纠合本都姜、万、刘、李四大姓及进贤吴、陶、艾、万诸巨族绅士召集一百二十余村丁壮,设镇东团练局,驻赵家铺万寿宫。④

由于团练局的组建,在较大程度上取决于强宗巨族,因而呈现出浓厚

---

① 同治《会昌县志》卷14《武事》,第10页。
② 同治《万载县志》卷7之2《武备》,第11页。
③ 杜德凤编:《太平军在江西史料》,江西人民出版社1988年版,第43页。
④ 同治《南昌县志》卷28《武备志下》,第3—8页。

的宗族性色彩。这一点,集中体现在团练局领导者的更替上。如南昌县安全局,最初领导者为举人万垣与其弟职员万墉、岁贡生傅凤韶。万垣病故后,其子举人万任、生员万醇与叔父万墉、岁贡生傅凤韶一道,接管了安全局,并将该局与义安、普安两局合并为众成局。不久,万任与万醇因疾去世,他们在团局中的位置由万墉之子万俊、万仪接任。正是通过父子相承、叔侄相继的方式,万氏宗族紧紧将团练局掌控在手中。无论是万安局,还是众成局,在一定程度上均可视为"万家军"。同样,南昌县南州局的领导权,亦是在创办者内部传替。该局由燕毅与来自赵、姚、余、黄4个宗族的士绅创建。此后,虽然该团局领导者先后在战乱中去世,但是它的领导层并未发生根本变化。除新增一个范氏宗族人员外,其他领导者均来自上述4个宗族。①

上述情况表明,宗族组织不仅为团练局提供兵源,还是团局领导者的"蓄水池"。团练局领导权的连续性和宗族性,确保了团练局之间联盟的持续性。② 此外,必须指出的是,随着团练局成为战时乡村社会中的权力机构,团练局的领导权与宗族组织之间的契合性,为某些宗族的发展和权势建构提供了新的资源和空间。

第二节 团练、士绅与宗族的权势建构
——以梓溪刘氏与竹塅陈氏为例

晚清江西地方军事化的发展,无疑是士绅阶层和宗族组织等各种社会力量全面整合的结果。但是,从乡村社会来看,团练局的大量出现,既打破了乡村社会原来的权力结构,又为一些士绅和宗族重新建构自身权势提

---

① 李平亮:《晚清地方军事化与基层社会重组——以南昌地区为中心的考察》,《中国社会经济史研究》2004年第3期。
② [美]孔飞力:《中华帝国晚期的叛乱及其敌人——1796—1864年的军事化与社会结构》,谢亮生等译,中国社会科学出版社1990年版,第161页。

供了契机。对此，由于资料所限，我们无法展开全面考察。下面将以南昌梓溪刘氏和义宁竹塅陈氏为例，对团练局与乡村社会权力体系的演变做进一步分析。

一　从一乡到全省：团练与梓溪刘氏

梓溪刘氏地处南昌县南乡五十八都，为当地著姓之一。据现存民国时期《刘氏族谱》记载，南宋乾道三年（1167），长者公（名埠之，字从礼，号云逸）由信州玉山县"侍父令德安，慕紫阳之友，负笈从师，因家豫章焉"①，为梓溪刘氏始迁祖。此后，刘氏"子孙蕃衍，由梓溪而陈坊，由陈坊而湛洲，随处连居"。至明初，江西儒学副提举、郡人熊钊称梓溪刘氏"族大且蕃……十里之间居室相映，文行相先，衣冠礼乐华于郡邑"。②有明一代，梓溪刘氏子弟在各级科举考试中屡有斩获，至嘉万两朝更是科甲联第。如刘仕贤"嘉靖乙酉乡试，壬辰进士"，刘世阶"嘉靖丙午乡试，壬戌进士"，刘曰材"嘉靖己酉乡试，癸丑进士"。③万历二十一年会试，刘廷柱、刘一焜双双获隽。万历二十三年（1595）会试，刘洪谟、刘一爆、刘一爌、刘一煜四人同榜。④凭借科举上的成功，刘氏子弟顺利进入仕途，在各种政治舞台上有着不凡之举。如刘曰梧，万历十四年（1586）进士，先后任浙江道监察御史、南京太常寺少卿、都察院右佥都御史、兵部右侍郎，去世后赠兵部尚书。刘曰宁，万历十七年（1589）会试第三名，先后任翰林院编修、国子监祭酒、礼部右侍郎、吏部左侍郎、翰林院学士，去世后赠礼部尚书，谥"文简"。⑤科举和仕途上的优异表现，为他

---

① 民国《南昌梓溪刘氏家谱》第 1 册，江西高校出版社 2019 影印版，第 5 页。清同治年间，刘氏族人刘于浔在一篇文章中称，刘氏自宋代开始就在此居住。同治《南昌县志》卷 33《杂记》，第 40 页。
② 民国《南昌梓溪刘氏家谱》首序，江西高校出版社 2019 年影印版，第 6 页。
③ 民国《南昌梓溪刘氏家谱》第 1 册，文武传，江西高校出版社 2019 年影印版，第 148 页。
④ 乾隆《南昌县志》卷 15《选举》，第 23 页。
⑤ 乾隆《南昌县志》卷 20《仕迹三》，第 9—13 页。

们积累了良好的社会声誉，理学家邹元标曾为梓溪刘氏题写"忠孝世家坊"匾额。①

入清后，刘氏宗族一方面继续保持科举兴盛势头，涌现出一批举人、进士和仕宦官员，一方面因族大人繁不断散居各处，确保了自身在乡村社会的政治和文化优势。乾隆三十八年（1773），江西布政使李瀚为刘氏重修族谱所作序，称梓溪刘氏"登科甲者四十余人，乙科者百有余人，相国一人，尚书四人，他清要显秩不可胜纪。其在梓溪聚族处者一千余户，由梓溪而散处他村邑者又二千余户，盖其簪缨鼎盛，繁衍如此"。② 不过，从史料记载来看，当时梓溪刘氏的声望和影响，还是局限于以梓溪为中心的周边地区，"梓溪刘氏"也没有成为当地整个刘姓的望称，地方志中关于梓溪刘氏的记载只有寥寥数语。然而，随着太平军进入江西和刘于浔创办中洲团练局，加之战后刘于浔利用编修方志提升梓溪刘氏的文化形象，梓溪刘氏的政治影响与社会声望迅速由一乡扩散至全县，甚至超出南昌府的范围。

刘于浔，字养素，道光十四年（1834）举人，后以"大挑一等签发江苏效力河工"。道光二十八年（1848），任清河知县，旋升扬河厅通判。咸丰元年（1851），丁母万太夫人忧卸任。咸丰二年（1852）秋，太平军由湖北进入江西，直逼省城南昌。在江西巡抚张芾倡导下，刘于浔与同乡好友、举人万启英招募了数百名团勇，在刘氏祠堂设立中洲团练局，"又分路劝设南洲、万舍、保安、定安、安全、普安、渡头、镇东、谢埠、武溪、幽兰诸局，棋布星罗，团丁、义勇以数十万计矣"。③ 在与太平军交战过程中，中洲团练局表现出较强战斗力，省城官宦纷纷将家属迁至其地，中洲局成为处理乡村社会事务的中心。南昌人邹树荣在名为"梓溪局"的

---

① 至清后期，梓溪刘氏为纪念明清以来获得科举功名的成员，建有多处科第坊。其中进士坊两处，都谏坊、柱史坊、仕林坊各一处。光绪《南昌县志》卷九《坊表》，第5—7页。
② 民国《南昌梓溪刘氏家谱》首序第1册，江西高校出版社2019年影印版，第23页。
③ （清）熊法先：《方伯养素刘公家传》，民国《南昌梓溪刘氏家谱》第1册，艺文志六，江西高校出版社2019年影印版，第472页。

新乐府诗中曾这样写道:

> 中洲练勇三百人,统领者谁刘于浔。藉以自卫非卫民,刘于浔,梓溪河口人,以清河令丁艰回籍,邀家乡醵钱为会,共练勇三百人,号中洲练勇,局设梓溪祠堂。大小司寇寄眷属。张芾以刑部侍郎任江西巡抚,陈孚恩以刑部尚书乞养在籍,皆寄家眷于梓溪等处居住。避贼依人梓溪局,大吏乡宦声气通,原藉刘君为耳目。乡愚乘贼操干戈,城中闻信唤奈何。命官传令办土匪,刘君一手持太阿。七月抵江城,闻乡乱恐累及家眷,亦恐酿成土匪,即命在籍乡绅观察方用仪,即补兵备道夏廷樾,府同知崔登鳌,吴城同知彭宗亮,先后至梓溪总局,会同刘于浔办匪。先后告发多处斩于八月初一日放告,所告发者抢案不下数百人,乡民从此起风波。其后奉命写军饷,藉官勒索孰敢抗。急如星火疾如雷,吾亦助银三十两。时命练勇往各乡,意思强悍言语狂。专持传票字一张,逼之至局索输将,否则治罪押班房。梓溪祠堂内有班房有牢,明文端公时所以治族中不法子弟也。今之富户有不速捐或捐不多者,即饬练勇传此等人坐此,永不释放,押入班房。以故乡里富户言若干数即捐若干数,苦甚。更甚县令征漕粮,呜呼此举诚非良。①

从诗中的内容不难看出,中洲团练局不仅是战时乡村社会秩序的维护者,还拥有了独立的处决权。为了筹集军饷,该团局采取了强制性派捐。稍有迟疑或抗令不捐者,即送到梓溪刘氏祠堂关押。即使是身为生员的作者,亦不敢违抗,不得不捐银三十两,中洲团练局与梓溪刘氏祠堂俨然成为官方刑讯机构的替代者。此后,刘于浔、万启英还向江西巡抚张芾呈文,委派官员驻扎中洲局。在官方授权下,中洲局与其他团练局连为一体,承担起临时性全县司法机构的职能。如同治《南昌县志》记载:"惟

---

① 杜德凤选编:《太平军在江西史料》,江西人民出版社1988年版,第477页。

癸丑五月，贼已围城，各乡土辣乘机抢劫，官不能禁。中洲局刘、万二绅禀请抚宪，委崔公登鳌、彭公宗岱先后驻局，严拏究惩。燕举人倡率各局就近兜拏，解归总局，禀明抚宪，就地正法。计斩匪三四十起，乡里帖然。此亦权宜定乱，除暴安良之一法。"①

咸丰三年（1853），刘于浔因护卫南昌城有功，"奉旨以知府补用"。咸丰五年（1855），刘于浔的同年曾国藩用兵江西，"见江西兵力单薄，缓急无可恃，议立江军水师营"，奏请由刘于浔统领。此后，刘氏率领"江军"这一地方武装，配合湘军在江西中部、东部与太平军交战，先后收复樟树镇，解围抚州，驰援饶州，"叠奉恩旨，记名以道员用，补甘肃安肃兵备道加盐运使按察使衔，赏戴花翎并给图萨太巴图鲁名号，升甘肃按察使加布政使衔，仍留办军务，兼帮办江西全省团练"。② 至此，作为"江军"的指挥者和全省团练大臣，刘于浔的个人权力达到了高峰。

无论是中洲局的组建，还是"江军"的成功，除了保护地方氏族和他们的财产之外③，还为刘于浔及梓溪刘氏子弟带来巨大声誉，为他们的上升和发展提供了科举之外的途径。如刘于浔之弟刘于浚先是署南河县丞，后进入"江军"，"积功擢授知府"。族侄刘锡渌早年"习商异地"，刘于浔创办团练后，"慨然投入团防，襄助军务"。战乱平息，锡渌"功成身退，为养素翁所嘉许，保举五品军功"。④ 另外，方志记载表明，在"江军"文武两职保举的267人中，梓溪刘氏子弟多达33人，前后延及四代人。⑤ 现将相关资料制成下表，以资参考。

---

① 同治《南昌县志》卷28《武备志下》，第2页。
② （清）熊法先：《方伯养素刘公家传》，民国《南昌梓溪刘氏家谱》第1册，艺文志六，江西高校出版社2019年影印版，第472页。
③ ［美］孔飞力：《中华帝国晚期的敌人及其叛乱》，谢亮生等译，中国社会科学出版社1990年版，第169页。
④ （清）刘纯桦：《堂伯茂谦家传》，民国《南昌梓溪刘氏家谱》第1册，艺文志七，江西高校出版社2019年影印版，第483页。
⑤ 同治《南昌县志》卷28《武备志下》，第39—50页。

表 3-3　　"江军"保举文武职人员中梓溪刘氏子弟情况

序号	姓名	字号	保举头衔	世系
1	刘于浚	号少云	由县丞累保花翎即选知府	二十三世
2	刘于瀚	号瀛宾	由增生保即选训导光禄寺署正升衔	二十三世
3	刘于滨	号湖东	由监生加提举衔	二十三世
4	刘筠	号竹均	由举人新喻县训导加六品衔	
5	刘秉樾	号皋阜	由监生加提举衔	二十四世
6	刘秉庆		提举衔即选从九品	二十四世
7	刘秉塤	号安澜	蓝翎提举即选县主簿	二十四世
8	刘秉林	号崑南	蓝翎提举衔即选从九品	二十四世
9	刘秉垍	号阜山	蓝翎提举衔即选从九品	二十四世
10	刘秉祗		即选未入流	二十四世
11	刘锡珩		即选从九品	二十五世
12	刘锡莲		即选未入流	二十五世
13	刘纯煐	号兰舫	提举衔即选从九品	二十六世
14	刘翰钦		即选从九品	不详
15	刘梦祥		即选从九品	不详
16	刘秉朴	号实甫	花翎总兵衔即补参将力勇巴图鲁	二十四世
17	刘达尊	号铁岭	花翎副将衔补用都司	二十四世
18	刘秉福	号用全	花翎补用参将	二十四世
19	刘秉端	号友义	蓝翎补用都司	二十四世
20	刘秉桂		补用千总	二十四世
21	刘秉初		蓝翎补用把总	二十四世
22	刘秉致		蓝翎补用把总	二十四世
23	刘锡禹		蓝翎补用把总	二十五世
24	刘锡荣		蓝翎补用守备	二十五世
25	刘锡福	号全斋	蓝翎游击衔补用都司	二十五世
26	刘洪元		补用守备	不详
27	刘洪先		蓝翎补用千总	不详
28	刘金容		蓝翎游击衔补用都司	不详
29	刘达文		蓝翎补用把总	不详
30	刘采庭		蓝翎补用把总	不详

续表

序号	姓名	字号	保举头衔	世系
31	刘坤泰		蓝翎补用守备	不详
32	刘恒福		蓝翎补用守备	不详
33	刘用和		补用守备	不详

资料来源：同治《南昌县志》卷28《武备志下》，第39—50页。

同治六年（1867），江西全省战事平息，刘于浔被朝廷"特予三代一品封典"，然为廷臣弹劾，于是"决志乞退，卸营务，养疴家园"，江西巡抚刘坤一"将江军水师另派道员何应祺统领"。① 但是，凭借战争期间所建立起的声望，刘于浔仍然是地方社会中的头号权势人物，"当事每有时政则殷勤延访。公晋谒之会，指陈得失，直言不讳"。② 此外，刘于浔不仅积极参与战后地方公共事务，济荒政，兴书院，建考棚，设育婴，还借助兴修《南昌县志》这一文化活动，来建构和强化自身及梓溪刘氏宗族的社会权势。

同治九年（1870），江西巡抚刘坤一要求各郡县编修方志，以为纂修江西通志之基础。同年，由刘于浔督修的《南昌县志》刊印。县志中"武备志之团练"，除对南昌县各团局的组建经过和领导成员作了详细记载外，还专辟"江军纪事始末"一节，记述"江军"创建和作战的整个过程，给予刘于浔"大难已平，江乡受福誉隆，桑梓门阀增荣，有始有终，晚近能有几人哉！"的高度评价。③

县志还收录了数篇刘于浔为宗族事务所作的文章，涉及刘氏义学和灵仙观。根据《梓溪义学记》一文可知，梓溪刘氏义学是刘于浔出资，其族兄刘于燦、族人锡庆、纯煐、纯烈等人"捐金凑费"设立，以恢复始迁祖

---

① 同治《南昌县志》卷28《武备志下》，第37页。
② （清）熊法先：《方伯养素刘公家传》，民国《南昌梓溪刘氏家谱》第1册，艺文志六，江西高校出版社2019年影印版，第473页。
③ 同治《南昌县志》卷28《武备志下》，第38页。

长者公开设义塾之遗烈。① 同治元年（1861），为确保义学管理有序，刘于浔制定了10项条规。同治六年（1867），该义学由"向归于浔一家经理，现在拨归五团值年带管"。可见，刘于浔对该义学极为重视，故在编修县志时，将《梓溪义学记》一文收录其中，极力彰扬刘氏宗族的家学渊源和刘氏子弟的教化之泽。②

灵仙观相传为晋旌阳令许真君眺蛟处，始建于唐代，是南昌县东乡宗教中心之一。由于该观坐落在居云山，抚河与璜溪交汇于此，风景秀丽，故一直是刘氏族人读书之所，在观旁建有"居云山书室"。咸丰二年（1852），刘于浔率领中洲总局驻扎灵仙观。咸丰十一年（1861），刘于浔不仅集资重修该观，还题写"应芝山馆"，作为刘氏子弟教读之处。战乱平息后，刘于浔写下《重修灵仙观记》一文，主要内容如下：

> 吾刘氏自宋居此，因世有其地，且筑居云山书室于旁，族子姓之以文学科第显者往往于此狭策吟哦，故父老称居云山得人为盛。岁癸丑，粤贼入江，余创行团法，设局于观。……初设局时，是山忽产瑞芝数百本，大如盖，鲜亦如朝霞。其后吾乡以军功显者日众，论者谓神告以得人之瑞，理或然也。观久倾圮，余为集资重葺，命门人陈生鸣岐董其成……颜曰"应芝山馆"，答神贶也。嗟夫！吾刘氏称南昌望族，代有传人，故能保有是山是观，以延先德。观夫居云山书室之建，有以知吾祖宗教孝教忠之意，而思夫世泽之长焉。余不敏，起自田间，感时奋发，为乡里驱豺狼，剪荆棘，以为诸志士倡。异日贼寇荡平，士争弦诵，而声名文物媲美前人，则芝草之生所以符得人之瑞者，或不专在此而在彼也。岂不懿与？③

---

① 刘于浔：《梓溪义学记》，见民国《南昌梓溪刘氏家谱》第1册，艺文志六，江西高校出版社2019年影印版，第430页。
② 同治《南昌县志》卷36《杂志五》，第4—6页。
③ 同治《南昌县志》卷33《杂志二》，第40—41页。

由上文可知，刘于浔认为本族长盛不衰，"以军功日显者众"，既是祖先世泽之惠，也是神灵阴佑之效。该观之所以能够得以保全，则是刘氏子弟保护之力。这种将宗族、军功与神灵三者合成一体的阐释，无疑为梓溪刘氏的发展描绘上一层神圣色彩。因此，将《重修灵仙观》一文编入县志，不仅是彰显军功的一种方式，还能够进一步强化梓溪刘氏"科举世家"的形象。

尽管刘于浔在上述两文中追述了刘氏宗族的科第传统，表达了战乱之后恢复士习科名的愿望，但前文研究表明，刘于浔及刘氏子弟还是充分利用军功来获得向上升迁的机会。如刘于浔凭借"江军"这一地方武装，成为全省士绅的首领，其弟刘于浚因功由署河南县丞擢授知府，其他32名刘氏子弟保举各类文武官职。借助科举、团练与各种文化资源，梓溪刘氏宗族由乡村的权力中心上进到全县、全郡，甚至全省。

二 从边缘到中心：团练与竹塅陈氏

义宁州[①]（今江西修水县和铜鼓县）地处江西西北边陲，居修河上游，为南昌府属八州县之一。境内山脉连绵，峰峦叠嶂。东南九岭山，西北幕阜山，素有"八山半水一分田"之说。清康熙年间，大量来自广东、福建的移民进入宁州山区，从事垦种活动。"历年久，生齿繁，略计壮幼万有余丁"。[②] 至雍正元年（1723），这些客民联名具文，申请入籍。次年，随着《棚民保甲法》的颁布，土著士绅、生童为阻挠客民入籍和科考，先是联名向省府各衙门告状，被拒后扬言"钱粮不许上缴，书役不许进衙"，最终引发生童罢考事件。雍正三年（1725），知州刘世豪在调和土客利益

---

① 义宁州，唐宋时期称"分宁"。元明至清嘉庆六年（1801）三月称"宁州"。清嘉庆六年（1801）三月，清仁宗为表彰宁州士绅平息地方动乱之举，颁旨赐予"义"字，改"宁州"为义宁州。

② 《华国堂志》卷2《开籍全案》，光绪二十年刊，第2页。

的基础上，另立客民图籍，取名"怀远都"，将符合清廷入籍定例的客户编入怀远都籍，准许他们的子弟参加科举考试。① "怀远都"的设立，吸引了更多的移民进入宁州。

雍正八年（1730），竹塅陈氏的始迁祖陈公元（字腾远，号鲲池）与何、邱二姓结伴，由福建汀州府上杭县来苏里，迁居宁州安乡十三都护仙源（又名"护仙坑"），"结棚栖身，种蓝为业"，后娶宁州"隐君子"何觐光次女为妻，育有四子，克绳、克调、克藻、克修。随着经济条件的改善，陈氏父子于乾隆五十七年（1792）迁至泰乡七都竹塅，并费时半年修建了新居"凤竹堂"。此后，在陈克绳的主持和倡导下，陈氏祠堂和陈氏家塾——"仙源书屋"先后建立起来，并将祠田田租的一部分用于助学。在分家文书中规定："读书凡发蒙至半篇者，每年众帮俸钱五百文，成篇者每年众帮俸钱乙千文；赴州试者每名卷资钱四百文，终场者倍之；赴府试者每名盘费乙千三百文；其州试府试有列前十名者外赏钱乙千文；入泮者花红银十两，补廪出贡者五两，登科甲者三十两，祖堂旗匾众办"。"生监有志观光应乡试文场者，每届帮助钱二千四百文。倘得名魁虎榜及新进生员，三年之内必须回籍省墓。除常费外，众另帮敬祖盘费钱二十千文，以为先人光宠。至举人应会试者，众帮盘费钱二十四千文。"②

除加强族内建设，鼓励子弟专心科举外，陈克绳还"因援例入太学"，积极参加地方公益事务，"考棚义仓诸善举皆极力倡成之。歉岁出粟赈贷，并远粜平粜，以助不给"。③ 道光七年（1827），监生陈克绳与武举黄维新、练保徐廷选等人联名呈文义宁知州，声称上下竹塅、洞坑、护仙源等处有"无赖僧道借称盖庵塑佛，成群结党，扛神抬轿，挨户强化"，请求出示严

---

① 有关客民与土著之间的冲突，以及怀远都建立的过程，参见梁洪生《从异民到怀远——以怀远文献为重心考察雍正二年宁州移民要求入籍和土著罢考事件》，刊《历史人类学学刊》2003年第1卷第1期。
② 《分关》，转引自刘经富《陈宝箴宗族分家文书解析》，《中国社会经济史研究》2012年第1期。
③ 同治《义宁州志》卷25《人物志》，第23页。

禁。① 道光九年（1829），监生陈克绳与武举黄维新等人鉴于泰乡竹堠、洞坑地方"人心不古，或游荡赌博，或偷窃为匪"，扰害乡民，于是上文知州，禀恳严禁。② 在道光十九年（1839）修建安、泰两乡三峡河路这一活动中，陈克绳、陈克调都扮演了重要角色。其中陈克调为5位发起首事之一，陈克绳的捐款数占总额的五分之一，为众人之最。③

经过腾远、克绳父子两辈人的苦心经营，陈氏宗族完成了从棚民到耕读之家的转变，在地方社会的影响逐渐增强。嘉庆十三年（1808）义宁州儒学学正、临川人黄文荣应陈氏子孙之请，为乾隆六十年（1795）去世的陈腾远撰写了墓志铭，称其为"瑰伟特立士"。嘉庆十二年（1807）举人、州人查望洋在为陈腾远及其妻何氏所撰的墓志铭中，则有"乡里称善人者必数公夫妇为巨擘"之评价。④ 但是，无论是从陈氏宗族来看，还是就整个"怀远都"人群而言，他们在科举考试中的表现乏善可陈，难以进入地方文化权势的中心。真正改变陈氏宗族命运的，是入宁的第三世陈伟琳和第四世陈宝箴。

陈伟琳，谱名规鋐，字琢如，号子润，生于嘉庆三年（1798），是陈克绳与原配谢氏的次子。青年时期，陈伟琳受阳明学说影响，"于是刮去一切功名力达之见，抗心古贤者，追而蹑之，久之充然有以自得于心"。但是，在科举应试之中，陈伟琳毫无建树，于是"生平为学不求仕与名，独慷慨怀经世志"，足迹"东及淮徐，涉略齐豫，北至京师"。这次游历，使陈伟琳对社会危机有所洞察，认为培育人才当为首要之选。对此，有史料记载：

> 先生独心忧之，求思所以消弭之术……及归，喟然叹曰："士失教

---

① 《告示》，道光七年，该碑现存修水县桃里陈家老屋旁菜地。
② 《告示》，道光九年，该碑现存修水县桃里陈家老屋旁菜地。
③ 张求会：《陈寅恪的宗族史》，广东教育出版社2000年版，第9—20页。
④ 《太学生陈公鲲池先生墓志铭》《太学生陈公鲲池偕德配何孺人合墓志铭》，见张求会《义宁陈氏墓志数篇》，《客家研究辑刊》1998年第1、2期。

久矣,自天下莫不然,独义宁也与哉?诚欲兴起人才,必自学始。"①

有了清晰目标后,陈伟琳立即进行实践。道光二十四年(1844),为了使"怀远"子弟在科场更有竞争力,陈伟琳与太学生林汁清、贡生郑体元等"怀远都"士绅一道,在州城内创建了第一座客籍书院——梯云书院。在此次活动中,作为首事的陈伟琳捐银320两,为数额最大者之一。道光二十七年(1847),因倡导并捐资,陈伟琳被授予八品顶戴,加记录二次。② 陈伟琳在文化上的投资,很快就获得了回报。咸丰元年(1851)秋,陈伟琳三子陈宝箴参加了恩科乡试,一举高中。这让久困科场的陈氏宗族,看到了仕途的曙光。然而,此时太平军起事使陈伟琳感到不安,于是让陈宝箴暂缓入京会试。③ 这一决定,对于刚刚品尝到科举喜悦的陈氏宗族来说,无疑有着重要意义。

由于义宁州地连两湖,因此当太平军进入两湖地区时,各股土匪乘机倡乱,地方士绅随即组建团练,以资自卫。如史料记载:"咸丰二年壬子,浏阳土匪倡乱,仁乡团练防堵,各乡募勇继之,浏匪平,州人士奖叙有差。""咸丰三年癸丑,通城金之利等起兵,知州李世琦协城守营团练防堵"。④ 面对此一情势,陈伟琳与兄陈规镐迅速加入创办团练的行列。在他们的倡导下,泰乡团练建立起来,陈宝箴成为父亲的得力助手。咸丰四年(1854)八月,陈伟琳因病去世。⑤ 陈宝箴接替父亲的位置,与伯父规镐和兄树年继续领导泰乡团练,并使之迅速壮大,团勇达四千人以上,成为一支清军倚重的地方武装力量。如史料记载:

(咸丰四年)五月十一日,武宁踞贼伪先锋范酋屯清江,泰乡团

---

① (清)郭嵩焘:《养知书屋文集》卷21,第4页。
② 《梯云书院志》卷1《后案》,光绪十二年刊,第3页。
③ (清)郭嵩焘:《养知书屋文集》卷21《陈府君墓碑铭》,光绪十八年刊,第5页。
④ 同治《义宁州志》卷14下《武事》,第12—13页。
⑤ (清)郭嵩焘:《养知书屋文集》卷21《陈府君墓碑铭》,第5页。

练进剿，大胜。闰七月，踞武宁之伪丞相魏贼遣悍党数千屯沣溪，泰乡团练偕官军进剿，贼遂分道窜石门楼、丁家均等处。八月，伪丞相魏贼、万贼，伪将军黄贼，率大股数万犯州东界，泰乡团练随同官军进剿，斩俘二万有奇。九月，泰乡团练偕官军援剿武宁，克之。

（咸丰五年）四月十九日，（太平军）围扑州城，知州叶济英札调泰乡团勇四千名，高市西关团勇五百名入城。……泰乡团练七战于梅岭、南岭、走马冈、猪婆坦、凤凰山等处。①

泰乡团练的英勇善战，不仅为陈宝箴赢得了"知兵"美誉，也让陈氏宗族其他成员获得了向往已久的官衔。在协助清军收复义宁州城后，陈宝箴得授候补知县，其兄树年得授赏戴蓝翎、以同知选用。咸丰七年（1857），由于义宁州境内战事趋平，守丧已满三年的陈宝箴前往北京参加会试，"落第留京师三岁，得交其巨人长德及四方隽异方雅之士，而于易公佩绅、罗公亨奎尤以道义经济相切摩，有三君子之目"。咸丰十年（1860），陈宝箴与罗亨奎、易佩绅相约南还，"将湘军击寇自效"。在湖南巡抚骆秉章的授意下，易佩绅组建了一支名为"果健营"的武装，配合清军防御太平军的进攻，陈宝箴和罗亨奎两人副之，"俱扼次岩塘拒寇"。在与石达开"十万大军"对垒时期，陈宝箴孤身走"澧州、永顺以募饷"。太平军退兵后，陈宝箴的名字与"果健营"一起享誉东南，为他进入更高权力层奠定了良好的基础。

同治二年（1863）冬，陈宝箴在"省母复归"后，入曾国藩之幕。在此之前，陈宝箴率领义宁州泰乡团练的表现，让曾国藩视其为"海内奇士"，多次邀请入幕。陈宝箴入幕后，调停了曾国藩与江西巡抚沈葆桢之间因厘金分配而产生的矛盾。但是，陈宝箴"雅欲亲战事"，于是谢绝了曾国藩的挽留，来到湖南东安县人席宝田所率领的江西军中，"席公自府

---

① 同治《义宁州志》卷14下《武事》，第13、15页。

君至，累用奇策决胜"。此外，陈宝箴通过面见江西巡抚沈葆桢，调和了席、沈之间的紧张关系，"自是沈公、席公深相结，卒以歼寇竟大功"。同治三年（1864）九月，席宝田部先后抓获太平军首领洪仁政与幼天王洪天贵。次年八月，在一场激战后，席宝田率军取得了对太平军的胜利，于是为陈宝箴请功，"累保知府"。

东南战事结束后，陈宝箴再入曾国藩的幕府。同治七年（1868），曾国藩调任直隶总督，陈宝箴"至是亦欲就官邻省，便养母，遂入觐，以知府发湖南候补"。① 此后，随着个人能力的展现，陈宝箴先后任职辰靖永沅道、湖北按察使、直隶布政使，直至湖南巡抚，竹塅陈氏逐渐进入全国性政治权力和文化网络中。

通过对竹塅陈氏宗族的历史考察，我们看到一个原本处于地方权力体系边缘的客籍宗族，在地方军事化时期，如何一步步走向超越地方的政治权力中心。在此过程中，陈伟琳父子在泰乡创办团练无疑是转折点。泰乡团练带来的荣誉，成为陈氏子弟，尤其是陈宝箴进入更高层级地方武装的通行证，他们的能力有了更大的施展空间，才会有曾国藩将陈宝箴视为"海内奇士"的评价。当然，除了军功和科举功名外，陈氏宗族的发展还得益于其他的社会关系网络。如陈宝箴除与罗亨奎、易佩绅等人建立了深厚友谊外，还曾在竹塅老家建造起一座名为"四觉草堂"的读书楼，在此读书论古的有武宁名宿李复。② 此外，陈氏宗族还利用婚姻网络来增强和扩大自身影响。如陈宝箴长子三立、次子三畏就分别娶罗亨奎、永顺知府张修府之女为妻，长女嫁给了席宝田次子曜衡。③ 所有这些，在一定程度

---

① 陈三立：《皇授光禄大夫头品顶戴赏戴花翎原任兵部侍郎都察院右副都御使湖南巡抚先府君行状》，陈三立：《散原精舍诗文集》，文集卷五，李开军点校，上海古籍出版社 2003 年版，第 845—857 页。

② （清）李复：《四觉草堂记》，见《一门四杰——修水陈宝箴、陈三立、陈衡恪、陈寅恪史料》，《江西文史资料》1994 年第 52 辑，第 12—13 页。

③ 陈三立：《皇授光禄大夫头品顶戴赏戴花翎原任兵部侍郎都察院右副都御使湖南巡抚先府君行状》，陈三立：《散原精舍诗文集》，文集卷五，李开军点校，上海古籍出版社 2003 年版，第 845—857 页；张求会：《陈寅恪的宗族史》，广东教育出版社 2000 年版，第 48、65 页。

上说明了军功被士绅和宗族视作了改变自身社会地位，建立乡村社会权势的一种有效资源。

三　结语

综上所述，晚清地方军事化期间，在创建团练这一地方武装的过程中，江西乡村社会中的士绅阶层、大小村落与宗族组织进行不同程度上的整合。有的是高级士绅之间的合作，有的是高级士绅与低级士绅的合作；有的是弱小村际的联合，有的是强宗巨族的联合，等等。但是，不管采取何种方式，团练局成为战时保护宗族利益和展示权力的重要资源。这种集军政权力于一身的武装组织，为一些士绅和宗族重新建构自身的权势提供了契机。

刘于浔与南昌梓溪刘氏的历史表明，创办中洲团练局，刘于浔不仅保障了宗族利益，且逐步走向全省地方武装——"江军"的领导层，成为全省士绅的佼佼者。此外，通过军功保举，刘氏宗族的许多成员得到晋升，由科举世家一跃为文武之家。陈伟琳、陈宝箴与义宁竹塅陈氏的历史表明，创办泰乡团练，陈氏父子不仅改变了自身处于土著势力排挤下的边缘地位，还进入湘军这样一个更大的地方武装集团。借助军功，陈宝箴迅速实现了从一名举子到地方政府官员的转变，进入全国性文化和权力网。当然，从乡村社会本身的历史来看，这种地方军事化催生的权力结构，并不能持续多久。随着战乱结束，团练局失去了其政治合法性。因此，正如下一章我们将看到的，这些士绅和宗族为了维系自身的权势，很快转向了乡村社会的经济和文化建设，重新编织了一个"权力的文化网络"。

第四章　同光时期士绅与乡村社会秩序的重建

太平天国运动结束后，重建社会秩序和恢复经济成为清政府的首要任务。依靠曾国藩、李鸿章、左宗棠等一批地方要员的努力，清王朝不仅在中央和地方上重新建立起一套行之有效的行政体制和文官政府，而且在农业经济的恢复、新式企业的创建和外交体制的近代化等方面取得了不同程度的成功，呈现出短暂的兴盛局面。① 在遭受长期战乱的江南地区，地方士绅为了维护自身的权利，在政治、社会、文化、伦理等方面采取了积极措施，重建江南社会秩序。② 就江西而言，士绅阶层和宗族组织不仅致力于复苏乡村经济，还通过恢复教育体系、祭祀系统和慈善组织，重建乡村社会秩序，使儒家道德价值体系得到强化。

第一节　复苏乡村经济

太平天国期间，江西作为主战区之一，遭受战火蹂躏有十余年之久，农村社会经济破坏严重。面对乡村衰败景象，各级地方官纷纷采取减轻赋税、与民修养的政策，复苏乡村经济。同治元年（1862），清廷下诏减免

---

①　[美] 芮玛丽：《同治中兴：中国保守主义的最后一战》，房德邻等译，中国社会科学出版社 2001 年版。

②　徐茂明：《同光之际江南士绅与江南社会秩序的重建》，《江海学刊》2003 年第 5 期。

遭受战乱各州县钱漕。同治九年（1870），江西巡抚刘坤一奏请将江西地丁银由战前每年征收一两五钱以上减为一两五钱。对此，同治帝下谕说："惟该省当兵燹之后，民间元气未复，地方大吏，当体念民艰，立除积弊，著刘坤一督饬所属地方于明定确数之外，不准丝毫任意加增，以副朝廷轸念闾阎至意。"① 有了官方的政策支持，地方士绅纷纷就缓征漕粮和水利建设等方面，进行农业经济的复苏。

一 缓征漕折与荒田复耕

江西是清代征纳漕粮的八大省份之一，年额征漕粮 75 万石，仅次于浙江、江苏，故《清史稿》记载："计天下财赋，惟江南、浙江、江西为重。"② 咸丰朝之前，江西征纳的漕粮由 630 艘漕船运输。尽管在征收和运输漕粮过程中，产生了诸多弊端，但是漕粮还是以实物的方式征收。太平军攻占南京后，经大运河北上的漕运通道被阻断，"湖广、江西、江安各省漕粮全数未能起运"。咸丰三年（1853）九月，清廷令江浙两省之外的其他有漕省份，漕粮按照每石一两三钱的标准，改征折色。所征漕银运解京城，或拨归地方充做饷银。此后十年间，漕粮改征折色，成为江西境内清军军费的重要来源之一。③

太平天国运动结束后，清政府为重建财政，希望尽快恢复漕运，但各省均提出难以立即实行。江西巡抚刘坤一呈奏，江西各地漕仓悉数遭到损毁，各帮漕船亦未能幸免，所以"仍有难以起运本色之势"。经过多次交涉，清政府最终同意江西漕粮继续改征折色。但是，由于战时大量人口逃亡，农业生产抛荒，战后江西乡村呈现出一片凋敝之景。如南昌县士绅邹树荣在一首题为《八月二四日贼退十二月初余以免粮米事始至会城遍观城

---

① 光绪《江西通志》卷首《训典》，第 38 页。
② 《清史稿》之《食货志二·赋役》，第 1 页。
③ 戴鞍钢：《清代江西漕政述略》，《江西社会科学》1988 年第 3 期。

外感而有作》的诗中，描述了太平军围困后南昌城郊的情形："城外焚烧一扫无，不知此地竟荒芜。繁华寺院归空地，进外如绳金塔、法华堂、圆觉堂、宿觉堂、百福寺、天寿寺、法云律堂、祗园庵；惠外如圆觉寺、观音庵、西方庵；德外如天空寺、泰宝寺、龙光寺、龙河寺、悦仙堂、北兰寺、药师寺；章外如石哥寺等，类不可胜数，皆焚毁殆尽。其余未焚者，亦遭土匪残败。附近村庄半废墟。如沙锅地方、新洲、潮王洲、黄牛洲、打缆洲、其居民皆迁徙无存。差喜山河犹不异，可怜风景已相殊。石砖瓦砾纷纷是，何日升平复旧图。"①

不仅省城南昌的周边地区遭受了极大破坏，其他各府乡村也是一片萧瑟。萍乡县举人黄家骏在《难民行》一诗中，亦以"今也流亡几万千，闾阎往往无炊烟"这样的语句，描述了战后萍乡乡村的荒凉景象。江阴人何栻到任吉安知府时，发出了"此邦繁富著名，凋残极致，在昔华严之界，今为草昧之基"之叹。② 建昌府南丰县自"兵荒以来，荒田绝户不少"。为此，江西士绅从乡村的实际情况，上书地方官员，要求漕折缓征，以纾民困。如曾办理南丰全县团练的举人吴嘉宾，就对漕粮的征收提出了自己的意见。

首先，他提出"漕折展限"。吴氏认为，建昌府内"晚稻收成在九十月间，折色完漕又须粜谷易银"，故应将缴纳秋粮的期限分为三个时段，即十月为初限、十一月为二限、十二月为三限。为了能让民户按时缴纳税粮，吴氏主张将战时抛荒的田地进行开垦，各都设立"公田会"："兵乱以来，荒田绝户不少，无可催征。……宾为垦荒之说，劝各都立公田会，欲以此完虚粮、绝粮之用，不知能有成否。"③

其次，减漕折，裁规费。吴氏认为，当前之所以不能按时按量征收税粮，在于民户的大量逃亡和乡村的贫困化：

---

① （清）邹树荣：《蔿青诗草·童冠草》，收入邹学孟、邹官孟编《一粟园丛书》1922年刊，第26页。
② （清）何栻：《上曾部堂夹单禀》，《余辛集》卷1，同治元年刊，第4页。
③ （清）吴嘉宾：《求自得之室文钞》卷5，同治五年刊，第3页。

夫赋出之民，民出之土，有田而后有赋，故今日之逋赋，当求其所以致斯逋者。今之丁壮，一尽于掳掠，再尽于流移，三尽于招募耕田之民，百不存一。……夫赋虽出于田，然今之有田者，皆富民也。其先固为仕宦商贾以致富，既富然后求田宅以遗子孙，故田之租入甚薄，富民之纳赋不必尽出于田，至今日则仕宦商贾皆不能致盈余，而富民之纳赋有不能如期者，况贫下之户乎？是以逋赋日积，州县之征钱粮，其公私之人皆赖乎此，乌有所谓惰征者。故征收之不能如期，皆欲之而不能，非能之而不欲也。①

因此，对江西百姓不仅要"取之宜缓"，还"当求所以生养安全之故"。他提出，在当地绅董内设立劝农之职。如体察到有田地不耕，则找人代耕，或是提供耕牛和种粮，教人耕作。只有通力合作，"使野无不耕之田"，田赋才能得到保障。至于正赋之外的各种规费，在承平时就应严禁。如果现在还不禁止，"藩篱一决，何所不至。嗣后凡有所取，皆可以分数计加诸赋外以期取盈矣"。但是，吴氏也意识到，如果没有这些规费，州县政府官员将无从施展手足，故最佳之策当是因地制宜，"使各地方官与本地绅士会禀定案"。"节相之意，又欲恤吏使之得以安其民，此尤探本之说也。"

最后，严禁漕折逾限加价。战后之初，江西地方政府处于入不敷出之况，而百姓又期待朝廷施恩，减征粮额，故持粮观望，输纳不前，于是一些地方官员提出"漕折逾限加价"。对此，吴嘉宾坚决反对，理由有四：首先，他认为百姓没有如期纳粮，"非有他故，稽迟即实在穷乏无可称贷"。如果不问缘由，"概令加价"，只会让贫户更为艰苦。其次，百姓纳粮，"有陆续交钱粮差，虽欠而非全欠者"，也有粮差代为垫完者。如果加价，钱银则会落入粮差私人之手。再次，历来征收钱粮弊端层出。遇到蠲

---

① （清）吴嘉宾：《求自得之室文钞》卷5，同治五年刊，第4—6页。

免，粮差催促粮户赶紧完纳，再行告示。若数月后有加价，粮差就故意缓催。粮户自行投柜，"甚或不发由单。一俟加价，便可加征"。最后，粮册收数，参差不齐，奏销难以核算。如果加价，州县另立粮册，日积月累，必导致挪移，百弊丛生。①

此外，吴嘉宾认为，战后社会秩序的重建，离不开士绅的参与，"官绅和同则百事易集"。此前州县视钱粮为利薮，"不愿外人干预，惟与书差从事"。如今大乱之后，民户死绝流徙，册籍难稽，僻壤远乡，避抗成习，钱粮非一、二名书差所能办理。为此，他提出在乡村设立都长，编查保甲，清厘户口产业。核定人是在乡还是不在乡，田是耕作还是未耕，业是有主还是无主，粮是有田还是无田。以同治元年为始，让士绅挨造鳞册，作为征收钱粮之时的依据。唯其如此，民方有更生之望。②

由于资料的限制，南丰县是否设立"公田会"和推行绅董劝农不得而知，但是在江西其他州县乡村，士绅以宗族组织为依托，一边恢复耕作，一边告诫族人，严禁逋赋。如吉安县谭溪胡氏在同治十三年重修族谱中，制定了族训十六则，其中"供租赋"的内容是："吾里人稠地窄，近来向耕者多至，本地田不足于耕，耕及邻邑，知务本矣。""善理家者输纳为先，粮差完，寝食亦安，此先公后私，保身家之善道。族内粮仅石斗计者多，故欠更历。一不知官府法例，二不体经催担头，三不恤保家难为。呼未必应，完未必早，一旦官差至，款遣徒费，正欠不免，止一怠惰，自取烦累，何不勉焉。"③ 有的宗族通过会社的形式，复耕荒田。如在瑞州府新昌县天宝乡，当地龙冈邹氏宗族在士绅的主持下，先是联合附近三十一都和三十二都的村庄，于咸丰七年（1857）成立了"培耕堂"，改变当地只有春耕而无秋种的局面，提高农田业的复种指数。④ 光绪三年（1877），龙

---

① （清）吴嘉宾：《求自得之室文钞》卷5，同治五年刊，第8页。
② 同上书，第12页。
③ 《谭溪胡氏族谱》第11《族训类纂》，同治十三年修，第13—14页。
④ 《培耕堂会本》，咸丰七年刊，第1—2页。

冈邹氏族内部分成员又组建了"荒田会",以恢复和重建农业生产。如《荒田会小引》记载:

> 吾侪聚族而居,荷历朝生聚之繁,承先世积累之厚,勤俭起家,颇称庶富。迄乙卯以后,连年兵燹,叠遭焚劫,流离转徙,日用渐形支绌,而族中老成以为虑,佥曰:天时不如地利,地利不如人和。为今之计,惟土可以有财,盍于就近荒洲,开垦而布种之,不愈于游手而坐困乎?众皆曰:善。一时踊跃而兴,出力者若干人,出资者若干人,不约而集一百五十人,刻日成功。一霎时而荒洲遂化为良田矣。是岁所获秋收,除还工本外,盈余悉归公收,箍成一会,颜之曰"荒田会",亦以志会之所自来也。①

此外,为了减轻漕粮在缴纳过程中的额外负担,避免书吏的克扣勒索,江西各地的士绅们整顿了地方上原有的"义图"组织,引发了一系列"闹漕"和"漕讼"事件。有关此一问题,后文将进一步论述,在此从略。

二 修缮水利

明清时期,江西水利设施的创建与修复,呈现出由官办向民办转移的趋势。晚清时期,士绅和宗族成为乡村社会中各类水利设施的修复者。在一些社区性水利工程中,地方姓氏或宗族成为重要力量。他们有的联合完成,有的发挥着主导性作用。如南昌县中洲的堤闸,就是梓溪刘氏的刘于瀚和合爈万氏的万立庸共同完成。据《南昌梓溪刘氏族谱》记载:"中洲四面滨河,旧称水乡,昔先祖云峰公创筑堤闸,居人至今利

---

① 《龙冈荒田会崇祀录》,光绪三年刊。

赖。惜洲尾未竟全功，先考踵成先志，亲历踏勘，或请领官款，或自捐巨资，或劝殷实辅助，随将全洲圩堤闸建筑完全，金瓯无缺，二百村胥免水患，岁常丰收，皆先考经营数载之力也。"① 但是，从其他材料来看，该地黄堂闸和霸溪闸都是刘于澣和万立庸先期捐资建筑。如《南昌民国初元纪事》记载：

> 黄堂闸，在中洲黄堂邓姓村西木梓之南，初无闸地，方常受水灾，经邑绅刘于澣、万立庸等请款并捐资建筑。阅十余年被水冲塌，复经邑绅刘秉机、饶延年、曾章桂、涂德闻、龚延渤等请款一千五百元，并派亩捐重筑。工坚料实，洵属中洲之第一大闸。
>
> 霸溪闸，在中洲霸溪龚姓村北。邑绅刘于澣、万立庸等集资建筑，并修护堤。今与东西河堤垱相接，中洲全镇遂巩若金瓯，完全无缺，亦一大工程也。②

由上可知，黄堂、霸溪两处水闸是中洲镇抵御洪水的外围屏障。尤其是霸溪闸的建立，更是使"中洲全镇遂巩若金瓯，完全无缺"。因此，两处水闸的建设无疑与中洲这一整个社区的利益相关。但从建立的过程来看，我们不难发现，两处水闸的出现，完全是刘氏和万氏两个宗族的士绅之功。刘于澣和万立庸集创建和捐资双重角色于一身。此外，黄堂闸的修复经费，除了一千五百元来自请款之外，其余源于按亩派捐。而位列请款人之首的刘秉机，则是刘于澣之子。因此，该闸的修复，实际上仍然得益于梓溪刘氏宗族。

在其他社区性水利工程发展过程中，当地大姓巨族发挥着主导作用。如丰城的罗湖闸即是其中之一。有关罗湖水闸的重要性，从以下叙述中可

---

① （清）刘秉机：《先考瀛宾府君行述》，见民国《南昌梓溪刘氏家谱》第 1 册，艺文志六，江西高校出版社 2019 年影印版，第 487 页。

② 《南昌民国初元纪事》卷 13《杂记》，第 2 页。

略见一二：

> 罗湖之有石闸，管君平、聂君模宽前后曾记详之。然嘉道以前，河道深而水易泄，有石闸以时启闭，既可以泄内积，又可以御外泛，诚善策也。咸同以后，河道淤塞，而水难畅消，无长堤以资保障。春夏洪涨，泽国仍属堪虞，湖内积田□万顷，居民数千家，其茕茕之氓，得以安室家，勤耕作。上以供天下之赋，下以乐衣食之资，不至叹流离、伤播迁者。闸与堤二者，其关系不□重哉？①

毫无疑问，罗湖闸事关周边数千家居民的生计，意义重大。因此，它的兴建和修复都是一项重大的工程。但从其历史来看，自光绪前期至民国初年，兴建和修复罗湖闸堤的工程都是由当地胡姓宗族来完成。对此，史料有如下记载：

> 斯闸堤之成也，实赖堤内胡君国选倡于先。其子岁贡生镜祥继其志，经理二十余年，得利赖至今耳。当石闸之告功也，胡君国选见石闸之启闭，虽无复蓄泄之虞，而旧堤虽存有微址，大都抵塌，不足以资捍卫，且亦多缺而无堤之处。爰复不惮劳力，邀集湖内各姓绅耆，倡议增筑长堤。征诸众意，佥议皆同，遂于前清光绪丙子年冬，集款相地，建筑堤脚，新增高家湾、龙潭坳、雷家墩、宋家围、钩公垱，共计一千余丈，计长五里有余。越岁己卯，复将湖内田亩清丈，各堤加高培厚。其二十余年之间，塌者以时修，倾者以时补，惨淡经营，不辞劳苦，斯堤乃臻巩固。又以堤闸虽竟全功，无善后资，何以保前功而垂久远。冈上胡锡龄，胡绅镜祥门下士也，因于己卯年经胡绅镜祥劝令胡锡龄捐坪湖早田共计三十四石五斗，立有付约，归公管业，

---

① 民国《丰城通志稿》卷5《经济志》，第3页。

以为每年修补之费,由是石闸启闭,岁出有资。田亩高低,有秋共庆。胡君国选既于闸堤告成之次年,因积劳而归道山,其子镜祥继于光绪丙申捐馆舍。综计前后经营,虽同人赞助不少,而胡绅乔梓世济其美,其功尤足多焉。①

从上述引文可知,罗湖闸堤建于光绪丙子年(1876),倡建者为胡国选,建造资金由湖内各姓绅耆共捐。光绪己卯年(1879),在胡国选之子胡镜祥的劝导下,冈上胡锡龄捐出早田三十四石五斗,作为闸堤修补之资。胡国选身故后,胡镜祥继续担负起闸堤管理之责。光绪丙申(1896)年,胡镜祥去世。可见,胡氏父子在二十年时间里,先后主导着罗湖闸堤的修建与维护,故作者才会有"虽同人赞助不少,而胡绅乔梓世济其美,其功尤足多焉"的评价。

同光时期,除了社区性水利工程外,江西乡村还有诸多跨社区的水利工程得到修复。在此类活动中,士绅的联合成为一种主要模式。如同治年间,萍乡县周朝相、萧相馨、邱钟煌、萧思馨、欧阳珍、萧印馨、欧阳嵩等36名士绅倡修九兴社石陂。该水利工程"自罗霄水经过黎坪筑陂,出三口岩,凿山开圳,横越数山,高一二丈,水费资巨万,经营十年始成"。②《丰城通志稿》则记载:

> 小港口闸,位居县治之东,距城二十华里,为丰、富二水入赣河之咽喉,关系农田水利至深且巨。查该闸原有工程不甚宏大,泄水匪易,曾于清道光十六年,奉宪详请劝捐修建。至光绪三十二年,全部倾塌。翌年筹款修筑,无如经费浩大,工程艰巨,未能动工。惟该闸关系南昌上游农田之收获,尤为重要,当由南昌巨绅万理斋、徐大川两氏出为主持,驻港督修,费时三载,始告竣工。其工程之伟大,实

---

① 民国《丰城通志稿》卷31《艺文志》,第13页。
② 民国《昭萍志略》卷2《营建志》,第63页。

为我县水利工程之首屈一指。①

显然，小港口闸能够在倾塌后得以修复，完全得益于万、徐两人。他们之所以能主持和督修这样一个跨县界的水利工程，很大程度上是因为其"巨绅"的身份。当然，像小港口闸这样巨大的水利工程并不是很多，大多数水利工程还是在有限的范围内进行。对它们的历史考察，更能反映出地方士绅参与此类事务的延续性。如龙泉县北澳陂，自清初就形成了六个村落组成的"六朋"管理体制。"六朋"中的士绅作为陂长和管理首士，不仅负责本朋内田亩派费的催缴和谷物的征收，还承担起本朋内水利灌溉条例的制定。同治四年（1865），北澳陂众位绅耆成立了"陂局"，作为管理这一水利设施的公共机构。通过祠祭及相应的仪式活动，强化了"六朋"对北澳陂共同体的认同。② 在此意义上，陂局的出现，乃是士绅重建乡村社会秩序、强化自身控制力的重要方式之一。

三　兴复义仓

在清代乡村控制体系中，社仓、常平仓和义仓构成了控制饥荒、维护安全的工具。这套仓储制度在清前期发挥着积极作用。自清中期之后，吏治的腐败和连续的自然灾害，导致了仓储体系的崩坏和恶化。③ 就江西而言，到了清中叶，社仓和常平仓日渐衰微，士绅创设社区性义仓已经成为一种趋势。他们借助义仓的施行与管理，实现对基层社会的控制。但是，在咸丰时期，江西许多义仓遭到焚毁。如南丰县丰豫义仓，原有仓廒二

---

① 民国《丰城通志稿》卷5《经济志》，第3页。
② 衷海燕：《儒学传承与社会实践——明清吉安府士绅研究》，世界图书出版公司2012年版，第305页。
③ 萧公权：《中国乡村：19世纪的帝国控制》，张皓、张生译，九州出版社2018年版，第173—218页。

十,贮谷一万八千余石,于咸丰六年(1856)"被掠颗粒无存"①。永新县"义仓在学署前,咸丰五年兵毁"②。战乱平息后,江西巡抚刘坤一为重建仓储系统,特提出以下主张:"全省绅耆速商地方官,各就该处情形酌定劝办积谷简明条款,使人易知易行。田家或按租抽捐、商贾或出资采买,城乡分建仓,随地俾有储蓄出纳,责成绅董敛举,须得妥人,官吏专司督催,概不经手钱谷。"③

同治时期,在地方官员的倡导下,江西各县许多义仓得到重建或新设。如《新城县志》记载:"平济仓,在县大堂东侧,同治九年庚午建,知县刘昌岳、邑绅陈谦恩及殷商共捐谷千石有奇。由官派绅董经理,为城市歉岁平粜而设。"④ 同治八年(1869),永新县义仓改建于秀水书院右侧。至同治十一年(1872),贮谷一千石。⑤ 但是,从其他各地的资料来看,这一时期设立的义仓,无论是条款的确定,还是仓谷的管理,均是由士绅完成。咸丰时期,吉安县内的社仓、常平仓和丰乐义仓均遭到焚毁。同治时期,在两任吉安知府定祥、德馨的支持下,吉安士绅不仅重建了丰乐义仓,还复设了各乡义仓。⑥ 萍乡知县王明璠在《萍乡义仓记》一文中,对萍乡县福惠义仓的创办经过有较为详细的追述:

予廉知其实,思有以弭之。窃计团练以保境,保甲以清匪,积谷以安贫,三者宜并举。集邑绅商之,佥以为善,因以所余团练经费,买谷三千石,积于城北之崇正书院,颜曰福惠仓。复谕保甲绅士于烟户册附载田亩,计亩捐谷,择各图适中处建仓分储。岁荒减价平粜,其鳏寡孤独废疾、贫而无依者,则竟赈之。绅民之好义者,

---

① 同治《建昌府志》卷3《恤政》,第5页。
② 同治《永新县志》卷8《仓储》,第28页。
③ (清)刘坤一:《刘忠诚公遗集》之《公牍》卷2,宣统元年刊,第27页。
④ 同治《新城县志》卷3《仓储》,第5页。
⑤ 同治《永新县志》卷8《仓储》,第28页。
⑥ 同治《庐陵县志》卷7《仓库》,第29页。

复捐缗钱以为善后经费，合计十乡百有八图，暨乡城各市共积谷五万石有奇。是举也，实师长孙义仓之意而加以变通，因概名之曰义仓，为之记。①

由上可知，萍乡县福惠义仓的创办，是团练经费从军费转为民用的结果，是王明璠进行战后社会治理的方式之一。福惠义仓创设后，通过保甲系统和士绅，民户按照田亩的数量捐资，在县内各图分设了仓廒，最终形成了一个全县乡村范围内的仓储系统。此外，该仓规定，每当青黄不接之时开仓平粜。具体做法是，先由士绅在义仓设立公局，选出两位廉能之人担任总董，"其余各绅分日轮流帮办，并先督率里牌各长查明保甲册内贫户"。至于义仓的善后章程和经费开支，均由绅董"仿照各堂成式"，"体察情形，酌定钱数"。

士绅除了重建义仓体系，实行社会救济外，还通过建立义仓，达到族内整合和族际联合，以实现对乡村社会教化的目的。现以吉安县坊廓乡河西义仓为例，略加论述。

坊廓乡是吉安县附廓乡，赣江穿境而过，将其分为东、西两部分。河右岸称河东，包括七十都、七十一都、七十二都、七十三都和七十四都5个都。河左岸称河西，临近吉安城，辖一都、二都、八都、六十五都、六十六都、六十七都、六十八都、行六十九都、方六十九都和八十七都10都。② 宋明以来，该地区产生了诸多科举人才，涌现出一批商绅之家，形成宗族林立的格局。至清道光年间，一群来自强宗大族的士绅通过修建书院、创设文会、经营渡会、相互通婚等方式，达成了对地方社会的控制。③

---

① （清）王明璠：《萍乡义仓记》，同治十二年刊，第1—2页。
② 民国《吉安县河西坊廓乡志》卷1《区域志》，第1页。
③ 黄天娥：《民国时期吉安的宗族与地方精英——以吉安河西坊廓乡为中心》，博士学位论文，中山大学，2010年，第38—60页。

坊廓乡河西义仓建于道光十五年（1835），为县城丰乐义仓的一部分。如史料记载："坊郭向有义仓十廒，合八乡同树于城内府署之西，备荒也。"① "丰乐义仓，道光十五年乙未知府鹿泽长札庐陵绅士劝输，建仓府署之左，积谷五万石有奇。捐生姓名勒碑仓舍，劝捐绅士各得奖叙如例。"② 咸丰时期，该乡众多仓廒毁于战乱，此后屡议兴复未成，至光绪二年（1876）方复建。对此，方志有如下记载：

> 自咸丰乙丙间，寇盗蚁聚，仓囷一空，乡人士议兴复者屡矣，弗果。今藤桥刘君芝轩昆玉捐钱四千串，淇塘刘君晴轩叔侄捐钱三千串，以为建仓积谷之倡。但事巨工冗，匪易告成，全赖同乡诸君子协力解囊，大襄义举。俾偶值天灾，贫者待哺，有资富者，安堵无恐，思患预防之隐，岂徒存先生补助之遗风哉！③

由此可知，河西坊廓乡义仓的复设，是藤桥刘芝轩兄弟、淇塘刘晴轩叔侄捐资首倡，"同乡诸君子协力解囊"共同之举。其中刘恩培、刘梅、李之信、王乃尚4人为倡兴首事，另有16名经理首事，42名劝输首事。④ 光绪二年（1876）五月，为了将捐资复设义仓之事推行下去，这些首事以"本乡同事"的名义，印发了捐输条规。具体条文如下：

> 一我乡地方窎远，殷实素著者出局柬请，公同劝输。其余有力之家，各都首事实心力劝，以襄盛举。
> 一义仓原为救荒而设，各姓公堂皆须捐助，以五串为率。其公堂饶裕者务宜加增重输。如人烟稀少兼众赀实属维艰，亦应输满三吊，

---

① 民国《吉安县河西坊廓乡志》卷首《创建义仓引》，第17页。
② 同治《庐陵县志》卷7《仓库》，第29页。
③ 民国《吉安县河西坊廓乡志》卷首《创建义仓引》，第17页。
④ 黄天娥：《民国时期吉安的宗族与地方精英——以吉安河西坊廓乡为中心》，博士学位论文，中山大学，2010年，第71—72页。

否则遇荒决不发谷。

一各村房祠及一切会项如有余存，亦应踊跃捐助，不得藉口公堂已输，即可塞责。

一好义之家，书满百金以上者，公同酌议，分别酬上主位。

一遇荒发谷，必须核算户口。兹特刊刷册页，务将各村丁口填明，以便异日均匀分散。

一乐输统缴十足典钱，以局给收票为据。

一所劝乐输簿上注明都图地名官职，以便刊入尚义录。

一首事领簿，即宜赴本都逐一力劝，统于六月初缴簿，以便核查，筹办仓谷诸务。①

上述八项条规表明，河西义仓的复建，既是自愿性的倡导，又有强制性的摊派。首先，它提出公局通过书束的形式，公请殷实之士捐资助力。有力之家，则由各都首事劝捐，共襄盛举。其次，它要求全乡各姓公堂必须捐助，正常情况下不能少于5串。如富裕之公堂，则必须高于5串。财力不足之公堂，则不能少于3吊，否则取消荒年发谷的权利。最后，条文规定，即使各村各族公堂已捐，但族内房祠和其他公项如有余资，仍必须踊跃捐助。当然，对于积极参与的公堂和殷实人士，它也赋予相应的权利和奖励。一是在荒年时能够得到仓谷；二是"书满百金以上者"，可以将祖先的神主送入书院，享受祭祀；三是事后刊尚义录，将各捐款者都图地名和官职载入其中。

在这种自愿与强制相结合的捐输原则下，坊廓乡河西各宗族和个人被动员起来，总捐款达19270千文。其中26个宗族捐款11870千文，约占总数的62%；4位倡兴首事的宗族捐资总数为7400千文，约占总数的38%。② 对于那些当捐而未捐的公堂，首事们要求"日后必须量力补输，

---

① 民国《吉安县河西坊廓乡志》卷首《创建义仓引》，第17—18页。
② 黄天娥：《民国时期吉安的宗族与地方精英——以吉安河西坊廓乡为中心》，博士学位论文，中山大学，2010年，第72页。

遇荒方能一体散谷"。对于义仓的管理，他们也制定了相应的条规：

一祭典每年于考石阳书院次日举行，有主之家，请其后裔有衿者一人与祭。

一新岁及每月朔望，堂前香灯饬看守人祀奉，每年给灯油钱一千文。

一厅堂原为办公之所，不准滥寓，亦不许租与外人。

一管理全期得人，每岁公举在学公正者一人值年。年终会同经理首事结明数目，每年酌送薪水钱二十文。

一值年首事须长在仓房居住，仓门锁钥封条，务要严加关防。倘有疏虞，除不送薪水外，责令赔补。

一仓厫值年首事每月饬看守人详细查验一次，如有漏湿，急行检盖。若谷宜出陈入新，会同经理首事相其时势，商议办理。

一各姓公堂原议皆须捐助，今查竟有未题分文者，有题而未缴者，日后必须量力补输，遇荒方能一体散谷。

一遇荒散谷，归各都公正绅士及殷实均匀分领，务要概交现典钱或字号票据。如有短少，惟经手首事是问。至减价若干，临时酌定。

一义谷原为救荒而设，领谷首事宜矢公矢慎，俾乡里实被其惠。倘有情弊，公同议罚。

一遇散谷，先行起局，酌定某日发某都几村，刊发知单，通知各处，庶几次第而来，不至拥挤。

一散谷某村应领若干石由局先给票据，交本都首事，转致该村，至期将票换筹，凭筹发谷，总门外，设立二人，收筹放行。

一散谷所收之钱，概存钱铺，暂为生息，俟秋获后买回上仓。

一所置桌椅铺板一切器皿，载明底簿与公馆互用。值年首事协同宾兴首事每年点验一次。如有短少，问看守人赔赅。

一看守人每给工食钱四千文，务要小心关锁门户，随时听首事呼唤，如懒惰自便，不遵规矩，即行逐出。

一劝输首事合列姓名，以著劳绩。其领簿未劝分文，及仅题本姓公堂而未另劝者，碍难列入。

一遇散谷或出陈入新，经理首事来局办事者，每人夫马钱一千文。①

这 14 条管理条文主要涉及三个方面。一是各类首事的管理职责和待遇，二是仓谷散发的条件和程序，三是义仓名下仓谷的收入的用途和物产的保管。但是，值得注意的是，这些条文中有两处提及义仓与科举事务之间的关系。一是规定"祭典每年于考石阳书院次日举行。有主之家，请其后裔有衿者一人与祭"。二是义仓所置办的桌椅铺板和各种器具，"载明底簿与公馆互用。值年首事协同宾兴首事，每年点验一次"。而早在道光时期，作为全乡十都文课宾兴、郡城公馆和省垣试馆名下公产的管理机构，坊廓乡河西宾兴局就成为地方社会的权力中心。② 另外，从前述 4 位倡兴首事的经历来看，都在咸同时期通过捐输和报效军饷获得了虚衔。如刘恩培曾"服贾湘楚"，"同治间军兴，以筹饷功保花翎运同衔，覃恩加五级，封资政大夫"。③ 刘梅，因捐输"赏戴花翎，诰授资政大夫，升用知府"。④ 李之信，"国学生，援例诰授奉政大夫，晋阶中宪大夫，道衔加三级，请封三代"⑤。以上这些现象，充分说明义仓的倡建和管理体系，既与该乡原有的文会组织和宾兴局一脉相承，又是咸丰同治时期新兴士绅借助原有公局，整合乡村社会力量，强化自身对地方社会控制的策略。

---

① 民国《吉安县河西坊廓乡志》卷首《义仓条规》，第 16—17 页。
② 杨品优：《科举会社、州县官绅与区域社会——清代民国江西宾兴会的社会史研究》，中国社会科学出版社 2018 年版，第 157 页。
③ 民国《吉安县志》卷 38《人物志》，第 29 页。
④ 《吉郡刘氏总祠主谱》，不分卷，诰文，民国年间刊，第 25 页。
⑤ 《文石李氏三修族谱》，上房容公支下支系，民国二十七年刊，第 328 页。

第二节 重建书院与宾兴

书院作为一种教育组织，在中国传统社会中有较独特的地位。宋明以来，书院不仅是学者进行学术会讲的重要场所，还是地方士绅传承儒学和社会实践的渠道之一。① 清道光年间，江西书院出现了一个快速增长的势头。咸同之际的兵火，极大地冲击了地方社会的教育体系，许多书院被毁。战乱结束后，重建各类学校，奖助宾兴，培育人才，不仅成为江西地方官员的明确任务，还是地方士绅的重建目标之一。

一 复兴书院

同治朝以后，在官方的倡导下，许多府城和县治中的书院得到修复或重建。据史料记载："曲水书院，在县城内芳洲北丹凤、通济两桥之间。……咸丰十年，兵毁。同治二年，知县星联以公款建造堂屋二进。六年，知县王麟昌捐建讲堂一进。"② "雯阳书院，在邑西门外。乾隆十四年知县左修品倡建……咸丰六七年两次城陷，毁拆殆尽。……同治六年，知县颜寿芝捐廉俸二百六十金，令邑绅劝捐修复。"③ 对这些书院的重建，江西巡抚刘坤一从前后相继的角度，予以了肯定："建置之事，城池以卫民，学校以立教，坛庙以礼神，津城以平政，书院、社学以育才。军兴以来，郡县境内贼踪所过，残毁无遗，次第修复，未能厥事。创始继修之年月，旧址遗制之因革，纤悉记之，启后承前，意在矣。"④

在州县内书院复兴之际，乡村社会中的书院，则在士绅阶层和乡族组

---

① 衷海燕：《儒学传承与社会实践：明清吉安府士绅与地方社会研究》，世界图书出版公司2012年版。
② 同治《进贤县志》卷10《学校志》，第50页。
③ 同治《赣州府志》卷26《学校志》，第22页。
④ 光绪《江西通志》卷首《序例总目》，第3页。

织的合力下,快速恢复和发展起来。据各地方志记载:

> 育才书院,在四十三都南坑,同治六年丁卯建,其上为文昌阁、魁星楼,中为讲堂,左右为诸生号舍。每岁冬月考课,置买膏火田亩,岁科、乡会试皆馈赆资。①
>
> 鹏搏书院,在二坊十八都。同治六年副贡李时逢,把总李时融、聂金镛倡首捐建。②
>
> 南台书院,在十六都南台墟旁。同治七年戊辰,合都捐建。共捐田地四百余亩,钱八百余串。③
>
> 培元书院,在安乡十二都温汤万太傅第左。同治元年,乡人倡建,义捐田租千石有奇。五年,创置斯院,修葺完密,去故鼎新。④

在乡村书院的复兴过程中,吉安府无论是在数量上,还是在持续时间上,均表现得尤为突出。现依据相关史料,将咸丰至光绪时期吉安府属各县乡村书院重建情况制成下表,以资参考。

表4-1　　　　　　清咸丰至光绪年间吉安府书院修建情况

书院名	所在州县乡都	修复或新建时间	修复或新建者及其他措施
赢奎书院	庐陵县	咸丰元年	合都重建
兴文书院	安福县	咸丰元年	
文山书院	庐陵县	咸丰二年	广西候补同知黄泳霓捐建
兴仁书院	吉水县仁寿乡四都	咸丰二年	六都上白沙村李郭氏捐建并置田亩
培元书院	吉水县	咸丰九年	中鹄乡五十五都下半都、三十二都堂共建
宾兴书院	庐陵县	咸丰九年	都绅耆公建
双忠书院	庐陵县	咸丰十年	彭怡堂捐建

---

① 同治《永丰县志》卷10《学校志》,第52页。
② 同治《丰城县志》卷5《学校志》,第39页。
③ 同治《进贤县志》卷10《学校志》,第60页。
④ 同治《义宁州志》卷13《学校志》,第49—50页。

续表

书院名	所在州县乡都	修复或新建时间	修复或新建者及其他措施
义首书院	永丰县	同治二年	进士符为霖、文学何邦彦、吴定九倡建
培元书院	吉水县	同治四年	兴贤、抡升两文课绅士建
云亭书院	泰和县	同治四年	合乡改建
文儒书院	永丰县	同治四年	李奇珠重修
螺城书院	永丰县	同治四年	知县彭际盛倡建
文藻书院	距龙泉县治三十里	同治四年	合乡绅耆劝捐鼎建
文明乡学	龙泉县	同治四年	九都绅士倡建
崇正书院	莲花厅	同治五年	周颐建
育才书院	永丰县	同治六年	建者不详
道南文会	安福县	同治六年	上南里十四都绅民捐创
槎江书院	泰和县十三都	同治七年	合乡同建，买田租膳士
千秋书院	泰和县西门外	同治八年	合乡同建，并置店业膳士
双忠书院	庐陵县	同治八年	邑绅修建
桂馨书院	庐陵县	同治八年	合都绅士建
至乐书院	庐陵县	同治八年	合都公建
石莲书院	吉水县	同治八年	同水乡公建
复礼书院	安福县	同治九年	重修者不详
泸江书院	安福县	同治九年	建者不详
联元书院	永宁县	同治九年	八保建
崇文书院	安福县北三十里伊溪	同治十年	北乡公建
宗孔书院	安福县	同治年间	建者不详
文昌书院	安福县	同治年间	文会诸人建
象冈书院	安福县	同治年间	十六七都如兰文会公建
崇文书院	龙泉县	同治年间	里中绅士倡建
聚星书院	龙泉县	同治年间	十九都绅耆捐建
云亭书院	泰和县二十五都	同治年间	合乡改建
兴贤书院	莲花厅	光绪五年	贺永清建
涧东书院	庐陵县	光绪十四年	建者不详
泥金书院	庐陵县	光绪十六年	李崇谦建
有成书院	永丰县	光绪年间	监生李钊父子建

资料来源：光绪《吉安府志》卷 19《学校志》，第 1—75 页；衷海燕：《儒学传承与社会实践——明清吉安府士绅研究》，世界图书出版公司 2012 年版，第 140—147 页。

从吉安府各县乡村书院的名称来看，它们实际上承载了士绅阶层延续地方文化传统的重要职能。如安福县的复礼书院，原为明万历年间王门学者刘元卿所建；吉水县的石莲书院，乃是以明代该县王门学者罗洪先之号来命名。而从创修或重建者来看，除了官员倡导、士绅参与外，乡村社会原有的文会组织也发挥了重要作用。如吉水县的培元书院，即是由兴贤、抡升两文会组织创办；安福县的象冈书院，则是由该县十六、十七都如兰文会组建。另据《七十一都萃英书院志》记载，庐陵县七十一都人士先是组建了萃英文会，然后以会款兴建了萃英书院。① 而永丰县的义首书院，则由当地一个有着近200年的团练组织"七队会"演变而来。该县士绅刘绎在《义首书院记》一文中，曾对该书院的历史有如下追述：

> 义首会者，永丰七队起义而兴者也。七队在邑之东南隅，地僻而险。国初，土匪踞为巢，时则有曾正坤、姚士诚、梁国柱等倡率团练，联村落为七，名之曰"队"，遂以扫清岩谷，重见衡宇烟火之盛。至于今为耕凿弦诵之乡，则义首会之遗泽孔长也。乙丙之乱，贼出肆掠，独七队乡团自固，官军亦得其助。烽燧既平，符君为霖、何君邦彦、吴君定九等，思以诗书之润泽，化干戈之余氛，爰有乡校之议，得刘君绍书首倡千缗而众擎并举，择石厂胜区为书院。经始于同治二年十一月，至三年三月告成。上有寝以祀先贤，前为讲堂，翼以东西精舍，以聚生徒。规制详备，焕然秩然。②

义首书院的创建经过表明，晚清江西各地大量书院的出现，既继承了乡村社会原有文化传统，又体现出鲜明的时代特征。尤其是刘绎在文中提及的"以诗书之润泽，化干戈之余氛"，更是充分反映了士绅在战乱结束

---

① 衷海燕：《儒学传承与社会实践——明清吉安府士绅研究》，世界图书出版公司2012年版，第160页。
② 同治《永丰县志》卷33《艺文》，第55页。

后，希望借助书院建设这一文化活动，以达到培养士习、厚植民风，重新规范乡村社会秩序的目的。

尽管士绅在重建书院过程中发挥了不可忽视的作用，但是，正如前文所言，晚清地方军事化之前，乡村社会各宗族为了培育科举人才，创办了大量的书院或义学，组建了文会、宾兴等助考机构。这些助学组织的存在，不仅为王朝培植了科举人才，还产生了一个士绅群体，维系着乡村的文化秩序。因此，战后江西乡村书院的重建和复兴，大姓巨族同样扮演了重要角色。现以义宁州聚奎书院为例，略作分析。

聚奎书院为义宁州武乡山口五都之义塾。根据史料记载，该书院在乡人查髻峰极力倡导下，经始于咸丰元年（1851）。太平军进入义宁州后，书院建设"暂停土木"，至咸丰十年方重新动工，次年落成，共花费土木工钱近3900串。在此过程中，五都人士"咸踊跃欢欣，解私囊以助公使"。同治六年（1867），乡人共同集资，创设"文昌季"。光绪元年（1875），庠生陈古邻邀集同人共同捐资，先是成立"新文昌季"，后又设立"惜字会"。①

此后，为了扩充经费，该书院首事采取了"请奖进主"和"捐钱进主"两种方式，规定"每名请奖捐生进专主一座，内有己身进主及为祖父进主者悉载主志"。捐钱进主者分为三等，"特主捐钱五十千文，二分主捐钱二十五千文，四分主捐钱一十二钱五百文"。光绪二十一年（1895），鉴于"公事已成，费宜加倍"，首事将进主之费用标准相应提高。次年，书院起立"主会"，"每股会底钱二千五百文，另簿经管"。对于书院教师的束修、学生的应试资助和考取的花红，首事也在章程中明确了标准。② 光绪三十一年（1905），书院首事刊印了《聚奎书院志》，将书院的产业、条例和各类首事一一记录。现根据其中记载，将各类首事姓氏构成情况列为下表。

---

① 《聚奎书院志》卷1《序》，光绪三十一年刊，第1—5页。
② 《聚奎书院志》卷1《条例》，第1—15页。

表 4-2　　　　　　　　聚奎书院各类首事姓氏构成情况

姓氏＼类型	捐建首事	续成首事	增置首事	续捐首事	校订修志首事
查	4	5	3	4	2
张	1	1	1	3	1
蓝	1	2	2	1	
莫	1	2	3	1	
詹	1		2	2	1
陈	2	2	4	2	2
魏	1	1		1	
杨	1		1	1	
何		1	1		1
谢		3	2	1	
周		1		1	1
石		1		1	
龚			2		
温				1	
古				1	

资料来源：《聚奎书院志》卷1《经理》，光绪三十一年刊，第22—23页。

从聚奎书院的创建和发展来看，士绅阶层无疑有着创始之功。如查鬐峰、陈古邻两人都具有生员的身份，对士人的奖助也意味着科举功名获得者与书院的关系。但是，从书院各类首事的姓氏来看，书院的具体事务和日常管理，都离不开表中的15个姓氏，尤其是查、张、蓝、莫、詹、陈这六个姓氏的首事。他们无论是在捐建和续成，还是在增置和续捐上，都有着持续的参与，呈现出稳定的态势。这在一定层面反映出聚奎书院，实际上是当地宗族联合创建而成，是集乡塾与族学于一身的人才培养机构。

当然，正如前文所言，江西部分州县有"土著"与"客籍"之分。这种土客之别，赋予了晚清江西乡村社会重建书院的族群性。这一点，在义宁州梯云书院和凤巘书院的重建过程中表现得最为典型。道光年间，"怀远籍"士绅在州城建立第一所书院——梯云书院，培养出了第一个举人陈宝箴。咸丰时期，梯云书院一度被毁，但在"怀远籍"士绅的努力下，于同治三年（1864）得到修复。梯云书院的复建，使土著士绅感到压力。次年九月，以朱延禧、查凌云、涂家杰为首的100多名土著士绅联名上书义宁知州，提出兴建凤巚书院，并制定了筹集书院经费的方法。兹将呈文和批文分别引述如下，并试作分析。

为呈议请正并恳预示以宏乐育事：义宁本籍前朝建义学于州治，曾有凤山书院，嗣后废改，遗迹无存。有心者意欲复建，以启人文。迭经公较，已于城北秀水门内新买基址，鼎构讲堂精舍，拟以凤巚书院署额。另设有月课膏奖，综计需费不下数万金，势非劝捐，末由蒇事。因将往来一切分乡派捐、挨户写捐、按姓出捐章程再三公议，均谓事需时日，供应浩繁，实费虚縻，难免动形掣肘，迁延未定。前月初旬，八乡会集，始得大同妥议，拟照咸丰七年助勇捐章，按每民米一石，劝捐书院费钱八百文。凡在土著，现得与课濂山之户，无论升斗勺合，一体照议，分别随本年征期交兑，不得少有遗漏。议出，均称平允。惟濂山书院，系康熙七年土著先人捐资自课子弟之举，除雍正年间以捐置省仓融通外，其余原不与课。事有成规，从无更变。此届另建，按米捐资，务仍其旧。倘有混捐希图，事后借口查出，公同禀请扣除。事关文教，合并声明。公叩仁辕，伏乞钧裁，一体预颁晓谕，俾共遵行。庶美举克成，而院宇易建；栽培多术，而士气倍兴矣！等情到州。

据此业经批示在案，旋经本州因公晋省，面禀上宪允行，合行出示晓谕。为此示仰合州土著人等知悉，尔等须知书院为培育人材之地，既经公同酌议，添建于城内，另设月课膏奖，自应按照所禀议定章程踊跃赴捐，并责成八乡催差户长，俟本州示期开征，随漕每完民米一石，交兑捐费钱八百文。无论升斗勺合，均照议章扣算制钱若干，随漕缴署，由署发局，以便迅速建造。所议按米捐数，准与课濂山之户捐输。如有混捐希图，事后藉口一经查出，许即禀明扣除。其各禀遵毋违，特示！①

由上我们看到，在经费的筹集上，土著士绅援用了军事化时期所采取的按米纳捐的办法，将其与官方的征税系统结合起来。这不仅使建造经费有了稳定的来源，还使由他们控制的"局"具有了官方色彩，进一步增强了对地方权力控制的合法性。为了排除"怀远人"染指此一权力，土著士绅将是否捐资濂山书院，作为向凤巘书院捐输的依据，严格禁止原本不在此一系统的人冒捐。

凤巘书院的兴建得到了土著的集体认同。同治四年（1865）秋，义宁州八乡各都共捐钱约 2770 千文。至同治六年（1867）冬，捐钱总数达 15930 千文。除随漕带捐外，还有大量的个人或地方组织捐出田租和钱文。② 另外，为了强化土著对该书院的认同，本籍士绅在书院的魁星阁专门设立神台，分为五层，按照捐款数量的多少，将捐者进送的主位分别放入。最终，除了 3 位曾捐廉支持书院建设的地方官外，有 294 名乡善的主位入祀魁星阁。

显然，义宁的土著士绅是试图借战后重建之机，将凤巘书院塑造成八乡土著新的认同和权力中心。为此，他们在光绪元年（1875）编修了《凤巘书院志》，以加强和凸显凤巘书院在地方社会的地位。此次书院志的编修，以廪贡生、候选训导朱点易为首，其目的是强化土著和客籍之分。

同治时期，土著士绅以是否属于濂山书院系统，作为进入凤巘书院的依据，以确保捐输者身份的合法性。但在随后的时间里，一些原本未入濂山书院系统的土著，通过向凤巘书院捐输进入濂山书院考试，导致了附籍或冒籍弊端。为了防止客籍依附土著进入凤巘书院，土著士绅再次强调了土著对凤巘书院的独享性，禁止客籍混捐，声明"倘有一姓联合混带客籍

---

① 《凤巘书院志》卷1《案牍》，光绪元年刊，第1—5页。
② 《凤巘书院志》卷2《乐输》，第1—7页。

捐入者，虽比时失于觉察，自宜秉公厘剔，毋庸徇隐"。此外，新制定的书院章程明确规定：

> 凤巘建自近今，按米劝捐。收票载有原在濂山考试者捐收，近来未考濂山者亦有收入，本宜一体厘正，但地方辽阔，且书院从新鼎建，难以区别。姑将现在所收者，果系本省年例久符，只可从宽与入，另记姓名。但与考凤巘，不得藉考濂山，以杜争端，以慎版籍。至非本省者，即年例久符，亦不准入。若怀远籍现有梯云书院者，更无庸议。①

除强化土著与客籍的区别外，土著士绅还通过扩大凤巘书院的祭祀系统，进一步加强整合和认同，提升书院的权威感。创立之初，凤巘书院建有文昌阁和奎星阁，祭祀文昌帝君。至光绪初年，土著士绅更改了书院章程，扩大了祭祀范围，规定那些实心培植书院、捐廉以助膏奖的地方官长，他们长生禄位将在崇祀堂的头层供奉。各乡捐输之人，允许他们将自己或祖先的神主放入魁星阁神台，由书院专门祭祀。神台分为五层，捐钱400吊者归第一层，捐钱300吊者为第二层，捐钱200吊者划入第三层，捐钱100吊者位于第四层，捐钱50千文者置诸第五层。同时，章程还规定，每年十一月初四，捐主者入书院致祭时，书院生童须整肃衣冠，不可坦率。

此一举措大大激发了土著民众的捐资热情和认同感。据书院志记载，光绪元年，共有294个神主牌位放入魁星阁崇祀②，书院增加了大量经费。更重要的是，随着土著将自身或祖先的神主放置其中，享受祭祀，他们对书院的认同感无疑将得到极大提高，进而抬升书院在地方社会的权威。而对地方官员的祭祀，又在无形中为书院的权威抹上了一层官方色彩。

---

① 《凤巘书院志》卷1《案牍》，第8—9页。
② 《凤巘书院志》卷1《崇祀》，第1—38页；卷4《章程》，第1—2页。

当然，在土著士绅看来，作为一个新的地方权力中心，凤巘书院既需要借助官方色彩显示合法性和权威性，又要掌控管理权。由于书院为八乡公建，因而其首士亦由各乡推举人员轮流担任。如章程云："首士每年两乡轮流五六人，由本乡端人自行公举廉正之士接理，不准替代，亦不准藉院干涉外事。"① 对于书院山长的聘任，土著士绅也明确表示自行聘任，"不烦官荐"。

除确立管理权外，土著士绅还凭借自身的影响加大了经费征收的自主权，争取了田产赋税的豁免权。他们规定，八乡各户在按民米一石捐给书院1000文之时，还必须缴纳息钱100文。如民户推出民米一石，其所须缴纳的1000文捐费和100文息钱由买业者完成，"无论石斗升合，每年随粮一律带交"②。对于书院田产每年应完纳的正米和地丁银，他们联名上禀义宁知州，以书院开支巨大为由，要求现任知州按照前任知州捐银充作濂山书院田产赋税之例，捐出银钱，作为凤巘书院田产钱漕的水脚之费。义宁知州虽未同意豁免凤巘书院田产的赋税，但同意自光绪元年（1875）始，凤巘书院每年应完纳的正米七石九斗一升五合，地丁银九两二钱四分二厘，"由州完纳截串"③。

总之，在土著士绅的塑造下，凤巘书院既是地方秩序重建的一部分，也是用以排斥客籍人群、加强内部认同的一种手段。随着书院祭祀系统的不断扩大，土著认同不断增强，加上士绅对官方权力的借用，凤巘书院逐渐成为新的地方权力中心。通过修撰《凤巘书院志》，士绅进一步扩大和增强了自身对书院各项事务的管理权。正如义宁知州在《凤巘书院志序》一文中所言："今凤巘书院之有志，实诸君子之有志也。"④

---

① 《凤巘书院志》卷4《章程》，第3—4页。
② 同上书，第1页。
③ 《凤巘书院志》卷1《案牍》，第7页。
④ 《凤巘书院志》，序，第2页。

二 重组宾兴会

嘉道时期，江西各地设立了众多的科举助考组织——宾兴会。这些宾兴组织既有全县范围的"大宾兴"，又有一乡、一都或一图范围的"小宾兴"，还有宗族性的"宾兴文会"等组织。地方军事化时期，各类宾兴组织大多受到冲击，纷纷分化和解体。战争结束后，重组宾兴会成为各县士绅重建地方社会秩序的一大目标。他们借助军事化时期结余的团练经费，纷纷重组了全县范围的"大宾兴"。一些"宾兴局"处理的事务不断扩大，从助考组织变成地方社会新的权力中心。①

对于乡村社会秩序而言，乡都图之"小宾兴"和宗族性宾兴组织同样有着不可替代的作用。如武宁县不仅设立全县性的"大宾兴"，各乡还设立了"小宾兴"。贡生邓匡淳在为下南乡"小宾兴"所作记文中称：

> 惟我朝寿考作人，化行郡县，故养士者，见夫乡、会两试，举子类多贫窭。虽其间道里远近、时日久暂不同，而艰于资斧则一，由是通都大邑佥谋醵金为之会以赡之，名曰"宾兴"，从其朔也……城乡首事会议董其事者，乡各设会，曰"小宾兴"……下南一乡，诸乡之最著者也……而诸大姓诗书世泽，称邑望族者尤多。在在家弦户诵，霞蔚云蒸，继此造就而张皇之固未有艾也。②

可见，在邓氏看来，在全县"大宾兴"之外，各乡设立"小宾兴"，无疑有利于大姓和望族培植人材，营造出崇文向学之风，形成良好的社会秩序。那么，乡村社会中各族各姓又是通过怎样的方式，重组"小宾兴"

---

① 杨品优：《科举会社、州县官绅与区域社会——清代民国江西宾兴会的社会史研究》，中国社会科学出版社2018年版。
② 同治《武宁县志》卷32《艺文》，第62页。

和其他文会组织的呢？下文以义宁州为中心，试作讨论。

义宁州最早的宾兴会为全州性"大宾兴"。道光五年（1825），该州将修志余费购买店铺数所，每岁收息。"至大比之年，给科生每名钱二千。"道光二十八年（1848），该州绅董向八乡劝捐，购买屋宇，建立宾兴馆，存典生息。咸丰时，由于州城失陷，典银散失，后由"端正绅董经收开给"。①

八乡宾兴设立后，其他各乡、都、图和宗族性宾兴组织先后设立。至同治年间，全州有大小宾兴共计20余个。现根据方志和其他史料，将同治时期义宁州各类宾兴会的基本情况列为下表，加以分析。

表4-3　　　　　　　　同治时期义宁州各乡宾兴组织

序号	名称	创建时间	创建者	资助对象及其他
1	八乡宾兴	道光五年	官绅合建	八乡士子
2	仁乡东皋宾兴馆	道光十八年	合族公建	生童岁科岁科试及乡会试赆仪
3	高乡三十八都棋盘宾兴馆	道光廿八年	合都公建	同治三年修建公字两进
4	仁乡樊氏宾兴	道光年间	合族公建	生童岁科试及乡会试程仪和川资
5	泰乡八都宾兴	咸丰元年		同治四年建馆本都，举人涂家杰有记
6	内四都宾兴	咸丰七年	合都公建	
7	泰乡五都五魁宾兴	咸丰十年		
8	泰乡七都宾兴	咸丰年间	岁贡徐步衢	
9	崇武宾兴	同治三年	崇武二乡建	邑举人温其玉有记
10	陈氏宾兴	同治四年	合族公建	
11	鳌峰宾兴	同治五年	合乡公建	
12	奉乡新街宾兴馆		云记公建	为岁科新进文武新生束修随封之资
13	奉乡宾兴馆		合乡本籍公建	
14	武乡带溪宾兴		合族公建	
15	武乡光记宾兴		光记公建	为岁科试新进及文武生员束修之资
16	仁乡至德堂宾兴		吴祠合族公建	文士岁科乡会试悉酌给川资

---

① 同治《义宁州志》卷13《学校志》，第62页。

续表

序号	名称	创建时间	创建者	资助对象及其他
17	武乡宾兴馆		合乡本籍合建	生童岁科岁科试及乡会试程仪花红
18	四都宾兴		合都公建	
19	凤山陈祠宾兴		个人捐资	乡会两试获隽花红生童资斧悉取给
20	周氏宾兴		合族公建	族中生童
21	毓元宾兴			
22	泰乡二三六都宾兴		三都公建	生童岁科及文武乡会试花红赆仪

资料来源：同治《义宁州志》卷13《学校志》，第62—64页；杨品优：《科举会社、州县官绅与区域社会——清代民国江西宾兴会的社会史研究》，附录，中国社会科学出版社2018年版，第237—239页。

由上表可知，义宁州"小宾兴"和宗族性宾兴组织呈现出两个特点：一是在有创立时间的11个宾兴组织中，有4个创于咸丰朝之前，7个设于咸同时期；二是从创建者来看，除2个为个人所建外，其他为合乡、合都或合族共建，其中合都共建的有4个，合乡共建的5个，合族共建的5个。这两点表明，义宁州的宾兴组织具有乡族性特征。这种特征的形成，与宾兴会设立的基本原则和运作规则密不可分。现以崇武宾兴会和内四都宾兴会为例，略加说明。

崇武宾兴设于同治三年（1864），经费起初来自武乡山口市油行的抽资，后由乡人捐资乐助。同治五年（1866），宾兴会购置山口市李姓铺基，建造了宾兴祠，"祀文昌以司阴骘，列主牌以旌表义士，严规条以端士习，给红花川资以示奖励"。祠宇建造后，崇武宾兴会制定了章程，规定总理2人，副理2人，三年一举，文武生童和各类功名均有相应资助。[①] 但是，章程对捐资的地域范围进行了严格限定：

> 崇武两乡，地方辽阔，兹特划清界限，庶无鱼目之混。下武乡自金鸡桥由田浦至枫树坳在五都界内为止，上武乡自交古由水洋坪至港

---
① 《崇武宾兴志》卷1《章程》，光绪二十一年刊，第1—2页。

口为止。崇乡自港口及枫林洲下至程坊大屋厂为止，其余境外概未捐输。①

为了鼓励乡人积极捐助，宾兴会采取了定额分层、捐资进主的方式。第一则为四十千文，第二则为二十千文，第三则为十三千文，第四则为十千文。每位捐户无论选择何种标准，均可将一位祖先的神主供入宾兴祠。神主上不仅注明居住的乡都和地名，还可以列出祖孙三代的名字。

内四都宾兴会创建于咸丰七年（1857），起因是州城的宾兴会，"各乡有成有不成，且不独八乡为然。即一乡之中，都分不一，亦有成与不成者"。该宾兴会规定，捐户一律比照州城宾兴会的标准，凡捐"二十五千文以上，进立主牌"，神主上写明都内地址。此后，该宾兴会在同治和光绪时期分别进行了续捐，但捐资的标准有所变动，出现了从二千文、三千文、五千文至五十千文不等的数额。但是，与崇武宾兴会不同的是，内四都宾兴会的捐助具有鲜明的强制性。如该宾兴会首事、乡耆余得珠就说："所有都内应捐不捐者，后人永无分，亦不准复入，以为吝财者戒是举也。"② 这种强制性，在一定程度上可以解释都内之人后续捐助的现象，但捐资不一的情况，则说明宾兴会做出了相应的调适，以取得更多都内人士的认可和捐助。

崇武、内四都两个宾兴会的历史表明，同光时期江西乡村宾兴会的发展，既是战前宾兴组织的延续，又有着特定时代特征。这种以乡都为地域范围的宾兴会，既强化了乡人对宾兴会的认同感，有助于文化秩序的建立，又促使其形成一个具有内闭性的组织，并在清末新政过程中，演化为地方自治组织。③

---

① 《崇武宾兴志》卷1《章程》，第2页。
② 《内四都宾兴志》，记，光绪十年刊，第5页。
③ 杨品优：《科举会社、州县官绅与区域社会——清代民国江西宾兴会的社会史研究》，中国社会科学出版社2018年版，第156—168页。

第三节 育婴与教化

清前期，江西的育婴组织大多以育婴堂的名义出现，设立于少数城镇，呈现出鲜明的官方色彩。同光时期，江西乡村社会出现了大量的"育婴会""拯婴社""备育仓"等各类育婴组织。这些组织的创立，有着多元的方式，是士绅、宗族和会社等各种力量独立推动或合作的结果，是乡村社会教化的重要组成部分。

一 育婴组织的设立及其方式

清代江西城乡溺女之风盛行。如时人称："江右属扬州域，考周礼职方氏，其民三男五女，女多于男，自古已然。故贫薄无力之家，虑畜养无资、遣嫁无具，举女者间忍而溺焉。虽通都大邑不免，而穷乡僻壤可知已。"① 此外，溺女之俗在各县方志记载中屡见不鲜。如南昌县"俗多溺女"，而"新邑不免"。② 龙泉县南江口"素浑朴而溺女之风，在所不免"。③ 在地方官员看来，溺女之俗不仅上逆天道，还下致兵祸，有必要加以革除。如江西巡抚沈葆桢就说："照得溺女上干天和，愚民扭于积习，杀机所感，致酿兵荒。本部院触目伤心，亟图拯救。"④ 为此，各级地方官员纷纷在城镇设立育婴堂，收养女婴。如省城育婴堂，为康熙十九年（1680）江西巡抚安世鼎檄令南昌、新建两县合建。此后，该堂的经费一直得到官方资助。乾隆十五年（1750），清政府为支持各地育婴堂建设，"定江西省城育婴堂每年耗羡内给银四百两"⑤。自道光朝始，省城的育婴事业官方

---

① 同治《丰城县志》卷26《艺文志》，第161页。
② 康熙《新建县志》卷12《风俗》，第9页。
③ 同治《龙泉县志》卷16《艺文志》，第101页。
④ 同治《南昌县志》卷2《建置》，第5页。
⑤ 光绪《江西通志》卷94《恤政》，第1页。

色彩逐渐减退，以士绅和商人为首的地方精英开始介入其中。道光三年（1823），在南昌知府贺长龄的倡导与士绅的操作下，育婴堂再次得到修缮。至同光时期，以南昌县举人刘于浔为代表的士绅阶层，对各地育婴堂进行了全面重建，成为城市育婴事业的实际管理者，形成了"经管不涉官吏，无额育之限，费巨制备"的局面。①

与此同时，江西乡村社会的育婴组织有了明显增长，广布于村落和墟镇。它们有的称"育婴会"，有的称"育婴社"，或称"育婴局"。如广信府贵溪县除县城设有育婴局之外，境内十五都一图、七都和二十三都各设有育婴会，"每名极贫者给折钱八千文，次贫者给折钱四千文"。铅山县河口镇三堡、湖坊、上港和港东各设育婴局，兴安县二十都葛源立有育婴同善堂。广丰县6个保婴局，分别设于城内东街三官庙、四都观音阁、五都、六都、七都普仁庙左和二十九都洋江殿。②南昌府丰城县从咸丰九年（1859）至同治十二年（1873），先后出现了育婴堂、荷湖育婴会、六团育婴会、一坊义字段育婴会及义智信三段备育仓5个育婴组织。③义宁州共有18个保婴社，分别在泰乡四五都、崇乡四十七八都马坳市、西乡七十都、七十二都，仁乡小洞、东皋、东源、坳头、上杉六十一都、大桥六十四都、水源、高乡新庄、崇乡四十九都司前、上奉乡十九都、仁乡河坪坳头、西乡七十一都、崇乡五十一二都、安乡十三都箬竹。④袁州府萍乡县新增的10个育婴堂，全部分布于县内各乡或墟市。具体情况可以参见下表。

表4-4　　　同治时期萍乡县内各乡育婴组织的基本情况

序号	设立时间	地点	创建方式与创建者身份	费用开支
1	同治五年	钦风乡塘溪	知府衔汤孙捐资设立	田租给发诸费
2	同治五年	遵化乡周江边	封员李锡璠等倡率族人、里人醵资设立	钱租取息给发诸费

---

① 光绪《南昌县志》卷9《建置下》，第4页。
② 同治《广信府志》卷2之2《建置志》，第55页。
③ 同治《丰城县志》卷26《艺文志》，第161、173页。
④ 同治《义宁州志》卷9《建置志》，第20页。

续表

序号	设立时间	地点	创建方式与创建者身份	费用开支
3	同治六年	归圣乡大宁里四图	举人欧炳琳、副贡李光藻、生员刘玉莹、里人捐资创设	田租给发诸费
4	同治十年	黄图阳坊境内	里人醵金设立	山田租息，给发诸费
5	同治前期	安乐乡上栗市	安乐司巡检高昌立与柳应奎等4名士绅倡率里人醵资设立	田屋租息，给发诸费
6	同治前期	观化乡崇贤里乾村	候选府经历苏汝作捐资设立	田租取息，给发诸费
7	同治前期	麻山	知府衔段兰友捐资创设	田租取息，给发诸费
8	同治前期	观化乡后埠里五里井	里人醵钱设立	钱租取息，给发诸费
9	同治前期	长丰乡宗间	监生王敬衔倡率里人醵金设立	田租取息，给发诸费
10	同治前期	长丰乡秒泉	州同职黎尊魁捐资设立	田租取息，给发诸费

资料来源：同治《萍乡县志》卷2《建置志》，第22—23页。

这些乡村育婴组织的创建，当与地方官员的倡导有关。但是，就创建者的身份及其经费来源而言，具有内生性和多元性，是乡村社会中士绅、商人、宗族和会社等力量独力或合力促成的结果。现根据相关史料，将其创设的方式分述如下。

一是绅商创设。如丰城县荷湖育婴会由军功周模安等人倡建，"捐五工者有监生黎欢桐，捐百金者邹承栋，余散捐共记田数十工"。董事有附贡张丙照、夏焕昌，例贡张启文，生员杨龄、李分，监生周焕奎、熊立中、聂廷彪，职员邹化行、万文炳、邹崇恤、邹广知、胡开第。义智信三段备育仓则是由在湘经商的"陈显萃诸君倡之，在客湘者中劝捐"。① 同治二年（1873），德安县仁胜堡士绅容含玉、李海曙、李含辉、朱名声、洪止孝、徐世官等捐设育婴会，"酌议近堡有艰于育女者，初生三月，每月给钱一千文"②。奉新县"进城乡育婴会，同治六年（1877）生员赵策章等倡劝捐费，收养近地女孩。新兴乡故埠、游茗、青树、厚城、兴隆五围育婴会，同治七年（1878）封职谌召棠、监生邹召南、生员晏心一、雷鼎铭、

---

① 同治《丰城县志》卷26《艺文志》，第161页。
② 同治《德安县志》卷4《寺观》，第12页。

谌方舟等倡劝捐租，共六十八石三斗五升，钱二百余千文，以为近地育婴之费"。①

二是乡人共创。如丰城县六团育婴会是在乡人何人凤倡导下，按股劝捐。董事由六团各推二人，加上何人凤共13人组成。一坊义字段育婴会由"孙谋及义段诸君倡立"，其他人自愿捐助。② 奉新县从善乡育婴堂"在乾洲河南登云集内，同治六年随图敛费，按名散给。同治八年（1879），本乡绅富复捐千余金外，又设立牛痘局公费，请医师引种，乡人便之"。③ 萍乡县观化乡后埠里五里井、黄图阳坊境内的育婴堂，都是"里人醵金设立"。④

三是宗族创设。光绪时期，新建县大塘程氏宗族"因江浙俗多溺女，吾乡亦不免"，于是"设立禹思堂生会，以救族间之贫乏者，近邻愿入会者听。除初生不给外，嗣后每女给谷二石，双生者五石"。⑤ 萍乡县石溪周氏亲睦堂四房人士认为溺女上干天怒，于是"公同磋商，祠会提捐租谷为之倡，裕兴会、有怀堂、省斋会多寡捐租输谷为之和，仰在祠内建仓积储，玉成一育婴会。每岁出陈易新，发借本祠子孙及本境族邻"。⑥ 萍北朱氏设立育婴会后，还制定了详细条规，以保证育婴会的持续与扩展。其内容如下：

　　一此会专为合族育女而设，生女之家即日报知会首。三朝给钱一挂，满月给钱二挂，不得预支。贫富同。

　　一族中有难养女、周岁内与人抱养为媳者，除三朝满月如期给费外，加给钱二挂。又有女既与人抱养而复自乳媳者，另助钱二挂。二项非赤贫者不给。

　　一族中有养女不愿领费，富者固非要誉，贫者更属可嘉。即将应

---

① 同治《奉新县志》卷4《官署》，第19页。
② 同治《丰城县志》卷26《艺文志》，第173—174页。
③ 同治《奉新县志》卷4《官署》，第19页。
④ 同治《萍乡县志》卷2《建置志》，第22—23页。
⑤ （清）程鼎芬：《程氏三世言行录》，光绪年间刊本，第14页。
⑥ 《石溪周氏族谱》卷末《簿序》，民国年间修，第3—4页。

给钱数注明年份,刊作本人捐项,以示不没人善之意。

一族中有不愿领会、私自溺女者,一经查出,本人夫妇及家长罚停祠内与祭饮酒三年,并罚钱三挂归会,以示惩戒。违者公同禀官究治,决不徇情。

一族中生女有初举及三朝内不育者,虽不给费,亦须报知会首。非惟杜弊,正使为父母者不致枉受杀女之谤。

一会内钱谷不多,公择殷实诚悫者暂行管理。每年并不置酒,惟中元凭众核明出入数目,登载大簿。俟有余积,公同置产,不得擅专。

一我族丁口日繁,恐生女者多,势难接济。自后有力之家,未捐者不妨补捐,已捐者不妨加捐。务须永远奉行,不失义举。

一公议会盛之日,只可增给育女一项,不得应酬他务。①

当然,除了上述三种方式外,同光时期江西乡村育婴组织的创建,还存在各种力量联合的情况。它们有的是士绅与乡人共同捐资,有的是宗族与里人共同出钱。如萍乡县遵化乡周江边育婴堂,由封员李锡璠等倡率族人、里人醵资设立。归圣乡大宁里四图育婴堂,由举人欧炳琳、副贡李光藻、生员刘玉莹和里人捐资创设。安乐乡上栗市育婴堂,是安乐司巡检高昌立与柳应奎等4名士绅,"倡率里人醵资设立"。长丰乡宗闾育婴会,由"监生王敬衔倡率里人醵金设立"。② 这些不同创建方式,极大地动员了乡村社会的各种力量,成为乡村社会秩序重构的一部分。

二 育婴与教化

为消除溺女"恶俗",教化乡民,江西地方官员先后颁布禁令,严禁民间溺女。康熙四十六年(1707),巡抚郎廷极发布《禁溺文檄》。乾隆三

---

① 《萍北朱氏族谱》卷首《序》,光绪二十年修,第3页。
② 同治《萍乡县志》卷2《建置志》,第21—23页。

十七年（1772），按察使欧阳永荷颁《严禁溺女示》，声明如有溺女之家，"牌邻人等即报知保甲，举首地方官，治以故杀子孙之罪。牌邻坐视不行救阻及不报明保甲，经官访闻，或保甲查首，将牌邻照知人谋害不阻当律治罪。如牌邻报知保甲，保甲徇隐不报，一体连坐"①。乾隆四十五年（1780），广信知府康基渊作《设立婴长责成稳婆拯救女婴序》，主张城关设立六名稳婆，各给田七亩，"责不溺女，有则举首。设婴长一名，给田十九亩零，使稽查稳婆。择委绅士八人，主持其事，董理一切"②。可见，这些官员力图借助牌邻、保甲和士绅这一乡村社会的治理体系，达到杜绝溺婴、教化百姓的目的。

同光时期，尽管地方政府已将育婴活动置于士绅之手，但仍然从社会教化的层面对溺婴现象予以禁止，或是颁示禁令，或是倡导地方族姓或殷实之户设立育婴组织。如南康县塘江保婴会，"同治六年潭口巡检司方蠡鸿倡劝堡中殷户捐置店房四所，育婴二十口。每口按月给哺资五百文，由潭口巡检填给印照，期年而止。其经费轮选公廉绅耆董理"③。光绪六年（1880），江西学政颁布告令，要求各州县儒学承担起育婴之责。他认为，"士为四民之首，乡里观瞻所系，平时之观戒易从，物舆民胞，责在吾党"，各州县儒学要召集"在学生员暨贡监人等，察其公正廉洁及家道殷实，素为里党推服者，劝令兴办。仿照丰城县六文会章程，切实举行，以期愈推愈广，办有成效"。④

在各级地方官员的倡导下，育婴事业成为地方大族积极参与的公共事务。如龙泉县人康宏绪在《南江口两都设立拯婴社记》中说道：

> 吾乡素浑朴，而溺女之风在所不免。岁丙寅，奉抚宪刘、学宪何

---

① 同治《广信府志》卷2之2《建置志》，第56页。
② 同上书，第57页。
③ 同治《南康县志》卷2《寺观》，第9页。
④ 《新育婴会志》卷首《札》，光绪二十一年刊，第6页。

颁给示谕，教以立会之法，于是乡之著姓若李、若康、若樊及方、黄、曾、郭、王、陈、钟、张、林、朱等姓之好义者，欣然欲小试焉。因抚宪六文章程而变通之，相与捐赡租钱，禀请县宪王核定规条，设立拯婴社于南江口之市。每贫民生女，酌给乳哺谷二石，岁活女婴数十名。既而费不支，复得安石张姓捐谷六十石有奇，藻林林、郭、刘、朱、宋等姓亦各捐租钱益之，计得田租一百三十石有奇，钱二百余缗。旋以市无公地，收发不便，构屋数椽于市之西偏，与万寿宫垣相属左置一厅，祀尚义者主也。右设仓房，为收储钱谷及经事驻足地也。附建广生宫于万寿宫左侧，以注生大士、二圣姥主之，亦神道设教之意也。①

从上引文可知，南江口育婴社的成立，是地方官员教化措施在乡村社会实践的结果。在此过程中，先是当地的李、康、樊三大姓氏和方、黄、曾、郭、王、陈、钟、张、林、朱等姓氏"相与捐赡租钱，禀请县宪王核定规条"，后由安石张姓捐谷和"藻林林、郭、刘、朱、宋等姓捐租钱益之"。另外，该社还建造了房屋数间，其中一间供奉捐资者进送的神主，作为义举之回报。更为重要的是，该社还在万寿宫左侧建造了广生宫，祭祀注生大士和二圣姥。这种从育婴到祭主，再到祭神的演进，在一定意义上表明该育婴社不仅仅是拯救女婴，还具有鲜明的神道设教之意。

同光时期，一些市镇的育婴组织不仅经历了类似南江口育婴社的演变，还逐渐发展为"育婴局"，成为具有半官方性质的权力机构。樟树镇存婴社即是其中之一。

根据史料记载，同治元年（1861）樟树镇就有了育婴活动，但未形成实体化的组织。如同治《清江县志》记载："樟镇、中洲、西乡、南乡有

---

① 同治《龙泉县志》卷16《艺文志》，第101页。

存婴社，各筹费散给，俱未建堂。"① 一份光绪二十九年（1904）的史料则说："樟树镇立社存婴，自杨君虚谷、张君丙斋、陈君奎垣、张君鹄丞诸君子始，迄今四十有二年。"②

存婴社成立后，为了筹集费用，制定了相应条规，指出该社的目的是改变溺女的不良风气，淳厚人心："联社拯婴，冀全生命，而挽颓风，普愿生女之家，为父母者当思自己骨肉，留养勿溺，以存伦理，以厚人心，因名之曰存婴社。"不过，创社者认为，存婴不必设堂所，由存婴社给予婴儿父母一定费用，"自为乳哺"。如此，既可以让女婴得到照顾，又省去聘请和管理奶妈之劳。此外，创社者明确了筹集经费范围。除了樟树镇，还包括附镇乡村及各乡："樟镇一隅，地方狭小，铺户无多，捐助随人，并不勉强。然默计所入，不无小补，爰仿各处章程，因地制宜，变通商办，权就附镇乡村及有首事捐输之处，开先试行，酌尽捐数多寡，每月可给养女婴几何为限。若距镇稍远，为望各乡善士接踵举行。庶几他山有助，惠泽无涯。"③

为了最大限度地筹集经费，该社除了劝募之外，还采取了行店设簿、客带缘簿、写捐和散捐等方式。所谓"行店设簿"，指的是在樟树镇各帮行店，存放缘簿，任过往客商捐资："凡我镇各帮行店，有愿襄善举者，店中存放缘簿一本。过有往来客商，知交善士，请助善缘。或书会股，或书特捐，或随书现缴，或陆续兑存，一月一结。庶几众擎易举，集腋成裘，亦不费事。"所谓"客带缘簿"，就是让本地人至外地城镇时，随身携带缘簿，向当地仁人和家乡义士进行募捐，然后将募集到的费用寄回樟树镇存婴社。所谓"写捐"，指让没有捐资之人，可以到存婴公局或者到首事处留下名字，登记捐款数额。公局和首事汇集后，由专人前往照收。所谓"散捐"，指捐资者自行派人将钱送到公局，每100文可以扣除5文作为脚力钱。如

---

① 同治《清江县志》卷3《公署》，第11页。
② 《存婴录三集》，述略，光绪二十七年刊，第1页。
③ 《存婴录三集》，拯婴条规，光绪二十七年刊，第1页。

果送钱之人不认可这一标准,则任由其交钱,公局给予收票。①

随着经费的增加,存婴社自同治二年(1863)至光绪七年(1881),先后购置了大量店屋和义山,并于同治十一年(1872)在守府前街,建造存婴社公宇一厅,作为社内董事办公之所。社内设总理一人,协理一人,分理十二人,由同社公举老成廉正之人担任。这些人员分工明确,"总理酌办存婴事物,总司簿籍,管束雇工,从容坐镇。协理助之,分理输流司月,分存钱项,管理进出,一人一月。总理、分理簿记连环,上首不清,下手不接,以杜弊而图久远"②。

在拯婴过程中,为了避免谎报初胎、改名重报、指男为女等弊端,杜绝溺女之风,存婴社制定了相应的条规,将族长、士人、邻右、保甲以及稳婆等人,与存婴行为连为一体。其内容如下:

> 生女之家,果系赤贫,难以存活,并非初胎长女,必于婴孩初生十日之内,自请族房、斯文、邻佑并樟镇铺家图记,出具保结,赴局报明,并将该父母姓名、女婴乳名、生庚、漩涡一并详明登簿,盖用戳记,以便查验。倘非赤贫,或系初胎长女,及改名重报、指男为女者,查出,本身与保人同罚。即或无此情弊而迟至一月后才来投报者,不无别情,纵有邻保亦不答应。糊缠放肆者,公□□者□□。
>
> 拯婴之意重在止溺,止溺之方务归善全。应请责成地方斯文便于查察,族长、稳婆易于劝阻,务使愚夫愚妇不得忍心溺女,干犯阳律天条。如劝阻不听,即赴局报明,就近禀官究惩。如漠视不阻,扶隐不报,一经察觉,除请治溺女者本罪并稳婆罪咎外,斯文、族长知而不言,自昧其德,有干冥罚,愿共懔之。③

---

① 《存婴录三集》,拯婴条规,光绪二十七年刊,第3页。
② 《存婴录三集》,述略,第1页。
③ 《存婴录三集》,拯婴条规,第4—5页。

由条文可知，族长、士人既要在出具保结上，与邻佑和铺家图记一起发挥作用，还被赋予查察溺婴之责。如果生女之家被查出有谎报初胎、改名重报、指男为女等行为，族长和士人要与生女之家一同承受处罚。对于溺婴行为，士人和族长如"知而不言，自昧其德"，虽不受刑责之罪，但会受到冥罚。当然，在现有资料中，我们没有看到族长、士人受罚的记载，但存在一些个人和商铺受罚的情况。如"新街铁店，罚款足钱五千三百文。泽上熊姓，罚款足钱三千文。（水泽）杨仁兴，罚款足钱一千文。（本街）皮匠某，罚款洋银七两二钱。（雷家）巷水夫，罚款足钱七百八十文。泰丰行，罚款足钱一千文。吴裕泰（两次）罚款洋银二十八两八钱。罚款共收烟平洋银三十六两正，足钱一十千另八十文。"① 这说明存婴社具有了一定的权威，能够对违规行为采取相应的处罚措施。

光绪九年（1883）后，存婴社的捐款网络不断扩大。捐款者既有本镇商户，又有各乡民户。既有本乡在湖南湘潭和常德府的商号，又有湖北船帮和汉口仁寿宫。款项来源既有各处客捐，又有同社首事的常捐和特别捐，也有樟树镇厘金局官员的捐助。既有先前的六文愿捐，又有后期的一文愿捐。这个官员与首事、乡民与铺户、主户与客商等各种因素构成的网络，充分说明存婴社及公局已非民间性的组织，而是一个具有官方色彩的权力机构。

第四节 层级化的昭忠祠

祠庙系统的重建，是同光时期江西士绅恢复乡村社会秩序的另一项重要内容。一方面，他们在城乡建造了昭忠祠，祭祀在战乱中阵亡的团绅和兵勇，彰显他们的忠义之举，形成了多层级的祠庙系统。另一方面，他们借助方志编纂和族谱编修，为在战乱中遇难的乡人或族人作传，树立道德典范。通过重建祠庙和传记书写，士绅将儒家的道德价值进一步渗入乡村社会。

---

① 《存婴录三集》，罚款杂款，第28页。

一 昭忠祠的重建

雍正二年（1724），清廷为"褒奖忠勋"，在京师设立"昭忠祠"，"祀本朝王公大臣官员之全忠尽节者"。至嘉庆朝，这一纪念制度发生了变化，各直府昭忠祠随之建立，"凡阵亡文武大小官员及兵丁乡勇，各按本籍入祀致祭"①。地方军事化时期，在与太平军交锋过程中，曾国藩率领的水师、刘于浔领导的"江军"及各县团练有大量人员阵亡。为此，他们积极利用昭忠祠这一系统，呈请为阵亡人员入祀建祠，表彰义举，重建社会道德秩序。

咸丰八年（1858），曾国藩奏请在湖口、九江建立祠宇。得到咸丰帝准许后，他在湖口石钟山建立水师昭忠祠，在九江府城建立塔齐布祠，按照各府昭忠祠之例，春秋致祭，以褒忠节。②次年，刘于浔重建了余干县康郎山忠臣庙，建造了江军昭忠祠。③战争期间和战后，为了彰显这种忠义行为，刘于浔及各县士绅纷纷在省城、县城和乡村，重建或新建了昭忠祠，祭祀阵亡人员。在省城南昌，不仅建有祭祀全省绅民的昭忠祠，还设专祀"江军"阵亡将领和兵勇的昭忠祠。如史料记载："昭忠祠，在百花洲，祀军兴以来本省绅民弁勇殉节于各郡县，及各直省官吏弁勇之殉节于江右者凡若干人。"④"江军昭忠祠，在惠民门外洲观音寺北，毁于兵。同治七年，南昌统领江军刘于浔即其地率弁田明义等捐建祠宇，祀水师营历年战殁文武员弁，祠归寺僧习禅专管。"⑤

除南昌城外，其他府城也建有昭忠祠。如吉安府"昭忠祠，在府学教

---

① 光绪《钦定大清会典事例》卷451《礼部·群祀·直省昭忠祠》，第1页。有关晚清旌恤制度变化，见魏星《清咸同时期战争旌恤与纪念制度研究》，《学术研究》2019年第4期。
② 光绪《江西通志》卷首之四《训典》，第31页。
③ 同治《南昌县志》卷7《典祀》，第18页。
④ 同治《南昌府志》卷13《典祀》，第33页。
⑤ 同上书，第34页。

授署右,咸丰九年庐陵彭世德建,祀六年殉城按察使周玉衡、吉安知府陈宗元、吉安营参将柏英以下文武员弁、绅幕共七十余人"。① 袁州府"昭忠祠,在治西关帝庙左,祀阵亡弁兵十一人,嘉庆八年建。同治间,协镇副将贺抡元改建署后箭道内,增祀阵亡弁兵"。② 建昌府昭忠祠,"一在府学左,咸丰间奉旨建,祀福建副将陈上国并殉难勇丁及士女死节者,合祠以祀。同治元年知府黄鸣珂偕郡绅创建置田"③。广信府昭忠祠"一在马王庙内,祀咸丰三年城陷战死兵丁一百十四名"。④

县级的昭忠祠为数更多。从这些祠庙祭祀的对象来看,大致可分为以下四种。一是专祀士绅和团勇。如泰和县昭忠祠,"在快阁右,祀咸丰间御寇殉难胡大魁、张捷魁、颜芳秋、孙廷锦、郭英楷、曾其恕、孙葆初、罗连三、梁作晖以次诸人,凡阵亡勇目皆附焉。同治二年合县公建"。南康县昭忠祠,"在典史署右义仓内,祀咸丰间御寇阵亡绅勇邱炳春、刘泰岁等三千三百二十三人"⑤。

二是专祀地方官兵。如铅山县昭忠祠,"在东关外演武场左,咸丰六年兵毁,同治九年都司艾连升重建……续祀咸丰间死粤寇都司吴广生、把总陈炳及兵丁十二人"。德化县昭忠祠,"一在镇署左,同治七年镇宪黄开榜倡首捐建,内祀前镇马襄愍公、镇标各营自咸丰三年起阵亡殉难各员弁兵丁,并筹给公费,置有租石"⑥。兴国县昭忠祠,"在都司署右,嘉庆八年奉文建,祀从征湖北阵亡兵谌荣等十八人,咸丰间增祀各处陆续阵亡兵钟荣光等一百零二名"⑦。

三是合祀官绅和团勇。如上犹县昭忠祠,"在东门内,同治七年知县邱文光建,祀历年阵亡殉难官绅兵勇"。定南厅昭忠祠,在城内文昌宫右,

---

① 同治《吉安府志》卷 8《府庙祀》,第 27—28 页。
② 光绪《江西通志》卷 74《坛庙二》,第 22 页。
③ 光绪《江西通志》卷 76《坛庙四》,第 30 页。
④ 同上书,第 45 页。
⑤ 光绪《江西通志》卷 78《坛庙六》,第 9 页。
⑥ 同治《德化县志》卷 1《寺观》,第 7 页。
⑦ 同治《赣州府志》卷 13《祠庙》,第 25 页。

"祀咸丰七年死难同知姚世恩,并国初知县曹邦伟、典史蔡国相,以阵亡增生廖仁从、从九陈步霖等配祀"①。乐平县昭忠祠,"在儒学东,祀知县李仁元及阵亡士民,咸丰九年建"②。乐安县昭忠祠,"在壮武祠左,祀殉难知县靳丹书高学易,典史潘维新暨绅民衿,咸丰九年合邑捐建"③。

四是群祀官绅和兵民。如庐陵县忠义节烈祠,"在石阳书院前,咸丰十年合县建,前堂祀阵亡举人、赠知县衔罗子璘与死节绅士、兵勇民团,及遇贼被难者共数千人,颜曰'忠义'"④。万安县昭忠祠,"统领飞虎营总镇遮克敦布以从贼邱姓民房改充,祀官绅为国捐躯、兵勇打仗阵亡、士民在家遇害者"⑤。新喻县昭忠祠,"在三刘祠右,初为忠义节烈二祠,祀咸丰七年御寇阵亡水北司巡检沈庆安、团长监生敖崇德、零都训导蒋昆,及阵亡丁勇、殉节妇女,知县刘道衡建。同治九年,知县祥安祠前后死绥绅民于此,祀节烈后堂"⑥。零都县昭忠祠,"在县署后,咸丰七年丁巳奉旨敕建,祀粤寇陷城殉难官绅及兵勇妇女诸人"⑦。新城县昭忠祠,"在城东报恩寺前,同治五年奉文建,中祀殉难邑侯诸葛槐、邑绅杨堃、陈麒昌,左祀殉难诸绅,右祀殉难殉难联丁凡三千余人"⑧。

省府县三级昭忠祠的创建,极大地激发了乡村大族巨宗,尤其是在军事化期间组建了团练的士绅和宗族,建祠立庙,彰显忠义的热情。如咸丰七年(1857)至咸丰十一年(1861),南康县除县城建有昭忠祠外,各乡还建造了26座昭忠乡祠。⑨此外,一些州县出现了诸多名为昭忠祠、义勇祠或忠勇祠的祠庙。现依据相关史料,将这些祠庙的基本情况制成下表,

---

① 光绪《江西通志》卷78《坛庙六》,第1、27页。
② 光绪《江西通志》卷77《坛庙五》,第13页。
③ 光绪《江西通志》卷76《坛庙四》,第23页。
④ 光绪《吉安府志》卷8《庙祀》,第43页。
⑤ 同治《万安县志》卷7《祠祀志》,第20页。
⑥ 光绪《江西通志》卷74《坛庙二》,第47页。
⑦ 同治《零都县志》卷5《祠庙》,第59页。
⑧ 同治《建昌府志》卷2《坛庙》,第15页。
⑨ 同治《南康县志》卷2《昭忠祠》,第13—14页。

以资参考。

表 4-5　咸同时期江西乡村昭忠、义勇等祠基本情况

序号	祠名	创建时间	所在县乡	祭祀对象
1	潭埠昭忠祠	咸同之际	武宁县江阴乡四十八都潭埠街	阵亡团勇
2	忠义祠	咸同之际	武宁县江阴乡	廪生余源等274名
3	青塘昭忠祠	同治九年	雩都县北乡青塘墟	团勇数十人
4	畬岭昭忠祠	同治九年	雩都县南乡丰乐墟	张鹏举与团勇
5	庄埠忠勇祠	同治三年胡宜敏等倡建	会昌县鼎新墟	祀咸丰间阵亡团丁
6	教忠祠	咸丰十一年六九都十二都公建并置祭田	彭泽县瀼溪港	死事乡勇107人
7	昭忠祠	咸丰九年四知局绅耆公建	乐平县北乡沿沟村	死事绅勇
8	尚义祠	咸丰九年克和局绅耆公建	乐平县北乡八涧桥村	死事绅勇
9	昭义祠	同治四年成城局合建	乐平县北乡雁挡村	死事团勇
10	昭忠祠	咸同之际治功局合建	乐平县城西门外	12名团勇
11	上乡忠义亭	同治七年	余干县孝诚乡	团练殉难绅民
12	义民祠	同治年间	余干县坂首邮	同心局殉难绅民
13	昭忠祠	咸丰年间	兴国县衣锦乡三都	
14	昭忠祠	咸同之际	鄱阳县北冲坞	祀保和局阵亡绅勇
15	忠义祠	咸同之际	鄱阳县十六都	沈李二令尹及全保局阵亡绅勇

资料来源：光绪《江西通志》卷73—78《坛庙》、同治《饶州府志》卷4《坛庙》、同治《雩都县志》卷5《祠庙》、同治《武宁县志》卷11《坛庙》、同治《乐平县志》卷2《坛庙》、同治《彭泽县志》卷3《祠庙》。

与上述三种昭忠祠相比，虽然尚义祠、忠义祠等祠庙的建立要得到朝廷许可，但是在祭祀对象和经费等方面，都与士绅或宗族有着密切关系，具有鲜明的乡族特征。首先，这些祠庙都是地方士绅利用团练经费或捐资创建。如彭泽县教忠祠，"除援例请卹外，本局公议为置田若干亩，择老成殷实者司其出入"[①]。乐平县城西昭忠祠，是治功局"以局存余资买隙地

[①] 同治《彭泽县志》卷3《祠庙》，第57页。

鸠工庀村斫木搏土"而创。北乡尚义祠经费和昭忠祠经费，都是"监生王宅仁等捐田八十九亩一分六厘入祠供祭祀"①。其次，从祭祀对象上看，这些乡村祠庙均专祀阵亡团勇或死于战事的乡人。这一点，从上表最后一列的内容可以印证。最后，这些祠庙的创建，与地方大族有着密切关联。如武宁县潭埠昭忠祠，为进士余瓒馨请旨公建。该祠祭祀对象中，余姓占据79名。在全县入祀南昌府昭忠祠的9人中，有8人为余氏子弟。② 雩都县畲岭昭忠祠祭祀的主要对象张鹏举，其族弟炳不仅在建祠过程中"经理其事"，还在建成后请同邑举人何戴仁作记。③ 这些特征表明，乡村昭忠祠的出现，既是士绅在官方制度背景下，倡行忠义和塑造典范的产物，又是地方大族利用文化资源，拉近自身与王朝关系，表达政治利益的结果。

二　方志和族谱中的"忠义"

在战后社会秩序重建的过程中，方志编修和重修族谱是两种既存在一定差别，又紧密相关的文化活动。但是，无论在哪种活动中，强调"忠义"这一道德价值观念和行为典范，都是它们的重要目标之一。如同治《武宁县志》编修时，确立了这样的原则："自甲寅军兴以来，兵勇案牍系多，并仍仿纲目例条纪事编年。其官绅士女殉难芳名无论已请从祀、未请从祀者，均附入昭忠祠后，以为忠义劝。"④ 同治《定南厅志》则说道："坛庙非列在祀典者，不敢滥登……而羊角姚公祠暨城内昭忠祠，则皆身死王事，节光日月，无愧食报于馨香，亦一体登载，用昭激劝。"⑤

除了确立总体原则外，士绅还通过单篇记文，对忠义之人和忠义之举进行诠释。如同治十年，南昌士绅刘于浔在主修《南昌县志》时，就将作

---

① 同治《乐平县志》卷2《坛庙》，第50页。
② 同治《武宁县志》卷11《坛庙》，第51页。
③ 同治《雩都县志》卷14《艺文志》，第117页。
④ 同治《武宁县志》，凡例，第13页。
⑤ 同治《定南厅志》，凡例，第2页。

于咸丰九年的《康山江军昭忠祠记》收入其中。在该文中，刘氏认为，"自古士之成大节、享合名、生为名将、殁为明神者，其灵爽式凭虽旷世可与为邻，而江山为之生色"。在康郎山忠臣庙旁创建昭忠祠，"前贤往矣，后劲何惭，于此见国家养士之隆而食报之不爽也"①。当然，作为全省团练大臣，刘氏之文重点在于凸显王朝对于士人的褒奖，激励士民为朝廷尽忠。在一些县城昭忠祠的记文中，士绅立足地方教化，大加阐发。如新喻县士绅刘韵在《昭忠祠记》中认为："忠节乃宇宙之大闲，褒崇实朝廷之盛典，士之赴义固可嘉。"建立昭忠祠，不仅可以"妥贞魂于幽冥，亦以见显忠遂良，用垂永永"。乡民"拜瞻栋宇，景仰风节"，可以"令后人有所激劝"，对世道人心大有裨益。②《兴国县志》认为，为忠义之人建立昭忠祠，"非特褒奖既往，亦使后之观者有所感发而兴起也"③。

在为乡村昭忠祠所作文章中，士绅道德教化的目标显露无遗。如同治《雩都县志》主纂、举人何戴仁在《畲岭昭忠祠记》中，对当地候选教谕、恩贡张鹏举组建团练和战死之事予以高度评价。他认为，"人固有一死，死或重于泰山，或轻于鸿毛"，张氏"以桑梓之故而不计利害，不计成败，惟激于忠义"。因此，建立昭忠祠，可以让"入岭而凭吊者，犹得闻其乡之人哀其忠、慕其义，尸而祝之，社而祀之。登斯堂者屏营太息，犹觉凛凛乎有生气也"。此外，在为本村青塘昭忠祠所作记文中，何氏指出，"天下治乱之故在乎人心，而人心之从违，恒视乎安危以为准"。青塘昭忠祠的创建，既是朝廷"垂怜至意"，又能让"世居斯土者饮水思源，以无忘杀贼者之功德。慎毋谓愚民殉难无足重轻，庶足以长享升平之福也"④。

除编入方志外，士绅还借重修族谱之机，将咸同时期"忠义之人"和"忠义之事"，转化为维系"世道人心"的典范。咸丰八年（1858）三月，

---

① 同治《南昌县志》卷7《典祀》，第17页。
② 同治《新喻县志》卷3《坛庙》，第31页。
③ 同治《兴国县志》卷41《国朝文》，第88页。
④ 同治《雩都县志》卷14《艺文志》，第119页。

部分太平军进入抚州府金溪县境内。县北竹桥余氏宗族子弟、从九品余业经率抚安军由贵溪返回金溪，驻扎东植源。次月，抚安军与太平军部在竹桥交战，业经与子佑昌战死。此外，该族还有逊甫公、显绪、遐龄等28人死于战事。在光绪二年（1876）编纂的《抚州府志》中，余业经与子佑昌列入"忠义传"。① 光绪十三年（1887），余氏重修族谱，亦设立"忠义传"，将29人之事收入谱中，声明对逊甫公、显绪、祝林、崇福、达成、国欣、肯堂7人"世给永胙，附其主于大宗祠之右"，并希望后人在"族空隙地建忠义祠，立逊甫公于中，而显绪等附祀。春秋祭享，更为得体"。其他死事之人名列"忠义传"，"皆一时义愤可悯也"。②

与金溪县竹桥余氏族谱相比，庐陵县潭溪罗氏族谱对族人罗子璘等人的忠烈之事，着墨更重。罗子璘，号文江，庐陵县纯化乡八十一都潭溪人，咸丰元年（1851）由廪生中辛亥恩榜乡举。咸丰三年（1853）至咸丰五年（1855），罗子璘先是在家乡倡行团练，"署府崔登鳌募保卫勇守城，以子璘训练"，"知县杨晓昀募祥和勇皆属焉"，后在太平军石达开部围攻吉安府城战事中身故，兄子璋、弟子瑜、子琪等人亦阵亡。咸丰六年（1856），清廷下旨"照知县阵亡例议恤，赠知县衔，赐恤银并给其子云骑尉世职恩骑尉世袭罔替，颁给敕书及祭葬银两，入祀昭忠祠"。咸丰九年（1859），入祀吉安府昭忠祠。次年，入祀庐陵县忠义祠。但是，府昭忠祠祀"江西按察使周玉衡、吉安知府陈宗元、参将柏英以下死事文武官绅员弁，俱设总位"。在县忠义祠中，"堂龛祀守城阵亡邑举人、赠知县衔罗子璘以下死事抗节绅士、兵勇、民团诸人，及遇贼被难者亦附焉，共数千人"③。

罗子璘先后入祀具有官方色彩的昭忠祠和地方合建的忠义祠，成为此后潭溪罗氏族谱的重要内容。同治三年（1864），罗氏重修了族谱。谱中

---

① 光绪《抚州府志》卷62《忠义》，第10页。
② 《竹桥余氏族谱》卷1《忠义传》，民国三十七年修，第5—6页。
③ 同治《庐陵县志》卷31《人物志》，第1页。

不仅收录了永丰县进士、翰林院修撰刘绎所作《孝廉罗文江传》，同邑举人、候选训导郭俨所写《皇清恩赐祭葬照知县阵亡例赐恤袭云骑尉世职恩骑尉罔替举人拣选知县罗君文江先生事略》，还录有邑绅黄赞禹等人撰写的《守城殉难忠节传》。刘绎在文中将罗子璘杀身成仁，比作"圣人所谓志士之举"。宣统元年（1909），罗氏宗族再修族谱，增添了同治十二年（1873）族人罗子珍为胞兄罗子璋所作《旌表孝子军功俋生莪士胞兄大人传》，和大量以罗子璘的忠烈之举为题材的诗。庐陵知县彭锡藩在《古潭溪罗氏重修族谱序》中，将罗子璘视为"旌表忠烈"的象征。这种层层递进的诗文之作，既成为潭溪罗氏宗族中持续彰显的文化优势，又是道德秩序在乡村社会重建的重要途径。

概言之，同光时期，随着地方政府职能的不断削弱，士绅阶层成为基层社会的实际管理者和控制者。无论是乡村经济的恢复，还是社会文化秩序的重建，士绅阶层都扮演着主要角色。他们既积极建议地方政府缓征漕粮，恢复农耕，又兴修各种水利工程，重建义仓系统，规范乡村生产秩序。在文化秩序上，他们既大兴书院，奖助科考，又组织育婴会，教化人心。在道德秩序方面，他们既借助昭忠祠，建立起多层级的乡村祭祀体系，提倡忠义，又通过方志编修和族谱书写，树立了道德标准，创造了忠义象征。

同光时期士绅与乡村社会秩序的重建，不只是江西一地的历史现象。在江南地区，士绅阶层同样成为江南社会秩序重建的主导力量。与江西士绅在农业生产恢复、教育体系重建、慈善组织的创建和祠庙系统扩张等方面的努力相比，江南士绅重建社会秩序的内容主要体现在政治防范、社会保障、思想灌输和道德整饬等领域。从二者所涉及的内容来看，既有思想和道德教化这样的共同目标，也有在经济领域和政治层面上的差别。另外，就重建的效果而言，江西士绅阶层在重建乡村社会秩序的过程中，实现了由临时性军事领袖向恒久性文化权威的转变①，江南士绅在文化道德

---

① 李平亮：《"大变局"与近代南昌社会变迁》，《中国社会科学报》（史学版）2011 年 9 月 29 日。

秩序方面的努力则以失败告终。① 导致这种不同结果的原因，既与具体措施在实施过程中的方式有关，又与两地不同的社会文化传统密不可分，尤其是与各种西方思潮和价值观念较更早、更全面地渗入江南地区有莫大关联。由于江西士绅在重建乡村秩序的过程中，所遵循的仍然是儒家道德价值准则，因此，他们对乡村社会的重组，不是冲击了社会文化传统，而是强化了传统，并带着这些传统进入清末民国时期的"大变革"时代。

---

① 徐茂明：《同光之际江南士绅与江南社会秩序的重建》，《江海学刊》2003年第5期。

第五章　清末民初新式社团与乡村权力的变奏

光绪二十七年（1901）后，清廷颁布了多个诏令，在军事、经济、政治和教育等领域进行一系列的改革，史称"清末新政"。为了推行各种"新政"，清廷不仅在中央政府设立了督办政务处、陆军部和商部等组织机构，还制定了涉及发展实业、奖励工商、推动新学、城乡自治等领域的政策，促成了各种新式社团的诞生。这些新式社团虽是应时而生，但与"旧传统"相互交织，在官、绅、民的共同作用下，导致了乡村社会权力结构的变奏。

第一节　"旧传统"与"新社团"

"清末新政"时期，清廷先后颁布了《城镇乡地方自治章程》《禀定商会简明章程》《钦定学堂章程》等谕令，要求各省设立相应的组织机构，以期推动地方自治，发展工商业和新式教育。在此背景下，各省先后成立了商会、教育会、自治会等新式社团和自治机构。这种从中央到地方的各类社团，成为江西士绅阶层转型的制度性资源。他们通过组建新式工商组织和城乡自治机构，在全面参与地方社会的经济、政治和文化等各种事务中，实现了由传统向近代的转型。

一　新政的推行与新式社团的出现

清末江西的新政，是在各种"新政"的推动下，由振兴实业开始。时任江西布政使柯逢时认为，实业之重在于商务，商务兴方能农工俱兴："江西物产，如土靛、甘蔗、苎麻等类，生于田畴，是商业之中有农务在焉。物用如瓷器、布疋、纸张等赖成于制造，是商业之中有工务在焉。商务兴而农工与之俱兴，是宜极力维持，设法整顿，不可视为缓图者也。"①为此，江西地方政府设立了多个机构，规划和指导全省实业的发展。光绪二十七年（1901）十二月，商务局在省城南昌成立，制定了14条章程。次年四月，江西巡抚李兴锐奏设农工商务总局，制定振兴农工章程若干条，要求府县逐级分设局所。光绪三十年（1904）三月，江西巡抚夏时重设农工商矿总局。在省府的督饬下，江西各府县纷纷成立了次级机构，指导地方实业。现根据已有研究和相关史料，将江西部分州县成立发展实业机构的情况制为下表，以资参考。

表 5-1　　　　　　清末江西部分州县发展实业机构

府名	县名	机构名称	成立时间	设立地点	经理人员
抚州	东乡县	农务总局	光绪二十八年	昭忠祠	派绅士设水利垦种分局
	宜黄县	农工商务局	光绪二十八年		士绅李文蔚
	金溪县	农工商务局	光绪三十年	三陆祠	生员郑培劝捐稻谷二百石，设立保甲农务分局
建昌	新城县	农工局	光绪二十九年	中田孔礼公祠	监生陈善熙
	南丰县	农工商矿局		县署侧	绅董刘裕谦
临江	临江府	农工商矿局	光绪二十九年	清江万寿宫，后迁西门育婴堂	
	峡江县	农工商务局	光绪三十年	武庙内	三十一年东西乡设分局，绅首劝导种植畜牧

---

① 《赣省兴商》，《申报》，光绪二十八年二月十三日。

续表

府名	县名	机构名称	成立时间	设立地点	经理人员
袁州	万载县	农务专局	光绪三十二年		职员龙明照自设捐廉办理
瑞州	上高县	商务局	光绪三十年		
	新昌县	农工商矿局	光绪三十一年		派绅分任其事
九江	湖口县	农务局	光绪三十一年	县城文昌宫	
饶州	浮梁县	农工商矿公所	光绪三十年		
	万年县	因利局	光绪三十二年	县署与各乡	各乡谕绅一律照办
信州	玉山县	农务局	光绪三十年	云台寺	委县丞黄海涛协绅办理
	铅山县	农工商矿分局	光绪三十一年	城内文昌阁	岁贡蒋梦奎、刘嗣向、副贡刘子泰,廪生韩道禹为局董
	安仁县	农工商务局			派绅四人经理
南昌	靖安县	农工商务局	光绪三十年	城内	附设讲习调查所,派绅驻局坐办
	奉新县	农工商务局	光绪三十年	县城登瀛集内	在籍候选知府徐绅锺祐为总理
吉安	吉水县	农工商矿局	光绪三十年	城东节孝祠	举人刘应恺等经理
	莲花厅	农工商务局	光绪二十九年	借西门外育婴堂设立	举定士绅,先行试办种植
赣州	定南厅	农工商矿局	光绪三十年	团练局内添设	
	会昌县	农工商矿局	光绪三十年	在考棚内设立	
	龙南县	农务局	光绪三十二年		生员吴鑫等禀设,招股开垦
	兴国县	农工商务局	光绪二十九年	都司署内	李绅文涛为正办,各乡有分局三十余处
	信丰县	农工商务局	光绪三十年	县署内	谕绅士邱世瀋、曾杰、陈荣镇为绅董
南安	大庾县	劝农所			饬绅传谕乡民,广为种植
宁都	石城县	农工商局		北门外	贡生黄有文经理

资料来源:(清)傅春官:《江西农工商矿纪略》,光绪三十二年刊;庞振宇:《清末江西新政与社会变迁》,硕士学位论文,江西师范大学,2007年,第28—29页。

除农工商局外,江西各地出现的新式社团还有商会。根据《商部奏定简明商会章程》,"凡各省各埠,如前经各行众商公立有商业公所及商务公会等名目者，应即遵照现部章，一律改为商会"。早在光绪二十九年（1903），江西一些府县就拟成立商会。如袁州知府钟麟以宜春县煤、油、纸、夏布等业"近年获利微薄，动辄歇业，亟宜设立商会，以资振兴"；次年，余干县"拟于城内、黄金埠、瑞洪三处先开商会，每月逢十集议一次，以联商情而资考察"。光绪三十二年（1906），江西商务总会在省城万寿宫侧成立①，庐陵县各帮绅商设立商务公所，后经批饬改为商会。此后，各府州县纷纷建立起商会。光绪三十三年（1907），九江商务总会成立，会址设于轮船招商局九江分局内，招商局总办郑官桂被推举为总理。② 一些经济较为发达的商镇，如吴城镇和景德镇，也相继组建了商会，其中吴城镇商会成立于光绪三十三年（1907）③，景德镇商务总会成立于光绪三十四年（1908）。该会成立后，共设14名议董，其中总理1人、协理员1人，会计议董2人，调查议董4人，庶务议董2人，纠察议董2人，书记议董2人。临时特派员无定额，遇有紧急事件，由会员公举数人帮办，或总协理委任。④ 宣统元年（1909），樟树镇药商为沟通商业渠道，繁荣药市，以传统樟树药帮为基础，发起组织了"江西清江县樟镇商务分会"。

教育会和学务所是另一种普遍成立的新式社团。光绪三十年（1904），江西学务处在省城南昌成立，会址设于状元桥天花宫，每府公推1人为评议员，"分任各本部教育之事"⑤。光绪三十二年（1906），江西学务公所设立，内分总务、专门、普通、实业、图书、会计六科，委任议长1人，议绅4人。光绪三十三年（1907），翰林院编修黄大埙按照学部奏定教育会章程，成立江西教育总会。⑥ 在此过程中，各县先后成立了教育会。光

---

① 《南昌民国初元纪事》卷1《建置类》，第4页。
② 《江西官报》，光绪三十年第21期，第20—25页。
③ （清）傅春官：《江西农工商矿纪略·新建县》，光绪三十二年刊，第3页。
④ 《奏定景德镇商务总会章程》，名位，宣统年间印行，第1—3页。
⑤ 《国民日日报汇编》，光绪三十年第3期，第2页。
⑥ 《南洋官报》，光绪三十三年第88期，第4—5页。

绪三十二年（1906），高安县教育会成立。① 分宜县教育会，"清宣统三年奉令设立"，会长张伯勋，文牍会计员张翼鹏、彭燮、孙乙照、张寄沂。② 此外，一些府县通过驻省学界，组织教育分会驻省总事务处，"以通消息而利教育"③。部分州县为了劝导兴学，改良教育，还成立了劝学所。如吉安县劝学所成立于光绪三十四年（1908），"立总董一员，劝学四员"④。宣统二年（1910），南丰县劝学所成立，"以劝导兴学取缔教育一切不良事宜为职务"，设总董1人。民国改元后，改称学务公所，设委员1人。⑤

此外，这一时期江西出现的新社团还有"农会"和"自治会"。光绪三十三年（1907），农工商部颁布《农会简明章程》，规定各省应在省城设立农务总会，府厅州县酌设分会，乡镇、市集、村落次第酌设分所。⑥ 光绪三十四年（1908），江西农务总会在南昌城成立。至宣统时期，各县大多设立了农会。如宜春县农会设于宣统三年（1911）。⑦ 但是，除了农务总会外，江西一些地方还出现了农务公所等社团。如光绪二十九年（1903），农务公所开设于省城半步街宝昌局，"由新选甘肃庆阳府知府华绅煇、前龙泉县训导胡绅发珠筹办一切"⑧。光绪三十年（1904），泰和县生员陈録等设立农务所，筹资开垦。万年县谕饬各乡举正绅一二人，派充绅董，劝令纠股设立农会。

自治会的出现，是地方自治推行的结果。宣统元年（1909），清廷先后颁布了《府厅州县自治章程》和《城镇乡地方自治章程》，规定各地必须设立自治公所，各省及府县、城镇自治运动随即展开。如民国《宜春县志》记载：

---

① 《江西官报》，光绪三十二年第2期，第46页。
② 民国《分宜县志》卷5《学校》，第103页。
③ 《民呼日报》，宣统元年七月十五日；《民立报》，宣统三年四月十四日。
④ 民国《庐陵县志》卷14《书院》，第21页。
⑤ 民国《南丰县志》卷终《纪教育》，第32页。
⑥ 《商务官报》，光绪三十三年第26期，第41页。
⑦ 民国《宜春县志》卷10《农业》，第2—3页。
⑧ 《江西官报》，光绪二十九年第3期，第24页。

清宣统二年，奉宪政编查馆令各县设立自治研究所，由乡区选送士绅到所肄业，以培养自治人材，并遵章举办城镇乡之组织，以县城乡地方为自治区。凡市镇、乡村，人口满五万以上者为镇，不满五万者为乡。城镇乡俱设议事会，为决议机关。城镇并设董事会，为执行机关。乡执行机关则乡董一人专任之，议、参两会统称曰"自治会"。全县共编一城一镇二十六乡，投票选举。乡董议长及议员合格者，先后成立自治会，举办自治事务。①

吉安县自治会同样成立于宣统二年（1910），有议事会与参事会之分，"议事会由民选议员三十二人组成之，互选议长一人，综理会务，均以三年为任期。参事会额定参事员六名，由议事会选十分之五，余由自治监督遴选之，任期两年，并以知事兼任会长。其职权为议事会以外之一种立法机关，凡议事会决议案件，须咨经参事会之认可，方能实施，而一切自治事务，虽然经议事会讨论，参事会有加以复议之权"②。

随着"新政"的进行，各类新式社团逐渐由城市向乡镇扩散。如宜春县"自清宣统三年设立县农会及农事试验场，乡村设有乡农会，以期促进农业，开发农民智识，创办之初颇着成效"③。吉安县"按照地方之天然界限、风俗习惯及人口繁简、共同利害各标准，将全县划为坊廓、河东、横江渡等24处为乡自治公所之设在地。议员名额依区域广狭及选民多少而定，以议事会为议事机关，另由议事会就本区选民中选任总董一人为执行机关"。④ 至民初，江西各县均组建了为数不等的新式社团，各类有的多达十数个，甚至数十个。如《吉安县纪事》记载：

---

① 民国《宜春县志》卷7《自治》，第9页。
② 民国《吉安县志》卷14《地方自治》，第1页。
③ 民国《宜春县志》卷10《农业》，第2—3页。
④ 民国《吉安县志》卷14《地方自治》，第2页。

教育会，前清光绪三十三年由学务总会改称，民国仍之。设于西关旧公车局，正副会长各一人。

劝学所，前清光绪三十四年设立，民国仍之。同在旧公车局，所长一人，劝学员二人。

农会，甲寅三年设于西关尚义祠，正副会长各一人。

商会，前清宣统元年有保商局改组，民国二年始于景福桥侧因玉宝阁旧址改建，会所正副会长各一人。①

在南昌县，除有县、城自治会各1个外，教育会和农会的数量分别为2个和9个，乡镇自治会多达41个。②值得注意的是，这些自上而下逐级分设的各类社团，虽然在职能上有着明确的分工，但在士绅、宗族和其他文化传统的联结下，在实际运作中相互交织，构成了一张立体的权力资源网。

二　士绅与新式社团

各类新式社团的出现及向乡村的深入，既与地方政府的政令有关，又与士绅的追求分不开。新政之初，江西地方政府为了顺利推行政令，力求得到士绅的支持。如江西布政使在公文中就这样说道："江西为人材渊薮，仕隐皆有仁贤，新政方兴，尤须官绅合办。各州县如有品行端方，学问优长，通达时务者，宜及时延访，□貌优隆，藉以周知利弊。"③ 宣统元年（1909），江西提学使要求各府州县迅即会绅，将应设劝学所照章兴办，选出合格绅衿委任相应职务。④ 南昌知县在"劝民垦荒"文中亦称，"如有业已承垦而

---

① 民国《吉安县纪事》卷2《自治》，第25—26页。
② 《南昌民国初元纪事》卷1《建置类》，第3—4页。
③ 《续录江西藩宪札行新政》，《申报》，光绪二十八年二月十一日。
④ 《江西学务官报》，宣统元年第1期，第3页。

尚未成熟者，或已成熟而匿不报升者，应由该绅耆等据实呈报"①。此外，新政经费的征收也依赖地方士绅。如南昌城周边警察所的创办就是如此：

> 赣省城外对河一带各洲人烟稠密，为木商云集之区，常有宵小出没，且多无业游民，窝藏烟赌，殊属有害闾阎。现经巡警道陆观察札委卢执中开办各洲警察，以便稽察，而保治安。惟款项支绌，由道体察舆情，设法筹助。并以潮王洲王绅述祖，打缆洲章绅国祥，新洲裘绅均，黄牛洲谈绅兆鳌，新田洲梅绅茂春，里洲徐绅希达等乡望素著、热心公益，特行谕知会同各绅等多方劝导，不事苛派，集成巨款，以资补助。②

由于新政的成效取决于士绅的支持，因此新式社团的组建和管理大多由士绅把控。如江西学务公所议长为吏部主事、进士陈三立，4名议绅分别是翰林院编修、进士黄大埙，翰林院编修、进士刘凤起，江苏候补道、举人欧阳述，江苏候补道、举人文龢，其他六科科长、副科长和科员，绝大多数或是进士，或是举人，或是贡生。③ 现依据各种资料，将省城部分新式社团的领导成员个人情况制成下表，以资参考。

表 5-2　　　　清末南昌城内部分新式社团领导者基本情况

姓名	身份	曾任官职	加入的新式社团及任职
谢远涵	进士	翰林院编修、监察御史	宣统元年出任江西谘议局议长
刘景熙	进士	礼部主事	光绪二十八年任华宝铜业公司总理，光绪三十年任江西农工商矿局协理，光绪三十三年任江西商务总会总理，后又任武备学堂监督，光绪三十四年任南浔铁路公司总理

---

① 《申报》，光绪二十七年十月二十二日。
② 《赣警道筹办各洲警察》，《申报》，宣统二年十二月五日。
③ 《江西学务官报》，宣统元年第1期，第82—86页。

续表

姓名	身份	曾任官职	加入的新式社团及任职
黄大埙	进士	翰林院编修	光绪二十九年任江西农工商矿局坐办，光绪三十三年充学务议绅，光绪三十四年任南浔铁路公司协理，同时兼任江西地方自治研究会会长、江西省谘议局副议长
曾秉钰	花翎三品		江西商务总会总理、南新城自治会总董、中洲镇自治会议长
熊元锷	特科举人	法部主事、西岸榷运局局长	江西商务总会协理、南新城自治会名誉董事
喻庶三	进士	宁绍台道台、邮传部主事	宣统元年，任江西教育总会会长
贺赞元	进士	吏部主事	宣统元年，任江西教育总会副会长、省谘议局议员
邹安孟	举人		南新城自治会名誉董事
陈三立	进士		江西教育总会名誉会长、南浔铁路局总办

资料来源：《江西近现代人物传稿》，第1—4辑；民国《江西通志稿·人物略》；《南昌民国初元纪事》卷7《选举》，第1—2页。

由此我们看到，在江西教育总会、江西商务总会等新式社团中，领导者大多是拥有进士、举人功名的士绅。当然，除了科名外，这些总理或会长的仕宦经历及社会关系网络，也是地方官员依靠的资源。如商部任命李有棻为南浔铁路总理时称："该绅处事精详，乡望素重。如果畀以事权，当能纠集绅商竭力筹办。""所有招股、勘路、购地、兴工之事，均由该绅随时禀呈臣部核夺，奏明切实办理，藉以统一事权，联络众志。"①

在县级新式社团中，士绅的作用同样不可忽视。如第一届南昌县教育会正、副会长的戴元建和熊育钖，分别是举人、附生。第一届南新城自治会议长、副议长及总董，均获得过各类科名。② 庐陵县萧庚韶，"儒林人，光绪丁酉举人，宣统初考取盐大使，曾任县学务总会，教育会会长，县政

---

① 《商部奏江西绅士筹筑铁路并请派员总办摺》，《东方杂志》，光绪三十一年第1期，第2页。
② 《南昌民国初元纪事》卷7《选举》，第1—2页。

府实业课、教育课课长"。① 副贡王积厚，先是担任庐陵县教育会会长，后被选举为县自治会议长兼城区自治董事、坊廓镇自治会议长。② 分宜县教育会会长张伯勋，曾"以廪贡赴吏部谒选"，先后任崇义县教谕、南昌府教授。③ 另外，从表5-1可知，清末江西各府州县设立的"农工商务局"，其经理之权多由地方士绅把控。如石城县农工商局由贡生黄有文经理，吉水县农工商局由举人刘应恺等经理。

至于乡镇一级的自治会、教育会和农会，无一不是在士绅的主导下。即使是商会这类组织，许多总理和议董都拥有各种功名和头衔。在民国《南丰县志》中，记载了该县九区议事会议董、董事和议员的名单。借助相关资料，可以发现，除胡彬文取得过贡生身份外，其他大多为生员。④ 第一届樟树镇商务分会从总理到议董，无一例外是绅商。具体情况，参见下表。

表5-3　　清江县樟树镇商务分会宣统元年（1909）总理议董

职位	人员及其基本情况
总理	陈世楠，字翘生，清江县人，57岁，四品衔花翎，前安徽泾县、潜山知县，代表钱董会帮、汇泉永钱庄商号，住坪上街
坐办	邹赋阁，字晓苍，清江县人，62岁，职员，代表药帮，如春号商号
议董	邓作槐，字省堂，清江县人，54岁，蓝翎州同衔，代表花帮，源兴行商号，住晏公巷
议董	罗承奎，字少泉，南昌人，55岁，蓝翎州同衔，代表绸缎帮，怡隆号商号，住鲜鱼街
议董	曾元辉，字春轩，清江县人，30岁，蓝翎州同衔，代表洋货帮，仁和祥商号，住满洲街
议董	刘元寰，字风樵，清江县人，30岁，蓝翎州同衔，代表烟帮，隆兴益商号，住衣服街
议董	何攀，字朗斋，清江县人，34岁，监生，代表广浙帮，近仁行商号，住坪上街
议董	严为宝，字仁亲，清江县人，32岁，生员，代表六尘帮，仁济行商号，住满洲街
议董	张秦凯，字远臣，清江县人，32岁，生员，代表染帮，协昌行商号，住司前街
议董	罗士龙，字庆云，清江县人，39岁，职员，代表糕饼帮，日盛行商号，住洲下街

资料来源：《江西商会志》，江西人民出版社2017年版，第186页。

---

① 民国《吉安县志》卷36《笃行》，第12页。
② 民国《吉安县坊廓乡志》卷四上《耆献》，第602页。
③ 民国《宜春县志》卷8《宦绩》，第19页。
④ 民国《南丰县志》卷终《纪选举》，第17—20页。

与省城和府县各类社团相比，乡镇社团中士绅的功名一般较低，但与宗族的关系更为密切。如在南昌县三江乡第一届自治会选举中，议长、副议长和乡董，以及该乡选举的县自治会议员，均出自当地的蔡氏宗族。① 吉安县坊廓乡河东议员的身份，益加凸显出乡自治会与文化传统之间的复杂关联。对此，下文将有进一步阐述。

三 "旧传统"与"新社团"

清末民初新式社团的层级化，是新政自上而下推行和各级士绅组织的结果。就这些社团的目标、职能和章程而言，无疑与传统社会组织有着差别，展现了鲜明的时代特征。但是，当我们从运作的实态去看，这些新式社团，尤其是县及乡镇一级的新式社团，又与社会文化传统有着千丝万缕的联系。

自治会是清末旧传统与新社团糅合的机构之一。按照《府厅州县地方自治章程》和《城镇乡自治章程》，府厅州县自治会设立参事会和议事会，"凡府厅州县治城厢地方为城，其余市镇村庄屯集等各地方人口满五万以上者为镇，人口不满五万者为乡"。城镇自治会必须设立议事会和董事会，乡自治会包括议事会和乡董。但是，在各地实施的过程中，呈现出较大的差别。民国《南丰县志》对清末该县地方自治选举和自治会之事有如下记载：

> 选举议员法创始于清之宣统元年，北京资政院以京官组织之，时称为钦派议员是也。省谘议局、县自治会亦同时成立，然仅可目为政府附设机关耳。迨武昌光复，各省响应者竟取决于谘议局宣布独立，号曰民意，谘议局议长有一跃而为都督、为民政长者。清之议会，殆即开创民国之先声也耶。先是风气未开，非特不敢当选，并不敢与

---

① 《南昌民国初元纪事》卷7《选举》，第5—6页。

选，故谘议局议员名为民选，实自官派。他邑不可知，丰邑议员选出，咸相顾而惊曰：某人亦为此耶？一若有重大之祸者。若自治会，则更不知为何物。城内设一会场而已，会门外悬一匾额而已，乡区并会场匾额无之，知县以一纸空文详报成立而已。是年选出谘议局议员二人，举人黄鸿烈、举人张履福。①

由此不难看出，作者认为，省谘议局和各县自治会，实际上是官方的附设组织。南丰县自治会的当选议员，不仅对于自身的权利和义务无明确认识，而且对自治会没有丝毫了解。城区的自治会仅有空悬一匾的会场，乡区自治会则会场和匾额均无。至民国时期，该县城区和乡区议事会、乡董都进行了选举。南丰县自治会的状况，表明新式社团的成立既有阶段性，又存在城乡差异。有的乡镇自治会的成立与组成，实际上与宗族、书院等文化传统交织在一起。这一点集中体现在吉安县乡自治会的历史中。

根据地方自治章程，宣统二年（1910），吉安县自治会成立，设议事会和参事会。议事会由民选议员32人组成，互选议长一人，综理会务，任期3年。参事会额定参事员6名，由议事会选十分之五，"余由自治监督遴选之，任期两年，并以知事兼任会长"。城自治方面，议事会议员额定22名，由人民选举。另由议员互选正副议长各1人，主持会务。董事会设董事若干名，由议事会从地方选民中选任。镇自治方面，全县仅坊廓乡河西设议事会，额定议员20名。董事会除总董1名、董事1名外，另有名誉董事4名。次年，按照地方之天然界限、风俗习惯及人口繁简、共同利害各标准，全县设有坊廓、河东、横江渡等24个乡自治公所。"议员名额依区域广狭及选民多少而定，以议事会为议事机关，另由议事会就本区选民中选任总董一人为执行机关。"② 对于这些乡自治会议员，方志中没有留下更多记载，但根据民国时期编修的《七十一都萃英书院志》之《选举志》，

---

① 民国《南丰县志》卷终《纪选举》，第16页。
② 民国《吉安县志》卷14《地方自治》，第1—2页。

可以看到坊廓乡河东各都15名曾任县、乡自治会议员或乡董的基本情况。具体见下表：

表 5-4　　　　清末民初吉安县坊廓乡河东议员基本情况①

姓名	都名	族名	身份	职务
欧阳青	70	沙芫欧阳氏	庠生	乡区自治会乡董，民国元年被选庐陵县议会议员
刘廷楷	71	塘上刘氏	庠生	本乡乡区自治会乡董
刘廷梅	71	塘上刘氏	庠生	本乡乡区自治会乡董，县自治会参事员，教育会副会长
刘寿衡	71	塘上刘氏	孝廉方正	乡区自治会议员
刘念慈	71	塘上刘氏	乡饮正宾	乡区自治会议员兼临时乡董
麻家珍	71	塘上麻氏	儒士	本乡乡区自治会议长
邓念祖	71	菱塘邓氏	庠生	乡区自治会议员
邓斌	71	菱塘邓氏	庠生	乡区自治会议员
李甘霖	71	稠塘李氏	庠生	乡区自治会议员
周炳纲	方72	上周家周氏	庠生	乡区自治会乡佐
周文洛	方72	上周家周氏	五品蓝翎	乡区自治会议员
罗万甲	方72	花芫罗氏	庠生	乡区自治会议长
夏侯国儒	方72	枫塘夏侯氏	儒士	县自治会议员
夏侯丽三	方72	枫塘夏侯氏	儒士	乡区自治会议员
王诏华	73	甘棠王氏		乡区自治会副会长

从表中内容看，这15名自治会议长、副议长和议员中，有8名庠生，3名儒士，乡饮正宾、孝廉方正和五品蓝翎各1人，1人身份不详。另外，从族名来看，塘上刘氏有4人，其中1人是县自治会议员、教育会副会长。菱塘邓氏、枫塘夏侯氏、上周家周氏各2人，沙芫欧阳氏、甘棠王氏、稠塘李氏各1人。值得指出的是，同治三年（1864）七十一都合建萃英书院之时，就起立文会，规定"如本都各村总祠堂名无入会者，不得以村内他人入会，即作一村有文会分论。至小村总祠堂名入会作为一村有分，固属

---

① 本表引自黄天娥《民国时期吉安的宗族与地方精英——以坊廓乡为中心》，博士学位论文，中山大学，2012年，第126页。

格外体恤之意"。① 这些议员身份构成的多元性和低阶性及其与宗族、书院之间的密切关联，充分说明乡镇一级自治会领导权的获取，除了政治身份外，还深受文会、宗族等因素的制约。

新社团与旧传统的关系，还表现为诸多学务所或教育会，直接由宾兴、文会等组织转化而来。前文论及，自清中叶始，江西各地出现了"大小宾兴"和族内宾兴。同光时期，在士绅和宗族的努力下，这些传统得到重建和恢复。清末，随着废科兴学，宾兴组织开始转型，成为创办和资助新学的重要资源。一些士绅还将其转化为学务公所，成为全县新式教育的指导机构。光绪三十二年（1906），湖口县士绅徐敬熙呈请设立"湖口学务公所"，得到江西学务处批准。该所"统辖湖口城厢乡镇，直接学务处，为全邑学务议事办事之所"，设总理、协理各1名，分执行、参议和判理3部。② 然而，从《湖口学务所开办施行条例》来看，该所实为宾兴局脱胎而来。条例内容如下：

> 第一条　全邑学务公所自改宾兴局为学务公所后，统归学务公所直辖。
> 第二条　学务公所仍同前宾兴局，暂设城工局内。
> 第三条　所有宾兴局一切事宜，以及一切文件，概归学务公所承办接受。
> 第四条　所有宾兴公局产业，存款各项概归学务公所验收。
> 第五条　所有宾兴公局绅士应不拘选举规则，得皆有选举权、被选举权。但因故有不能被选举者，得依总章规定办理。③

---

① 《七十一都萃英书院志》，凡例，民国六年修。转引自衷海燕《儒学传承与社会实践：明清吉安府士绅研究》，世界图书出版公司2012年版，第160页。
② 《江西官报》，光绪三十二年第9期，第32页。
③ 《江西官报》，光绪三十二年第10期，第35页。

这些条例表明，无论是在职能和管理上，还是在人员和经费方面，湖口学务公所都承袭了宾兴局。这种由宾兴组织演化为学务公所的现象，在各地屡见不鲜。如吉安县原有公车局、宾兴局和采芹会等各类助考机构。"新政"期间，该县学务总会、劝学所和教育会先后设于公车局，其中学务总会设立经理4人，八乡轮值，"所有从前公车、宾兴、采芹、廪局、石阳、双忠暨额销局、匡济堂各款项均归并该总会经理。惟匡济款另存储，不得移作别用。该总会后改为教育会"。① 此外，万载县东洲学务所和东洲教育会，也是在客籍士绅、万载县劝学所总董谢济沂的运作下，由东洲宾兴嫁接而成。②

除了上述两方面外，传统行帮与商会的创建，也是旧传统与新社团交织的体现。明清时期，作为"业陶都会"，景德镇吸引了来自省内外的工匠和商人，从事瓷器烧造、商业贩运和钱庄经营。随着行业性与地域性的结合，形成了都帮、徽帮和杂帮共同控制的格局。③ 光绪三十四年（1908），鉴于天津、上海等商埠先后成立了商务总会，杂帮代表、江西鄱阳县人吴简廷，徽帮代表、安徽祁门县人康达和都帮代表、江西都昌县人陈庚昌等人发起组织景德镇商务总会，拟定章程83条，禀请政府立案，得到农工商部批准并发给关防。④ 商会成立后，选举产生了总理、协理、书记和议董，康达任总理，陈庚昌任协理，吴简廷任书记议董。进入民国后，景德镇商会进行了10余次改选，均是三帮代表轮流坐庄，交替把持商会的领导权。如民国元年（1912），吴简廷任会长。民国十年（1921），陈赓昌任会长。⑤

除了行帮外，宗族也是影响乡镇商会的传统因素之一。赣州府南康县塘

---

① 民国《庐陵县志》卷14《书院》，第21页。
② 杨品优：《科举社会、州县官绅与区域社会——清代民国江西宾兴会的社会史研究》，中国社会科学出版社2018年版，第173页。
③ 刘朝晖：《明清以来景德镇瓷业与社会》，上海书店出版社2010年版。
④ 《商务官报》，宣统元年第1期，第15页。
⑤ 景德镇市商业志编纂委员会编：《景德镇市商业志》，方志出版社1987年版，第322—323页。

江墟形成于清初,至同治年间已是"商舶尾衔,市㕓鳞接,为虔南大镇"。①在塘江墟的形成和发展过程中,卢氏宗族既世代经商,购置店产,又充任牙人,征收地税,成为墟市的管理者和控制者。民国元年(1912),塘江商会成立。在此后历次改选中,商会会长或理事长大多是由卢氏宗族成员出任。因此,自清至民国时期,塘江的商业组织虽然经历了从"宗族性行会、公所到商会的变迁",②但是宗族的力量一直存续在不同的组织体系中。这一点,既反映了商业组织的近代转型过程,又表明宗族这种传统力量的适应性。

总之,清末民初新式社团的出现,既是源于"新政"的推行,又是地方社会中各种力量和文化传统结合的产物。借助这种新的制度性资源,士绅更广泛地参与到地方事务中,绅权得以急剧扩张。但是,由于"新政"逐级推行,直至乡镇,因此各种新式社团的出现,必将对同光时期建立的乡村社会秩序产生冲击。

第二节 "新政"与乡村权力结构的异动

新式社团的创立,为"新政"在地方的推行奠定了良好的基础。这些社团不仅在各自领域内发挥作用,还介入其他地方的地方事务中,逐渐成为新的地方权力中心。但是,由于"新政"的推行,必须面对乡村社会原有的利益群体和权力结构,这就必然导致乡村权力结构处于不断变动之中,并集中表现为民绅冲突、官绅矛盾和士绅之间的权力之争。

一 调查户口与民绅冲突

在清末"新政"中,作为"立宪之基础",地方自治成为朝野双方关

---

① 同治《南康县志》卷2《市镇》,第4页。
② 谢庐明、林康:《塘江:赣南一个农村墟镇的商会与社会变迁(1912—1949)》,《农业考古》2015年第4期。

注的焦点。随着《府州厅县地方自治章程》《城镇乡地方自治章程》的颁布，地方自治自上而下逐级推行，自治会成为新的权力中心，形成了以议员和乡董为中心的新的权力秩序。但是，就江西一地而言，在地方自治这一制度正式推行之前，一些州县的官员就萌发了设立由士绅组成的议事会的想法。如光绪三十二年（1906），清江知县胡惟贤就"与本城诸绅士约，拟城内创立议事公会"。具体做法是：

> 凡四乡六坊十七都三十六团，各举正绅，少则三人，多至九人。善者三人共进之，不善者三人共退之，数必以奇，即寓三人从二人之意。由乡推举，由县审定，注册登名，为之先导。凡遇地方钱谷、兵刑、学务、农工商矿务、道路、桥梁、水利、堤防以暨教案、命盗案、败坏风化事，应兴应革，孰实孰虚，必请各乡正绅到县公议，然后施行。一县事一县正绅代表，一乡事一乡正绅代表。无事勿聚，有事勿辞。事在上由县集绅，事在下由绅白县。①

按照上述议事公会的原则，实际上是由各乡推举代表，政府登记认定，形成官员主导下的官绅共治模式。与这种模式相比，自治会无疑更加凸显了士绅的权力。《城镇乡地方自治章程》颁布后，为了鼓励士绅积极参与地方自治，时人对第一条"地方自治，以专办地方公益事宜、辅佐官治为主，按照定章由公选合格绅民受地方官监督办理"进行了专门解释。在对地方自治的来由、涉及的范围和重要意义进行说明后，文章特地指出士绅应积极投身其中，充任各职："地方绅民之自好者，多以不干与公事为宗旨，此极善良之习惯也。然行之于今日则不宜，朝廷既以地方自治为法定机关，则一议论、一行为影响及于全体，得其人则有利民之效，非其人即有殃民之祸。正绅不出，劣绅将承乏而盘踞之，利未形而害先见矣。

---

① 《江西官报》，光绪三十二年第 5 期，第 42—43 页。

有选民资格者甚毋贻伊戚也。"① 正是在此背景下，地方自治从一开始就确立了以士绅为主的体制。

但是，作为一种全新的政治活动，江西各乡镇地方自治的推行并非一日之功。除了在议员选举过程中，出现了诸如南丰县自治会当选议员不知所措、乡镇自治会有名无实的景象外，还在地方自治成立之前，发生了遍及全省的人口调查风潮。

宣统元年（1909），为实行地方自治，民政部奏定《调查户口章程》，将人户总数调查作为议院未开以前，"逐年筹备事宜之一端"，规定在自治成立之地，"调查户口事务归下级地方自治会、董事会或乡长办理，以总董或乡长为调查长，董事或乡董为调查员"。② 按照相关要求，江西各县展开了户口调查。然而，当调查员进入乡村调查时，却引发了此起彼伏的乡民"殴官杀人，纠众毁屋之事"，即当时报刊所谓的"江西调查户口风潮"。如史料记载：

> 都昌县属六都地方，绅士曾图南奉县照会，赶紧调查户口，乡愚误会宗旨，鼓众滋闹，将曾殴伤，并拆毁房屋，捣毁器具。该县闻报，飞请府兵星驰弹压，一面设法晓谕愚蒙，严拿首要云。
>
> 安义县初选当选人余承志、龚杰士二绅，因充查户绅士，致遭疾视。余承志被邻众捉住，用绳系头，几遭勒毙，经妻室家人死力救免。龚杰士则被乡民逐入深山，露宿两晚，又被乡众擒获，竟用野蛮私刑，挖去双目。
>
> 宁都州于上月二十三日派绅士杨某、孔某、揭某往安福乡调查户口，乡民无知，妄生谣言，误为当兵抽税。是日纠众将杨孔揭三家抢劫一空，并将三姓房屋捣毁。③

---

① 《法令解释》，《湖北自治公报》，宣统二年第1期，第57页。
② 《民政部奏定调查户口章程》，《北洋法政学报》，宣统元年第90期，第1—9页。
③ 《记江西调查户口之风潮》，《东方杂志》，宣统元年第8期，第223页。

从表面上看，这次风潮的产生，源于乡民对调查户口的误解，"或曰将以抽丁当兵也，或曰将以按人勒税也，甚或讹言朋兴"。① 但是，如果稍作深究，不难发现，风潮的发生实际上是地方自治导致的乡村权力结构的异动。具体而言，是宗族、会社和宗教团体等乡村传统势力对绅权的冲击。如新昌县天宝乡辛会刘氏宗族，自宋代定居以来，人口不断增多。经过明清两代发展，至清末已是县内的强宗巨族。如地方志记载："统计四境村落，东以棠浦、澄塘为大，西以芳塘、黄冈为大，南以徐家渡为大，北以辛会、潭山为大。最大者数盈千户，次亦不下数百，率多聚族而居。"② 因此，当调查户口开始时，刘姓因"族大户繁，不服调查，纠众抢册"，殴打下乡开导士绅刘某。南昌县早田乡涂姓大族，"因见调查员赴乡查户，乡民妄布谣言，谓将人名写入表册，其人七日之内必致死伤，于是鸣锣聚众，哄拥调查员家，将一切什物打毁一空，并要求具结保卫全村人民无恙，否则将该员活埋，调查员骇甚，惟命是听"。③

丰城、雩都等地发生的调查户口风潮，宗教组织和会社团体起到了推波助澜的作用，导致事件发展为小规模的地方动乱。如丰城县曲江地方，"向称热闹市镇。六月初三日，忽来有头扎白巾数人，手击铜钲，鸣锣号召，未逾时聚众至千人"。雩都县调查户口时，乡民被"会匪从中煽惑，致滋事抢劫"。钟姓一族在地方官到达后仍思抵抗，"遍贴揭帖，语多悖逆，谓有不同心抵杀官兵者，即焚毁其家"。④

以上这些现象，进一步表明地方自治虽是一种新的政治模式，但在推行过程中必须面对地方社会原有的文化传统。如雩都县官员在平息风潮之后就说道："此间皆聚族而居，恃其人众，大姓辄欺小姓，遇案率备枪械，聚众抗官，习为故常，形同化外。"⑤ 因此，自治会虽赋予士绅参政议政之

---

① 《记江西调查户口之风潮》，《东方杂志》，宣统元年第 8 期，第 222 页。
② 民国《盐乘》卷 1《疆域》，第 3 页。
③ 《记江西调查户口之风潮》，《东方杂志》，宣统元年第 8 期，第 223 页。
④ 《三记江西调查户口之风潮》，《东方杂志》，宣统元年第 10 期，第 321 页。
⑤ 同上书，第 322 页。

权，但在实践过程中，绅权的扩张不仅要受到官方的制约，还会在特定条件下，受到乡村社会中其他势力的冲击。当然，随着地方自治的推进，自治会带来的政治优势，为士绅攫取各种资源创造了有利条件，引发了官绅之间的矛盾，甚至士绅之间的争斗。

二 捐税征收与官绅矛盾

根据《城镇乡地方自治章程》，地方自治的范围相当广泛，除学务、卫生、道路工程、农工商务、善举、公共事业外，还有所谓"因办理本条各款筹集款项等事"，即筹集地方自治经费。因此，在地方自治的推行过程中，经费的筹集成为议绅和乡董面临的首要问题。为此，他们试图通过从官方征收的捐税项下，获得稳定的自治经费。如金溪县云林乡议事会议长黄小庄、陆公乡议长吴作霖和铜斗乡议长黄策勋，均以自治的名义，提出抽收屠捐。① 对这 3 名乡自治会议长的要求，江西巡抚冯汝骙不仅全部予以拒绝，还就铜斗乡呈请抽收屠捐一事进行了严厉斥责：

> 据该议长呈称拟抽该乡屠捐以充自治经费等情，已悉。查定章第一条，地方自治以专办地方公益事宜、辅佐官治为主。该议长为一乡代表，应先尽义务，以倡办地方公益事宜为宗旨，不得恃身充自治会职员，一事未办，专以搜罗捐款为主义也。纵容抽收此项特捐以充自治经费，亦应由该会酌量民力，拟具抽捐章程，呈请地方官核准，始符定章。来呈议抽屠捐，既未经该监督核准，率行来辕妄诉，殊属荒谬，特斥不准。姑候札饬该金溪县体察地方情形，查明具覆，再行核办，毋庸多渎。再该县各乡自治甫经成立，而抽捐之案已纷然四起。即如来呈明称铜斗乡仅有琅琚一墟，试问此等乡区人民能担任各项捐

---

① 《江西官报》之《自治》，宣统三年第 4 期，第 6 页。

款否？该议长岂自忘其为代表而不为民请命耶？该县一并传谕各乡自治团体知之，此批！①

可见，在冯氏看来，议长作为一乡代表，理应辅助地方官，倡导地方公益事业，而不是以抽取捐税为要务。即便要增开捐税，必须按照相关程序，根据实际情况，制定章程，由地方官员核准方能施行。然而，议绅借地方自治之名，行增收捐税之实，不仅是金溪一县的现象，其他各县也是一般操作。如宜春县自治会提出，将该县中资捐、契捐和状纸捐作为城议董两会常年经费。吉安县自治会"创于前清宣统二年，民国因而行之，有议事会、参事会，经费由全县附加税内提拨三成，甲寅三年二月停止"。②

这种增开捐税之请，一方面反映了议绅借机攫取地方资源的意图，一方面折射出官绅之间的矛盾。首先，地方自治虽然办理地方公益事宜，但是是辅助地方官员施政。在某种意义上，各种自治会可视为政府机构的延伸。实际上，宁冈、萍乡等地许多城镇乡自治会议长常以乡官自居，有的城自治会总董甚至自行任命县视学员。为此，江西巡抚冯汝骙专门予以告诫："该县垄市、古城两乡议事会及乡董图记业经颁发遵用，该议长等身充自治职员，凡因自治范围以内应行兴革整理事宜，总以无忝厥职，佐官治所不及为第一要义，不得颁奉图记，诩诩然夸耀于人，甚至借新政大题，假公济私，以乡官自命，为害桑梓。"③ 其次，自治经费的筹集，取决于乡镇的经济水平和有无公产。在有较多公产或商业繁盛的乡镇，自治经费能够得到保障。在公产较少或商业不发达区域，自治经费主要取自各种名义的公益捐。但是，新开捐税往往引起乡民的抵制，甚至酿成"毁学"或捣毁自治公所事件。如宣统元年（1909）《东方杂志》载："自无锡毁学之事起，四川、江西旋亦有毁学之事，今则广东毁学之事见

---

① 《江西官报》之《自治》，宣统三年第4期，第7页。
② 民国《吉安县纪事》卷2《自治》，第28页。
③ 《江西官报》之《自治》，宣统三年第4期，第7页。

矣。考其原因，无非为抽捐而起。"① 宣统元年（1909）宜春县发生的乡民暴动事件，为我们进一步观察捐税开征与官绅矛盾，提供了一个典型事例。

宜春县是清末江西较好推行"新政"的县份之一。光宣之际，县农会、商会和教育会、劝学所等各类社团纷纷成立，其中"劝学所创办于清光绪三十四年，设劝学总董一人，劝学员四人。初任劝学总董者卢元弼，锐意兴学，力除积习，各乡小学多赖提倡"②。另外，该县各乡图区新式学校，大多是士绅在原有书院的基础上，利用宾兴、图产等款项改设而来。如史料记载：

> 荐里乡立储才高等小学校，校址初在本乡段家坊东华庵，后迁坑西云程堂。清光绪末年，乡绅苏守道、黄德辉等以本乡宾兴、乐泮款开办。
>
> 私立仰山高等小学校，校址集云乡南庙。清光绪三十一年，因仰山书院原有租产开办。
>
> 私立玉山高等小学校，校址石里慈化。清光绪末年，因玉山书院原款开办。
>
> 私立集成高等小学校，校址善和长乐塞岭下。清光绪末年，因集成书院原款开办。
>
> 私立金瑞高等小学校，校址金瑞河背。清宣统元年，乡绅卢元弼、曾纪良、易旧庸等集捐建筑校舍。
>
> 私立崇文两等小学校，校址盘田大一图文昌宫。清宣统初年，因火一图款开办。③

---

① 《毁学果竟成为风气耶》，《东方杂志》，宣统元年第11期，第78页。
② 民国《宜春县志》卷9《教育志》，第53页。
③ 同上书，第28—29页。

由此可知，在县劝学所学董卢元弼的主持下，新式小学校在各乡先后开办，呈现出良好态势，所谓"该县学务光绪二十九年间办至今日，不下二十余所。虽尚未普及，而城乡市镇亦可谓渐次发达"。① 但是，宣统元年八月，该县发生了大规模的乡民毁学事件。自初五日至十七日，全县共有28所学校遭受不同程度的毁坏。事件爆发后，《申报》《顺天时报》《东方杂志》等报刊予以持续关注，进行了详细报道：

> 八月初三初四两日，宜春北乡士民抽捐学款，反对聚众，来城滋事。经知府等劝阻，不准进城，兵民互有受伤。当请将劣绅、签分福建优贡知县卢元弼，奏参革职拿办。初三日击退之后，访闻该乡民等拥众在距城十余里之枫林杨家山等村，停住不散，因此城门随时启闭。此据袁州府及宜春县禀文。
>
> 初七日复集多人，距城数里屯聚，并截文报。今防兵仅敷守御，未敢抽调出击。兵粮民食，现开仓接济。今日绅来乞抚，知首要击毙，城厢铺户居民均各安堵。此据袁州府电文，下同。
>
> 初十日，绅士力劝乡民就抚，查明学堂苛捐，列条给示，勒碑示禁。乡民感戴散归，一律肃清，市面照常。②

尽管以上报道都是来自袁州府和宜春县官员的电文，但从其中内容来看，此次乡民毁学事件的发生，导火线当是抽捐学款。事件发生后，地方官员即将矛头指向了宜春县劝学所总董卢元弼"奏参革职拿办"。此后，道员杨会康在给江西巡抚冯汝骙的禀文中说道："宜春学务及新政捐款，多系卢元弼经手，遂至乘机弄权，苛细杂捐，任意抽收，并不禀官核办。学米捐每石已抽钱十文，该绅复议加抽五十文，乡民恐惧，匪徒乘机鼓

---

① 《教育会移请赔偿宜春学界损失》，《申报》，宣统二年元月八日。
② 《记江西袁州乡民暴动事》，《东方杂志》，宣统元年第10期，第319—320页。

动。"① 可见,在地方官员看来,卢元弼增加学米捐引发了乡民恐惧,进而在会党鼓动下大肆毁学。

但是,正如上文所言,卢元弼主持宜春县劝学所时,城乡新式小学校的经费来自原有学产。那么,卢元弼是否存在增抽学米捐,中饱私囊呢?对此,宜春学界有不同看法。他们认为此次乡民暴动,源于府县统计处逼收图捐。宜春全县共146图,"每图派钱十串,府统计二成,县统计八成"。乡民"不知统计之非学务,且不知统计之非绅办。凡一切新政,皆疑士绅无故生事,遂钉忿绅界,要进城毁学杀绅"②。卢元弼为人耿直,学界公认。自去年六月担任劝学总董以来,劝学所经费"惟于税契项下每两银抽钱五文,余皆挪移大同局之现款,于各处款项毫无挹注"。地方官员指控卢元弼加征学捐引发乡民暴动,是嫁祸于学界。③

至此,我们看到,学米捐是士绅发展学务的经费,图捐是地方政府的财政收入。官绅双方在事后的相互指责,实际上是在"新政"背景下,围绕经费筹集所产生的矛盾的集中体现。不过,在外界看来,官绅勾结是导致乡民起事的根本原因,"官绅互相推诿,实则一丘之貉,殊途同归"④。这种观点进一步揭示了官绅之间的复杂关系。

三 士绅之间的权力之争

随着"新政"的推行,各种新式社团成为士绅竞相追逐的对象。由于新的权力资源具有相对稀缺性,因此士绅围绕这些资源的控制,或合作,或竞争,从而使地方权力结构不断重组和整合。如江西教育总会和江西商务总会,除分别处理全省的学务和商务外,还联合组建了江西省谘议局:

---

① 《江西袁州乡民暴动余闻》,《东方杂志》,宣统元年第11期,第367页。
② 同上。
③ 《江西宜春学界被诬惨状》,《民吁日报》,宣统元年八月二十六日。
④ 《记江西袁州乡民暴动事》,《东方杂志》,宣统元年第10期,第319页。

赣省谘议局经教育总会议定十一日开特别大会，嗣奉冯中丞照会学商两会，饬即投票公举筹办处绅界之协理、课长等员。遂由学商两会公布传单，略云："查谘议局为议院基础，办成以后，全省士民皆得与闻政治，关系甚巨。……顷奉抚宪照会，准由两会开会，投票公举所有筹办处绅界总理。业经公举萍乡喻君庶三无庸再举外，其协理二员、课长八员由两会会员投票公举，准于十月十三日午后一句钟在教育总会开票。附呈选举票一纸，限于十二日以前概行封交教育总会。为此布闻，希即公鉴。"①

作为预备立宪的产物，谘议局是各省实行自治的基础，也是全省政治的枢纽。在此，商、学两会在地方政府的授权下联合筹备谘议局，不仅筹办处的总理、协理等重要职位由两会会员选出，且课长一类的职员也是由他们投票产生。这既反映出江西商务总会和教育总会在地方政治生活中的地位，又是二者为了达成某种目的进行合作的体现。但是，这种合作既不取决于官方的态度，也不是出于地方公益之需，而是取决于能否获取利益。因此，在"新政"的实践过程中，士绅往往围绕新式社团的领导权展开争夺，甚至演变为群体性之争。如《民呼日报》载："江右自组织各团后，树党分帜，纷纷运动，以此次竞争教育会会长为发轫。"②

上文提及的竞争教育会会长一事，指宣统元年（1909）七月选举江西省教育总会会长。因时任会长刘凤起辞职，故围绕会长竞选，省教育总会内部分化为进步、保守两派。进步党以喻庶三、贺赞元为首，保守党以黄大坝、欧阳述为尊。最终喻庶三当选为正会长，欧阳述当选为副会长。此次选举虽以进步党大胜而告终，但两派之间的争斗并未结束。不久，在保守党的攻击下，喻庶三辞去会长一职，欧阳述也于不久后去世，正、副会长之职又成空缺，保守、进步两派因而又展开了新一轮竞争。次年三月，

---

① 《各省筹办谘议局》，《申报》，光绪三十四年十月十七日。
② 《进步党大获全胜》，《民呼日报》，宣统元年七月十五日。

江西教育总会召开会员大会，选举正副会长。此轮竞选，获胜者仍是进步党，贺赞元接任会长一职。保守党首领黄大埙的得票数虽高居第二位，但副会长之职却由进步党文龢接替。①

进步、保守两党围绕会长一职的争夺，既反映了新式社团已成为新的权力资源，又折射出士绅阶层内部的激烈竞争。这一点，在县级教育会与学校之间的冲突上也得到体现。如新建县教育会因县内普益学堂教学内容不良，因而要求整改，但校绅认为教育会无权干预学校事务，双方互控升级，校绅进而"运动"新建县令王睿道差人将教育会封闭，新建县学界为之哗然。江西教育总会随后介入此事，声称"教育会如果办理不当，部章亦只有解散及另行组织之条，未见有发封之明文"②。

在城镇乡地方自治推行的过程中，议绅围绕着各种款项的征收，相互之间的争夺和控诉更是时有发生。仅仅宣统三年（1911），各县就发生了数起议绅互控案。如临川县人和乡举人邱麟书呈控邓培心越境霸款，地方官员调查后认为，"所谓越者不过接近之境，所谓霸者不过原有之款"。反倒是邱麟书在县内学务之事"无不出头争论，列名具禀，而又无一不为争款争权起见"。③ 永宁县城议事会董事刘应岳控告议员唐梅甲统众劫杀，拒捕抗官。④ 德化县城议事会议员、董事联名控告议长之事，更是地方自治过程中议绅之间争权的集中体现。

德化县为九江府属县之一。宣统二年（1910）秋，该县城自治会成立，设议事会和董事会，议长罗纲乾。但是，不到一年时间，城议事会议员丁盛儒、何景濂、蒋端，董事会董事刘鼎、刘道枬、孔宪勋联名向江西巡抚禀控罗纲乾违章擅权。在禀文中，他们列举了罗纲乾的数条罪名。一是宣统三年（1911）三月间，德化县自治会事务所讨论串捐之事时，议员

---

① 《赣省选举教育会长》，《申报》，宣统二年三月十八日。
② 《教育会亦可发封耶》，《民呼日报》，宣统元年七月二日。
③ 《江西官报》之《自治》，宣统三年第4期，第7—8页。
④ 同上书，第8—9页。

王元益与李忠扬因房屋找价引起争端，"王议员尚肯退让，惟议长罗纲乾一人极力把持，擅用图记，以扰乱会场等语，呈请德化县并移请九江地方审判厅、九江警务长公所承办"。二是在四月间呈控九江商务总会协理舒法甲一案中，罗氏"一人主持办稿缮签，勒令总董会衔会印"，并未通告全体表决。三是在六月间呈控九江警务长李敬曾一案中，罗氏一人主持，没有经过自治监督和全体表决，就直禀巡警道宪。四是把持县义仓建设，圈占地基。五是授意育婴堂董张益葆把持育婴堂，联手控制公产，不照章交董事会存储，不按月造报收支册。① 江西巡抚冯汝骙接到禀呈后，认为如果所控属实，将不成事体，"非特于自治前途大有妨碍，将行政长官何从委任办事"。因此，他批示九江府督饬新任德化知县秉公查明，据实禀报。

由于资料所限，我们无法得知丁盛儒等人控告罗纲乾的五大"罪状"是否属实。但是，从他们控诉的内容来看，款产无疑是焦点。丁盛儒等人之所以不满罗纲乾的做法，在于罗氏通过擅权和联合亲信的方式，将应由城议事会和董事会全体成员把控的各种款项，紧紧掌控在手中。因此，禀文中才会多次出现"未通过全体表决"之类的话语。对此，地方官员心知肚明。如江西巡抚冯汝骙在批文中就说道："查近来各属自治职员往往因争款权限，以致积嫌成隙，积隙成仇，酿成各种怪现象。然皆不过互相倾轧，讦讼不休从未有，行同窃盗。"可见，正是各种款项和自治权力，决定了士绅之间既可是利益共同体，又会分化为利益矛盾体，从而导致乡村社会权力结构处于"变奏"之中。

总之，清末新政时期，随着工商实业、新式教育及地方自治的推进，地方政府设立了一批新的行政机构，催生了商会、教育会、自治会等各种新式社团。在国家制度与地方文化传统的相互运作下，这些社团逐渐成为新的权力中心。士绅阶层借助于新式社团和自治机构，广泛参与各种地方

---

① 《江西官报》之《自治》，宣统三年第4期，第4—6页。

事务。在角逐权力的过程，他们既相互合作，又相互竞争，并与乡民、地方官员产生利益冲突，导致了乡村社会权力结构的"变奏"。当然，正如我们所见，尽管士绅阶层介入各类新式社团的事务中，但没有完全脱离乡村社会文化传统，而是在特定条件下将二者有机结合，重新建构自身的社会权力网络，促进了乡村社会文化传统的创造性转换。

第三节　民团与社会权势转移

辛亥革命时期，由于新旧政权交替，地方社会出现了权力"真空"。各省为了维护社会治安，自发改建或新创了各类武装力量。这些地方武装起初有的称"团防军"，有的称"保安军"，还有的称"团练局"或"保甲局"，后统一改称"民团"。在这一历史过程中，这种民间自发组织的武装具有了"官督民办"的性质，并逐渐成为新的地方权力中心。围绕着这种新的权力资源，乡村社会中的新旧力量进行了新一轮组合，从而使地方政治格局呈现出新的态势。本节试图利用《江西民报》[①] 中的有关资料，对辛亥革命时期江西民团的兴起与发展过程作历史考察，以期揭示清末民初江西乡村社会政治权力结构的演变趋势。

一　从"民间自办"到"官督民办"

武昌起义爆发后，由于地方政府更迭频繁，社会动荡不安，因而维持社会治安、恢复社会秩序成为各地面临的首要问题。在此背景下，民团这

[①] 《江西民报》是辛亥革命时期江西最具影响力的地方性报纸之一，其前身为创办于1906年的《自治日报》，主编为吴宗慈。南昌辛亥光复时，《自治日报》更名为《江西民报》，仍由吴宗慈任主编。笔者见到的1911年12月至1912年3月的《江西民报》，为由报纸原件制作而成的缩微胶卷，该胶卷现藏江西省馆。在这四个月的报纸所登载的内容中，几乎每天有与江西各地创建民团有关的政府公文和通信报道，为我们探讨民团与地方社会变迁的关系提供了较为翔实可信的资料。

一地方武装组织应运而生。在广东、江苏、浙江以及山东等地，民团成为维持地方社会治安的主要力量。①

江西民团的创建，大致经历了一个由"民间自办"向"官督民办"转变的过程。宣统三年（1911）十一月南昌光复后，江西都督之位数易人手，江西军政府无力顾及地方治安，地方社会处于一种无序状态。如当时的报纸就说道："现在地方一切事宜茫无头绪，虽有巡警、商团日夜巡逻，而盗贼充斥，毫无顾忌。""省城秩序虽安，乡间群盗如毛，有保安之责者兼筹并顾之。"② 各地为了抵御来自散兵游勇和会党的侵袭，纷纷呈文江西军政府，要求建立防卫力量，以保地方治安。对于各地的请求，江西军政府内务局无不予以准许，并申明筹建民团由地方自行决定，民团的领袖亦由地方公举，将创建民团之权完全交给地方社会。如当时的《江西民报》就有如下记载：

> 义宁州绅董黄子俊等办理民团、公□团长禀批：禀悉。办理民团，保卫治安，自是要务。公举胡经纬为团长，据称乡望素孚，著准如禀存案，并给照会以便办公。至经费概归地方筹措，仍以不碍军需、不扰民生为要。团防名目，仰改称民团，以归一致。其民团办事规则，本局现已拟定，俟印刷后通饬遵行。③
>
> 南康府安义县法政学堂学员王仰维禀批：据禀已悉。该学员拟邀近村同人组织民团，以维公安，深堪嘉尚。但举办公益首要经费，究竟所邀集之村名若干及筹费之规则，并未声明，无从悬揣，仰即合同地方绅耆，妥定办法，公举团长，禀请核夺可也。④
>
> 南昌乡约所张富田等请发办理民团札示禀批：据禀已悉。该绅耆

---

① 谢贵平：《近代山东民团研究》，《中国社会历史评论》2008年第9卷；何文平：《清末地方军事化中的国家与社会——以广东团练为例》，《学术研究》2009年第9期。
② 《短兵》，《江西民报》1911年12月7日、13日。
③ 《内务局批文》，《江西民报》1911年12月5日。
④ 《内务局批文》，《江西民报》1911年12月8日。

等组织民团，保卫地方，自是要务，公举徐仲雅、张运筹总理其事，果是众望素孚，自应照准。但费由各村担任，总须办理持平，毋得苛派扰民，致滋流弊。所请札委之处，仰候发给照会前往妥办可也。①

上述资料表明，此时民团的创办，完全是地方社会一种自发行为，江西军政府只是在一些细枝末节上略做规定。然而，随着各地武装组织的增多，它们在名称、规模等方面出现了混乱，促使江西军政府开始加强对此类武装的监管。十二月上旬，江西军政府颁布了《江西城镇乡民团章程》（下称《章程》），对民团的性质、职责、编制、招募及费用等各方面做了详细规定。1. 民团系仿旧时保甲团练办法，故定名曰民团；民团以保卫地方为宗旨，无事各安其业，有事共御其难；团长由地方公举，请府县民事长许可。2. 民团编制以五十人为一队，以十人为一排。每队置队长一名，每排置排长一名；城镇人口繁密，编制民团一队或二队以上；乡视人口多寡，酌设民团二、三排或一队。3. 民团负保卫地方之责，其所辖境内应昼夜巡守；遇有抢劫之徒，应拿获送地方官惩办，但不得诬良为盗；遇有火灾，诚恐宵小乘机肆抢，应速出队，前往弹压，兼行救护；邻近地方有警，无论已未设民团之地方，均须出队救护。4. 招募之法，每家有壮丁者三人抽一人，或出示招集，均可酌量地方情形办理。抽丁为征兵制度，募兵为雇兵制度；招募团勇须年富力强、不染嗜好者，并希取本乡公正绅耆保结。5. 经费就地筹款，酌量地方情形，或劝捐，或摊派，但不得勒迫扰害；地方公款如可挪用者，可禀地方官许可借拨若干；如有货物抽税，可禀请地方官准许；民团杂费及购买军械制服等军费，须由团长核定，进出款项按月造册公布，报告府县民事长。6. 自奉到本章程之日起，即将从前团防局、保甲局、团练局、保安社等各目一律改称民团，以归划一。②

从章程各项内容来看，军政府对各地创办民团的态度较前有了一定的

---

① 《内务局批文》，《江西民报》1911 年 12 月 9 日。
② 《江西城镇乡民团章程》，《江西民报》1911 年 12 月 16 日、17 日。

改变。虽然其仍然赞同民团由地方自主举办，但同时也规定民团团长的任命以及费用的征收，都必须报经地方官长审核。从这一点来说，此后各地创办的民团实际上具有了一种"官督民办"的性质。

《章程》颁布后，是否经由地方官员核准，成为军政府认定各地民团资格的依据。如内务局在接到丰城生员任期创办民团的禀文后，就以其未经同乡公举和上禀为由，拒不发给照会：

> 创办民团，因属热心公益。假名公举，实系有意欺蒙。该生自称承同乡公举，充本邑民团总长，何以推举诸人并未呈具公禀，本局不能无疑。所请发给照会之处，应毋庸议。①

即使是具有举人功名之人要求兴办民团，内务局也表示其必须遵照所颁章程，经地方官核准立案后方能照准：

> 该举人请示前来，本应照准立案。惟查各县举办民团均须禀明地方官核准，申请立案。或由地方团体加盖图记，出名呈请，方能照准。本局业经牌示，饬遵在案。②

创建民团须经地方官长核准的规定，无疑有利于军政府加强对民团的监管，但这种制度上的条文在实施过程中却没有得到很好的执行，私立民团的现象仍时有出现。为此，江西都督马奉先规定："现议除由本部督府认可加委之民团军队外，凡从前一应民团军队名目，虽经案准，一概取消。倘有热心公益、实见得该地方非有团兵不足以保治安，规定应设团局，亟宜由该地方公正绅士呈请本都督核准，始得照办。如系私立名目，

---

① 《内务局批文》，《江西民报》1911年12月19日。
② 《内务局批文》，《江西民报》1912年1月4日。

苛勒□民，一经查出，即照匪论，从重严办。"① 至宣统三年（1911）十二月底，内务部也强调应将加强民团的监管视为重中之重：

> 民团最关紧要。现在各属请办民团立案甚多，然得其财，足以保地方。不得其人，则贻害方大。前奉都督命令，已办民团地方，应令呈报立案。未办民团地方，应批令该县会绅公举，加给委任。其请购买枪械者，前奉都督命令，不动解款，听都督之命令调遣方可核准。内务局应于民事科科员中，择二员专管民团事务。先将已报举办之处，详细列表，俾便考核。如查有系内务局委充团长，应于表内注明，仍行知各县，查考其人是否胜任，以免贻害地方。其以后呈报者，则照上开各节办理。②

显然，内务局也已经意识到，民团的建立，虽有利于地方社会对外来侵袭进行自卫，但也可能给地方社会秩序带来危害，因而主张民团团长的任命和民团器械的购买，必须分别报经县政府和都督核准。

民团章程的颁布、马都督的规定以及内务局的主张，表明江西地方政府试图通过掌握民团团长任命权，来加强对民团这一地方武装的监控。然而，事与愿违，在内务局、马都督颁布各种告示后，假冒民团勒索、自任民团团长之事还是层出不穷。为什么有悖于《章程》和政府告示之事会屡禁不止呢？其根本原因，在于民团已经成为基层社会的权力中心和地方精英控制基层社会的工具。

二 军政合一的地方权力中心

依照《章程》的各项内容，民团既担负保卫地方安全和对他处实行救

---

① 《马都督慎重民团之通告》，《江西民报》1911年12月21日。
② 《内务局应办事项》，《江西民报》1911年12月30日。

护义务,也享有在一定的条件下向当地村庄和商户劝捐、摊派甚至抽税的权利。换言之,江西军政府将治安与税收两项最基本的职能完全下放给了民团。① 因此,在制度上,民团就不是单一的军事组织,而是有着多种军政功能的地方权力机构。民团的这一性质,在地方社会的实际运作中也得到充分体现。

首先,各地创办民团,是为了防卫外来袭击。如高安民团创建的原因,就是当地人意识到"当此大局未定之时,难免匪徒窜入,乘机窃发情事,非亟办民团以保卫"②;乐安民团,也是在"在城居民探得邻近永丰、崇仁各处有饥民籍端骚扰情节"后创办的③;上饶县兴办民团后,"匪徒无从遁迹,合郡市人稍免风鹤之惊"④。但是,除了抵御"匪徒"这种军事防卫功能外,民团还在地方社会扮演着司法机构等多种角色。如丰城民团就曾多次捕获乡间"盗贼"⑤,大庾民团则承担起防止械斗之责。⑥

其次,各地民团的经费,都是向商户派捐或劝捐而来。如南昌县渡头镇民团,"其经费以自治常年街村各捐及殷实店户略为劝捐"⑦。茌港乡为保证民团经费,除加收了两倍房捐外,还要求两家典铺每月出特别捐十千文。⑧ 清江县三湖、永泰二市民团经费,"系就警局向有之铺捐、新收鹅捐而来"⑨。除向地方商户征收捐税外,一些民团还能从政府漕粮项下抽取经费:

---

① 郑振满:《明后期福建地方行政的演变——兼论明中叶的财政改革》,《中国史研究》1998年第1期;《清代福建地方财政与政府职能的演变》,《清史研究》2002年第2期;陈春声:《义仓与清末基层社会控制权的下移》,《中山大学史学集刊》第1辑,广东人民出版社1992年版;刘志伟:《在国家与社会之间——明清广东里甲赋役制度研究》,中山大学出版社1997年版。
② 《瑞州通信·筹办民团决议》,《江西民报》1911年12月18日。
③ 《乐安通信·筹办民团决议》,《江西民报》1911年12月19日。
④ 《上饶通信·民团取消之拒力》,《江西民报》1912年1月11日。
⑤ 《捕获熊森详情再志》,《江西民报》1911年12月18日。
⑥ 《大庾通信·兴办民团》,《江西民报》1912年1月21日。
⑦ 《内务局批文》,《江西民报》1911年12月14日。
⑧ 《内务局批文》,《江西民报》1911年12月25日。
⑨ 《临江通信·兴办民团》,《江西民报》1911年12月19日。

进贤县绅学商界张万□等禀批。据禀已悉。该员绅等思患预防，举办民团，以卫地方，殊堪嘉尚。吴以睿、黄应泰、杨芳、张荣清等果是地方开会公举，自应照准，但民团经费自应会同官绅，遵照财政局拨给丁漕二成以办地方公益之通饬，酌量支领，核实开支，以重公款。仍须造具报销清册，存案备查。所请札委之□，仰候发给照会前往妥办可也。①

由于民团在派捐等方面拥有较大自主权，因而冒充民团勒捐、派捐之事时有发生。如江西都督马毓宝认为，"其实心任事、孚洽众望者固多，且藉此渔猎财产、骚扰地方者亦不少。更有一般无耻之徒，不经照准，即假冒民团名义，四出勒捐"②。加之民团能从政府漕粮中取得经费，因而出现了借创办民团以获利之举。如当时江西政府内务部的一份批文记载：

德外胡炳□、左维熙禀批：禀及章程均悉。民团事宜，概由地方官查核转详，本局已经牌示在案。该胡左二人既非公举，又不禀明地方官转详，而遽来局请颁团长□□，殊属荒谬已亟。且阅所定章程，有总局、有分局，有正团长、有副团长；有总局驻兵四人，干事一人，伙夫一人；分局驻兵二人，有干事一人、伙夫一人。二局共教习一人，有书生一人。其余兵按村派充，每月操演三次。□□办事人则如是之多，常驻兵则如是之少，是□谓常驻兵者，不过□正副团长出入之护卫而已。余兵按操演三次，□亦虚衍故事，未必能守望相助。又经费一节希望漕粮项下之二成，□原为□县公益之用，非谓零星部分而能主该村民团之用也。除不准外，为此转斥。此批。③

---

① 《内务局批文》，《江西民报》1911年12月13日。
② 《冒充民团勒捐》，《江西民报》1911年12月14日。
③ 《内务局批文》，《江西民报》1911年12月22日。

从批文描述来看，该民团无论是在人员任命还是在编制等方面，均与章程规定不符。因此，我们不难推测，胡、左二人创办民团，其目的恐怕还是在于从政府赋税中获得经费。这种"缩水"民团和前述冒充民团勒捐现象的出现，从另一面印证了民团已成为人们竞相利用的一种资源和权力工具。

民团在地方社会的强势地位，还反映在其逐渐取代警察机构的趋势上。在民团出现前，警察局（所）作为维持地方治安的唯一权力机构，享有在地方社会征收捐税的权利。但是，随着民团的出现，各地普遍出现了为保证民团经费而主张停办警察的现象：

> 本邑商人因城厢内外现已办有民团，遂欲停办警察以轻负担。日前召集大众在商会提议此事，当时莅会之人无不赞成，但该会执事诸人受某君运动，极力反抗。嗣因赞成此说者实居少数，卒归无效。遂决议停办以苏商困而节縻费，现在各街警察均一律遣散矣。①

> 苴港乡代表万炳森等禀批：禀悉。查民团系暂时筹办，设警察为永久要图。据称该处警察经费概系房租抽出，主客各半，每月不过六千文。现因筹办民团，则由房租项下二倍照加，由房客独任。又典铺二家每月各出特别捐十千文，是每月共有经费不过一百四十千文。又该绅等因筹款维艰，遂欲专办民团，暂停警察，顾此失彼，碍难准行。所有民团经费如有不足之处，应再就地另筹，俟有成议再禀由地方官核夺可也。②

尽管政府极力反对将办理警察机构的经费用于兴办民团，但以民办的民团替代官方的警察机构似是大势所趋。如南昌万舍市巡警区官聂之藩就

---

① 《广信通信·停办警察》，《江西民报》1911年12月13日。
② 《内务局批文》，《江西民报》1911年12月25日。

因警费无着,"请求销委警差,自请委回丰城办理一坊智段团防"①;南丰县为了保证筹办民团的费用,做出了裁撤一半警兵之举②;在南城县,则是将民团、巡警合而为一。③

上述种种情况表明,在政府制度和地方实践的共同作用下,民团已经成为地方社会的军事和政治权力中心。正是因为民团成为新的权力中心,因此各级民团团长也享有极高的社会政治地位。如当时的报纸就曾这样评论:"赣省民团长刘君凤起已于昨日一句钟到达建踵门,拜谒者络绎不绝。当时各界迎接情形,较诸满接上司陋习,殆尤甚焉。噫!共和国民演出此种怪现状,殊堪浩叹也。"④

三 民团与社会权势转移

辛亥革命时期,由于地方政局极不稳定,因而政府难以对地方社会进行有效的控制,地方社会处于权力"真空"。因此,作为新的地方权力机构,民团的出现引发了地方社会进行新一轮重组。这一点,主要表现在民团与其他社会组织的结合及其创办者的身份构成上。同时,在社会重组的过程中,围绕着占有和控制民团这种权力资源,各种社会力量之间展开了多种形式的合作与竞争。

根据《章程》,征集民团团勇的方式有两种。一是抽丁,即每家有壮丁者三人抽一人;二是向地方社会招募,雇人充当团勇。团勇征集方式的多样性,为各种社会组织与民团的结合提供了条件。在一些地区,民团实际上是数个宗族组织的联合体。如史料记载:

---

① 《内务局批文》,《江西民报》1911 年 12 月 14 日。
② 《南丰通信·淘汰警兵》,《江西民报》1911 年 12 月 10 日。
③ 《建昌通信·兴办》,《江西民报》1912 年 1 月 18 日。
④ 《团长荣归》,《江西民报》1912 年 1 月 12 日。

乐安城自治公所因前月光复后奉到都督催办民团布告，缘会商沙令请准照办，以保地方。讵该令不惟不赞成，反谓何必多事，摇动民心，是以迁延未办。后因在城居民探得邻近永丰、崇仁各处有饥民借端骚扰情节，群相恐惧。该绅等复行召集各界会商办法，暂就在城七大姓，每姓酌派团丁十五人，薪水酌定每名每日一百五十文，由七姓照数派出交局应膳。所需军装器械等项，除旧存外，现拟借款陆续增加。当即齐集投票，公举詹君昌辅为绅董，游君锦云为民团长，何君荣光、元君毓华、何君飞鹏为哨官，余君伦叙、乐君声闳为庶务会计，黄君承香为书记（均尽义务，不支薪水），已于十月初一日成立开局矣。俟新任到乐后，再行呈请转报云。①

显然，乐安县城民团的出现，乃是城中七大姓联合的结果。他们不仅派出团丁，还负责团丁的膳食之费，同时也分享了民团的领导权。此外，值得注意的是，七大姓创办民团，是在乐安县令反对的情况下进行的。在创办民团后，他们也没有呈请当时的县令立案，而是"俟新任到乐后，再行呈请转报"。乐安民团的这一特点，从另一方面凸显出民团与地方社会利益息息相关。因此，从这个角度来说，乐安民团与七大姓之间的联系，在一定程度上反映出民团已成为大姓巨宗控制地方社会的权力工具。

除多个姓氏联合创办民团外，也存在单个宗族控制民团的事例。如南昌县南乡定山民团的创建，即是当地梅氏宗族独自完成的。有关梅氏宗族与定山民团之间的密切关系，在其族人担任该团局的职务中表现得一览无余：

> 梅文涛（台源），民国历充南昌万舍团练总办、南昌定山团练局

---

① 《乐安通信·兴办民团》，《江西民报》1911年12月19日。

总办，南昌商团事务所总干事。

梅光鳌，清国学生，民国定山团练局副管带。

梅光锡，清国学生，民国元年充定山团练局副稽董，军功五品。

梅光钰，军功八品，民国元年壬子定山团练局干事。

梅光综，定山团练局军需员。①

由上可知，从团练局的军需员到总办，梅氏族人无一不将其紧紧抓在手中，定山团练局实际上成为梅氏宗族一手掌握的合法的私人武装力量，从而为该宗族在地方社会建立强势地位创造了有利条件。

不仅血缘性的宗族组织能够成为民团的主体，而且地域性的会社组织也能转变为民团。辛亥革命之前，江西各地存在三点会、哥老会、洪江会等多个秘密会社组织。南昌光复后，由于江西都督府要求解散上述秘密会社组织，因而它们有的迅速向民团转化。如以下史料记述：

> 万埠街自治会绅商集议自行组织民团，拟选洪江会中义勇者二十人编作两排，设一队官以统之，所需款项由本地绅商担任，绝不苛派。闻已拟程，呈报军政府内务局并民团总局备案矣。②
>
> 三湖、永泰二市洪江会自改设民团后，会中同志皆谨守范围，以图保全名誉之计划，并在各该市设立局所，以保治安。闻该团经费系就警局向有之铺捐、新收鹅鸭等捐集合而成。③

辛亥革命时期江西的民团除一部分由大姓巨族、洪江会演化而来外，从地方政府要求各地武装统一改称民团来看，应存在着大量由保甲组织、团练、团防等演变而来的民团。由于民团能够整合地方社会原来的各种组

---

① 《定山梅氏族谱》卷2《选举》，1924年修，第7页。
② 《安义通信·组织民团》，《江西民报》1911年12月27日。
③ 《临江通信·兴办警察》，《江西民报》1912年1月2日。

织和机构,因而在官方制度和地方实践的共同塑造下,民团成为朝代更替之际基层社会新的权力中心和地方精英角逐的舞台。那么,究竟是哪些人在创办或控制民团呢?现根据已有资料,将南昌地区各民团创办情况制为下表:

表5-5 南昌地区各民团创办时间及其创办者身份(1911.12—1912.3)

地区	创办时间	创办者姓名及身份	地区	创办时间	创办者姓名及身份
南昌	12月9日	张富田,乡约所绅耆	南昌中洲镇	不详	曾秉钰,城自治会总董商会会长
南昌中乡	12月12日	胡勇昌,绅耆	新建吴城	12月5日	不详
南昌渡头镇	12月14日	黄维谟,镇自治会董事;涂仁麟,镇自治会议员	余干瑞洪镇	不详	曾杰,镇自治局暨绅商学界代表
南昌佛头塔	12月17日	喻某,乡自治局绅董	南昌	12月5日	李恭萱
新建	12月22日	陈大奎,高等学校修业生	进贤	12月9日	张万□,绅学商界代表
南昌茬港乡	12月25日	万炳森	义宁	12月5日	黄子俊,绅董
南昌	12月29日	万上达,贡生	丰城		
狮山镇	12月19日	叶英			
南昌泰祉乡	12月29日	杨□善,绅耆	进贤	12月17日	张亮饮,典史
丰城上二坊	元月4日	陈佑清,举人	真淑寺民团	12月31日	张聚奎,绅耆

资料来源:《江西民报》,1911年12月—1912年3月。

从上表可知,南昌地区民团大多出现在官方颁布《章程》之后,这说明随着官方对民团的确认,进一步刺激了地方社会兴办民团的兴趣。各民团创办者的身份表明,创办民团之人都是地方社会中的精英人物。他们有的是政府职员,有的是拥有举人、贡生功名的士绅;有的是传统地方组织乡约所的绅耆,有的是新兴政治机构自治会的绅董,还有的是新式学堂出身的知识分子。民团创办者身份构成的多元特点,说明地方社会的新、旧精英在民团这一军政机构中得到了很好的整合。不过,必须指出的是,在上表15名有身份的创办者中,商会领袖、新式知识分子和自治局局绅共有

8人，超过总数的一半。众多商人和新式士绅成为民团的创办者，在一定程度上反映了商人和新式士绅成为地方社会领导力量的历史趋势。

尽管各种地方精英在民团组织中得到整合，但由于民团的创办有很大的自主性，加之创办者身份的多样性，因而在创建民团的过程中，各种社会力量相互争夺民团这一权力资源的现象屡有出现。如《江西民报》报道说：

> 本省七门城外民团总局照会距城二十里之佛头塔自治局各绅董举办民团，已志前报。兹闻日前又照会该处之喻某举办民团，该自治局各绅董于二十四日在局内开会筹款，到会者二十余人，喻某亦在其列。当时绅董胡君廷校演说，谓今日系筹款办民团以卫地方，招团勇及筹款一切均归自治局担任，不能由喻某管理。当时喻某及多数人闻之不服，遂召集一千余人至自治局大闹，门壁均被击破，大呼谓胡廷校平日在我们头上太过分，今日尚能任其专制乎？胡廷校见来势甚凶，遂允团勇归喻某召集，并归喻某管理。于是喻某与众人宣告胡君现已承认一切，君等且休，众人遂听喻某言散去。①

由引文可知，佛头塔自治局绅胡廷校已经呈请创办一队民团，但后来该局绅董喻某又呈请创办民团。然而根据民团章程，佛头塔只能有一队民团，因此胡、喻两人为招募团勇、筹集款项职权的归属发生分歧。胡廷校之所以主张由自治局负责创办民团的事宜，其根本原因可能在于其族兄胡廷植时任佛塔乡自治局议长②，因而由自治局负责创办民团，有利于胡氏将民团的控制权抓在手中。而喻某希望由自己承担创建民团之责，其目的则是试图通过控制民团，与胡廷校争夺对基层社会的支配权，即所谓"胡廷校平日在我们头上太过分，今日尚能任其专制乎"？因此，喻、胡两人

---

① 《胡廷校为喻氏所窘》，《江西民报》1911年12月17日。
② 《南昌民国初元纪事》卷7《选举》，第14页。

在民团创办权归属上的分歧，实际上是在竞争地方社会的支配权。

　　在江西民团的发展过程中，除地方精英争夺民团控制权外，还出现了"非法"民团挑战"合法"民团的事件。根据《章程》，各地创建民团，均应呈请政府立案备查。但是，随着民团享有了充分的军政权力，许多未经官方准许的民团纷纷出现，并与原先取得官方委任的民团发生冲突。在南昌县中洲镇，先是当地士绅曾秉钰、刘秉机向官厅呈报，创办了中洲镇民团局。不久，该镇附近璜溪墟舒荣峰等人以取得官厅委任为由，前往中洲镇团局，要求在中洲镇征款，设立璜溪墟局，以取代中洲镇团局。而根据《章程》，璜溪墟不应再建民团局。因此，中洲团局在真假未明的情况下，派员前往省城民团总局问询。由于是假冒札委，因而舒荣峰一面派人将问询之人拦截于返回途中，一面以武力威逼团局捐款，从而导致双方发生械斗，并互有伤亡。次日，舒荣峰等改由民团总局一谌姓管带继续索取捐款，并将中洲民团局捣毁。事情发生后，中洲镇在省绅军商学各界推举代表，上禀江西军政府，要求严惩舒荣峰等人。① 江西军政府在接到中洲镇各界代表的呈文后，迅速作出了判决。虽然就我们所讨论的主题来说，政府对于此事的态度并不重要，但其批文对于我们理解该事件的意义颇有助益。批文云：

　　　　中洲镇民团前由曾君秉钰等秉请开办在案，舒姓荣峰如果以璜墟公事越境霸局，殊属非是。且璜溪墟与中洲地址相近，亦未便再立局所。该舒姓荣峰所办民团，本局亦无成案，在法律上自属不能生效。至格斗受伤一节，该舒荣峰既出有情亏甘结，仰嗣后确守范围，不得违背法律，致干未便。②

　　显然，在政府看来，中洲团局是合法的，是先前就有的，应该保留；

---

① 《详记中洲乡伪团滋事之情形》，《江西民报》1912年1月16日。
② 《记中洲镇会议格杀民团事》，《江西民报》1912年1月18日。

璜溪墟团局既未立案，又与中洲团局相近，是不符合章程和不应存在的。但是，以上诸多事实表明，民团作为当地精英的权力斗争工具，其存在与否，并不取决于官方法规，而是取决于清末新政以来形成的地方政治格局。这一点，正是我们对民团做历史考察的主旨所在。

四 结语

总之，辛亥新旧政权交替之际，政府职能的削弱与社会的动荡不安，导致地方社会一度出现了权力"真空"，民团成为各种基层社会力量重组的舞台。从历史上来看，这一时期民团的兴起并不是一种全新的地方武装，而是在晚清时期江西乡村社会中团练组织的基础上发展而来。一些民团在创建之初，实际上就是乡村社会中原先的团练局或保甲局。政府加以规范之后，方统称为"民团"。当然，由于时代的变化，民团也表现出鲜明的时代特征。因此民团与团练等地方武装既有一脉相承之处，又有诸多与之相异的特点。

首先，民团的兴起并不是政府号召的结果，而是一种自发性地方武装组织。其次，从团勇的来源上看，秘密会社也成为民团的重要构成部分。最后，在民团领导人的构成上，既有获得传统功名的士绅，又有新式知识分子、商会会长以及自治局议员等新式地方精英。当然，在看到民团与团练的差异性之时，我们也发现它们存在着诸多相似之处。例如，两者都是集军政大权于一体，成为基层社会的权力中心；两者都从宗族组织中吸取资源，并成为单个宗族和族际联盟控制地方社会的权力工具；等等。

民团与团练间的共同点与差异性，以及两者与宗族组织的内在联系，表明民团并不是辛亥革命这一特定时期的产物，而是中国传统社会内在运行机制长期发展的结果。自明中后期始，中国传统社会的国家与社会关系呈现了新的特点，"基层社会自治化"成为一种社会发展趋势。在官方的授权下，宗族等社会组织承担起管理地方社会之责。至晚清时期，在经历了全国性的地方军事化后，国家对地方社会的控制名存实亡，地方社会的"自治化"程度进一步加深，团练局一度成为地方政治权力中心。清末新政时期，君主立宪、废科兴学、振兴工商等政策自上而下的推行，再一次将地方自治推进了一大步。与此同时，自治局议员、新式学堂学生以及新式社团领袖等现代精英人物随之出现，地方社会形成新的政治格局。然而，新旧政权的更迭，导致地方社会的权力结构再次被打破，权力重组成为基层社会发展的必然趋势，从而促成了民团的兴起，并使其呈现出时代特点。因此，在某种意义上说，民团既反映了晚清军事化以来地方社会"自治化"进程，又集中体现了此一时期地方社会的政治格局。

第六章　晚清民国时期的宗族组织、"义图"与乡村联盟

宗族组织是江西传统乡村社会文化网络中的重要一环。正如前文所言，无论是团练和民团的组建，还是地方自治的推行与新式社团的发展，宗族组织都在不同程度地渗入其中，表现了极强的能动性和包容性。可以说，面对时代变革，宗族组织通过自我调适，成功地完成了时代转型。民国时期，无论是义图的复兴，还是乡村联盟的延续，宗族组织仍然是其中的核心因素，对地方政治产生了深刻影响。

第一节　宗族组织的转型

清末民初，在国家政治变革的过程中，江西宗族组织一度受到了极大的冲击。但是，在士绅群体的主导下，宗族组织既借助传统的宗法观念进行族内整合，又积极利用地方自治、新式教育等新的政治体制和文化资源寻求外部发展。江西宗族组织的转型过程，直接表现为族谱编修的政治化、宗祠重建及其管理的社团化，以及宗族组织与新式教育的发展。

一　族谱编修的政治化

在明清时期宗族组织的发展过程中，家谱的编修是一种普遍的文化现

象，反映了国家意识与乡村社会文化传统的内在联系。① 透过族谱的编纂，士绅阶层在族中确立起一套界定社会身份的准则和经济行为的规范。在清末民初江西社会中，修谱仍被广大宗族视为重要之事。如《南昌县志》说道："（南昌各族）最重谱牒，年穀熟则群率修谱。凡辱身贱行者则除其谱，若除谱则不复齿于人。族法之严者，惟罚除谱饼。苟受其罚，人莫与之论婚。新岁必以谱饼相遗，通祖惠致，祭肉之意也。"② 不过，由于时代的变化，此时江西各地族谱的修撰，在承袭以往传统之外，还呈现出将"宗族"与"种族"，甚至"宗法制度"与"地方自治"联系起来的特点。这种现象形成的原因，在于族中的新士绅试图将现代政治的话语，与族谱编修的意义建立起联系。如万载士绅辛际周坚信，尽管国家政治体制已经发生了巨变，但是宗法制度仍是维系国本的重要基础。萍乡士绅刘洪辟则认为，一种新的体制要在全国范围内推行，必须从宗族施行开始。家谱的编修和相关内容的记载，为推行地方自治提供了充分信息。只有将"宗法与国例"二者有机结合，现代政治体制方能延伸至乡村社会，最终达到"家国一体"的目的。③

在清末民初江西士绅的眼中，修谱不仅与"地方自治"有着内在的一致性，还是维系传统道德价值体系的必要手段。如新建县士绅方德辉认为，族谱需要不断的编修和完善，以达承前启后、崇德报功之效，否则会导致族内纲纪混淆、尊卑倒置。同时，方氏还认为，族谱应彰显忠义贞操，教导族人惩恶扬善。唯有如此，宗族方能"绳绳而不坠"。④ 与方德辉持同样看法的，还有吉安县坊廓乡徐原周氏宗族的周必荣。他在《徐原周氏重修族谱序》文中，论述了大变革背景下族谱编修的必要性：

---

① 刘志伟：《祖先谱系的重构及其意义——珠江三角洲的个案分析》，《中国社会经济史研究》1992年第4期；[日] 濑川昌久：《族谱：华南汉族的宗族·风水·移居》，钱杭译，上海书店出版社1999年版；饶伟新主编《族谱研究》，社会科学文献出版社2013年版。
② 光绪《南昌县志》卷56《风土》，第4页。
③ 梁洪生：《辛亥前后江西谱论与社会变迁》，《中国社会历史评论》2000年总第2卷。
④ （清）方德辉：《方壮犹堂文集》卷2《序》，民国时期刊本，第2页。

> 自欧化风化灌输，吾国道德藩篱为之大破。后世小子蔑视陈法者，而誉为时髦巨人。长德率由旧章者，而鄙为顽固。举世昏迷，黑白莫分；彝伦之道，弃糟粕；天性之亲，视同寇。言甚者，父子兄弟操戈，鱼肉宗族戚友。盲目攻击，天理溃乱，人伦灭亡，冠履倒置，禽兽不如。如此，担当风化者，所以斤斤发扬旧道德而导民于正轨也。庚午以还，予侨湘潭五载，执卷归梓，见人心崎岖，满目荆棘，对于地方应兴应革诸事，宜缄口而弗敢言。近以四境巨族，如赵塘、黄桥、大桥、南坑各村，撰修族谱，据底于成。于是不揣谫陋，欲步其后尘，将家乘重修，举亲亲尊祖敬宗收族之义。讲明伦常，藉以挽回人心风俗于万一。①

显然，在周必荣看来，随着西方各种新式思潮的进入，传统的道德价值和纲常伦理遭受极大冲击，出现了"天理溃乱，人伦灭亡"的危机。因此，他希望借助族谱的重修，来达到"挽回人心风俗于万一"的目的。但是，时代的变革也使士绅们意识到，为保证宗族的发展，除整合族内各种资源外，还必须从宗族之外获得更多的资源。而实现此一目标的最佳途径，莫过于谱系重构，整合资源。下试以民国六年（1917）新建县小淇熊氏族谱的修撰为例，略作分析。

小淇熊氏族谱始修于明万历年间，后按照三十年一修的频率进行。至清咸丰七年（1857）和光绪十三年（1887），分别进行了第九次、第十次编修。民国六年（1917），该族完成了第十一次修谱。与前次不同的是，小淇熊氏此次修谱时，来自南昌县的七支熊姓试图合修。据主修熊志祖之子的文章记载，小淇熊氏族人起初并未同意将这些南昌熊姓编入族谱，但熊志祖极力赞成。其理由是：

---

① 《徐原周氏重修族谱》，新序，2001年修，第4页。

> 谱所以纪世系，俾吾人知所出，亦俾后人不遗我所出也。南昌支旧谱具在，与吾同七修，周坊且与九修，皆信而有征者，乌能外之。盖以吾人观之，则曰今增南昌支；而自吾祖宗观之，夫亦曰少一遗漏而已。①

从上文可知，熊志祖之所以同意与南昌县的七个支族合修，乃是出于敬宗收族的目的。不过，在熊思襄所作《熊氏十一修族谱杰架楼支序》一文中，我们看到另一番景象。该文较全面地记述了杰架楼支世系进入新建县小淇熊氏族谱的过程，有助于我们了解此一文化现象背后的意义。兹引述如下：

> 丁巳春，有自南昌来者，以旧谱见示，读之，瞿然曰："此吾仲锦公苗裔也。"问其支有几，曰：谱凡六集。问其失修何年，曰：闻父老言，南邑修谱始嘉庆间，续修者亦六集。惟吾村人多懋迁山东、广东，近且有渡海往英属新加坡者。去乡日远，宗族日疏，久且不可考矣。问其合修之谋，曰：人各商之，家家商之，村村商之。六村皆曰：可。今又往小淇祠行视可否，故携谱以明，非攀附也。（某谨按：今北山支亦仲锦公子彦兹公后。）校其世系，无累黍差，遂与遍告族中诸父昆弟，皆未尝易某之议，于是自彦兹公始，历代加入雁行。刻印将竣，复请为序。某闻先圣有言，既庶矣，富之。既富矣，教之。杰架楼支以累世商贾，蒸蒸日上，其富居全族右，乃复敬宗收族，以教后世，岂惟仲锦公之灵，亦足为族中之人心风俗劝也，是皆可嘉也。乃为之书。②

从序文中不难看出，杰架楼支世系整合到新建小淇熊氏族谱中，是双

---

① （清）熊思襄：《东园未定稿》卷2《序》，民国年间刊本，第13页。
② 同上书，第14—15页。

方共同努力的结果。首先，在小淇熊氏修谱之前，杰架楼支族人携旧谱前往小淇，熊志祖确定其为熊氏先祖仲锦公之后。其次，杰架楼支在小淇熊氏修谱时，再次携己谱前往。熊志祖察看该支世系后，认为其与本族世系相符，告知小淇熊氏族众。在无人反对的情况下，"于是自彦兹公始，历代加入雁行"，完成两谱世系的对接。

由于未见原谱，因而难以判断二谱之间是否存在世系联系，或是攀附之举。然而，从文中内容看，杰架楼支熊氏应是一个新兴的商业宗族，有着雄厚的经济实力。村人不仅在山东和广东经商，甚至贸易海外。族人常年流居外地，导致宗族组织的涣散，故希望通过与大宗建立联系，取得文化上的地位。熊志祖之所以同意杰家楼支加入，在所谓世系相符的背后，隐藏着经济利益的驱使。只是没有将这层意思直接表达出来，而是采用了一种委婉的表述，即其所说的"既庶矣，则富之；既富矣，则教之"。

同姓通谱是清末民初江西士绅强化宗族组织的另一种方式。同姓通谱指的是在同姓者和同姓宗族间，通过合作编撰谱牒进行的认祖、连通世系、重排昭穆等活动。自明末清初始，同姓修谱甚至异姓联合修谱在各地时有发生。在那些族群矛盾突出的边缘山区，通谱成为小族联合抗争大族的有力工具，深刻地改变了地方社会的权力结构。[1] 清末民初，同姓联宗在江西各地仍普遍盛行，成为地方自治背景下地方精英的一种文化策略。[2] 不过，值得注意的是，此时士绅阶层还将同姓通谱这一行为，与国家联合相提并论。如南昌士绅魏元旷首先以自然界的现象，说明了各族联合的必然性，及其对宗族发展的重要性。其后，他又将国、族相比，为魏氏通谱的修撰寻求合理依据，所谓"国无大政，失而国瘝。族无大教，失而族弊"[3]。

---

[1] 钱杭：《血缘与地缘之间——中国历史上的联宗与联宗组织》，上海社会科学院出版社2001年版。
[2] 饶伟新：《同姓联宗与地方自治——清末民国时期江西地方精英的文化策略》，《学术月刊》2007年第5期。
[3] 魏元旷：《潜园文集》卷6《序》，1920年，第2—3页。

新建士绅王锡藩在《合修大成王氏族谱小引》一文中，则从群力出发，引申出同姓联合的内在合理性和时代必要性。他说道：

> 窃观今日之世界，一群力竞争之世界矣！合群则力强，离群则力弱；合多数之群则力强，合少数之群力则力弱……是故各国之有联合，各界之有团体，即是意也。且今日之势，不第各团各界之贵能群，即姓氏亦贵有之。能群之姓则强，不能群之姓则弱……我族自唐景肃公发祥剑邑东山以来，子孙不知几千万支，派不知数百十，迁徙各地，几遍郡县。然犹睹面相亲，名犹不紊者，实以由唐迄清，历千余年，能合大群而修谱故也。滋自前清康熙间大修以来，年逾二百，世历十余。丁则愈生而愈多，支则愈分而愈远。旧族虽大聚，新支多散佚，苟非重修大谱以联合之，我王氏子孙受人欺虐者不知几何也。伏念我族诸公，上念一本之亲，下顾同宗之谊，踵兴义举，隐动孝思，莫负发起之心，且尽转达之义。将已闻者固不胜踊跃，未闻者亦不虑弃遗。庶几谱事有成，群力终合也已。①

显然，王锡藩主张王氏合修通谱，乃是出于对时代变化与本族现实处境的认识。他希望通过合修通谱，将王姓各族联合起来，以达"苟与他族偶有交涉，独力难持，犹得并力以相御"之效，从而避免被其他大姓欺虐的情形。此外，为使新建、南昌两地之王氏各族进入更广的族际联合中，王锡藩又鼓励由余干马坡嘴徙居新建、南昌两地的王氏各族，与原籍王姓合修族谱，以实现更大地域范围的联合。② 王锡藩对同姓通谱的解释与实践，既是士绅为宗族适应现代社会发展而采取的文化策略，又使同姓通谱这一文化行为具有了明显的政治色彩。

---

① 王锡藩：《立三堂遗集》卷3《引》，南昌新风楼2003年刊印，第57页。
② 同上书，第58页。

二 宗祠重建及其管理社团化

祭祀祖先为宗族组织的重要功能之一，祠堂则是祭祀祖先的公共场所。为了强化族人对宗族的认同，定期组织族人至祠堂祭拜成为必不可少之举。在清代江西乡村社会中，宗祠既是宗族的祭祀中心，也是处理族中事务的权力场所。如咸丰《袁州府志》就云："诸大姓皆有祠，祠有祭田。祭期率以清明、冬至日，族人咸聚，尊卑长幼秩然，亦有非绅士不得执事者。"① 光绪《南昌县志·风土》记载："族大小皆有祠，大事必于祠议之。"清末民初，由于战乱等各种原因，江西许多宗族的祠堂受到破坏。因此，士绅为了重建宗族组织，在积极倡导修谱之外，还通过修复祠堂来强化宗族组织应对时代变革的能力。如吉安县士绅、第一届省议会议员、民国《吉安县志》的编修者王祜认为："苟畏难不为，祠事必日就散弛，俎豆阙如，诒神怨恫。所遗附宅、店房，久亦或多损失。纵得人毅然复之，必有苦其倍难于今日者。"② 可见，在王祜看来，在大变革时代，如果不能及时修复宗祠，不仅族人之间会失去凝聚力，且族内财产也将面临损失。今后即使有人愿意出力修复，必定遇到更大的困难。

在重建宗祠的同时，江西士绅还利用编修族谱之机，制定相关规约，强化宗祠权威。如萍乡士绅刘洪辟在《萍北泉溪刘瑞亭支谱》中就制定了"守祠规条"，从供奉香灯、洒扫堂宇、照料什物、查禁堆积、严谨防卫、听候呼唤等方面，对族人的行为提出了具体要求。③ 万载昌田钟氏在族约中亦有"肃祠规"的条文：

> 宗庙为礼法所在，尊卑长幼秩然，方成规矩。嗣后逢合议祠事，

---

① 咸丰《袁州府志》卷8《风俗》，第4页。
② 《吉郡王氏长者公祠主谱》，新记，1926年修，第1—2页。
③ 《萍北泉溪刘瑞亭公支谱》卷5《规约》，1922年修，第26—27页。

或理族人投祠事件，尊长、房长、斯文、禁首，依次列坐，公是公非，余人旁站静听，不得喧哗，亦不得杂嘴。至祭祀祖先，一年一举，尤宜各展孝思。凡属绅士有故意不到者，追还原给花红。祭时敬谨如仪。不敬者司过，长辈指摘照罚。不与祭者端立两旁，如有接耳交谈、东奔西走者，亦有罚。祭毕燕□，绅者坐位居上，□人坐位居前，不得僭越干咎。①

士绅对建祠一事的热衷与祠堂管理的加强，不仅为宗祠的延续提供了有利条件，还进一步强化了宗祠作为宗族权威中心的地位。据1929年的《南昌县社会调查》记载："民多聚族而居，各有祠堂，事无巨细，悉此会议。其有作奸犯科者，共除其谱，示不齿于族人。"②民国中期，人们在万载乡村看到的景象，还是"各姓氏之宗祠家庙鳞次栉比，颇饶宗法社会之意识……宗族制度，亦较严密。各姓宗祠计有三四十所，所用门联，多为'皆次明伦，庙中何殊庠序；是亦为政，门内等若朝廷'③"。

士绅除以全族或房支的名义重建宗祠，还借助同姓这一文化资源，扩张宗祠的地域性。自清前期始，同姓建祠就成为江西境内一种普遍的联族活动。至乾隆朝，虽然地方官员以有碍社会治理为由，对同姓建祠严加管控，但同姓建祠之风并未根除。清末民初，江西城乡各处，甚至省城南昌，均建有众多合族祠。这些祠堂或为一县某姓合建，或为一府单姓所造，有的还是全省同姓合建。如《吉郡萧氏大宗祠主谱》就说道："江右风俗从厚，甲诸行省。凡族聚而居者，靡不有祠。祠以派分，既各隆其小宗矣。而村又有合祀各派之宗祠，邑则有合祀各村之宗祠，郡则有合祀各

---

① 《万载昌田钟氏宁房支谱》卷首《族约》，1935年修，第6—7页。
② 江西省农业调查所编：《南昌全县农村调查报告》，1929年，第127页。
③ 陈赓雅：《赣皖湘鄂视察记》，申报月刊社1934年版，第23—25页。

邑之宗祠，甚至省会亦有合祀各郡之宗祠。"①

但是，就管理的模式而言，无论是乡村中的合族祠，还是城市里的联宗祠，都具有现代社团的组织形态表现出的强烈的时代性和政治性。如《江西全省黄氏主祠祠章》规定，该祠的最高权力机构为"全省捐户代表大会，于每年春冬祭祀时各举行一次。如本次执监联席会议认为必要时，得召集临时捐户代表大会"。此外，该祠还设立"执行委员会"和"监察委员会"，其中"执行委员会"作为召集捐户代表大会的机构，设 9 名委员，"由赣东道选出三人，赣南、赣西、赣北各选出二人组织之。每道并各选候补委员一人，任期一年，得连选连任，于每届清明大会改选"。监察委员会设委员 5 人，"由各道各选一人，其余由四道公选一人组织之"②。萍乡县石子岭黄氏宗族则设立了"黄氏祠务理事会"，作为族内大小事务的决议机构，并制定了相应的章程。具体内容如下：

第一条　黄氏合族为敦睦族谊，协谋福利，执行各种事务，由全族大会通过设立"黄氏祠务理事会"（以下简称"本会"）。

第二条　本会会址设于石子岭黄氏宗祠。

第三条　本会设理事五人，由全族大会就贵、盛、圣、贤、荣公五房各选一人，并由理事互推一人为理事长，理事任期为三年，连选得连任之。

第四条　本会议掌事务如左：

总务：文书、交际、祭祀及其不属于各股事。

财政：钱谷之收支事务。

庶务：物品之购办保管事务。

调查：全族生殁嫁娶异动之调查，记录坟林之保护事务。

福利：全族公益之设计，利益之分配，纠纷之调解事务。

---

① 《吉郡萧氏大宗祠主谱》，序言，宣统元年修，第 1 页。
② 《江西黄氏宗祠五修主谱》第一册《条规》，1933 年修，第 1—5 页。

　　　　右列事务由本会决议后交各股执行

　　第五条　本会不能办理之事务，或有关全族兴革大事，应召集全族大会解决之。

　　第六条　本会应于每年冬祭前十日，清算全年收支数目，与全年所处理之事务，于冬祭日当众报告。

　　第七条　本会之监督，由尊房长担任之。

　　第八条　本会有怠职及侵蚀公款情事，由尊房长或族人随时质询与举发，以便全族大会之罢免，并责令其赔偿。

　　第九条　本简章如有未尽事宜，由全族大会修正之。

　　第十条　本会简章自公布之日起施行。①

　　从上述祠章来看，作为全族最高的权力机构，黄氏祠务理事会的组织形式是理事制。理事会由五房各推选1名理事组成，然后通过互推产生理事长。理事会下设5个股，分别负责祭祀、钱谷收支、物品采办、人口和产权变更登记，以及全族利益分配和纠纷调解事务。同时，为了监督祠务理事会，尊房长可以随时质查和问询，然后召开全族大会进行决议。"祠务委员会""捐户代表大会"以及"执行委员会"等各类宗祠管理形式，实际上是现代社团管理体制与宗族组织的糅合，反映了宗祠管理的社团化。

三　宗族组织与新式教育

　　清末时期，清政府推行了废科兴学、地方自治等各项新政。而新式教育的发展，被视为推行地方自治的基础，即所谓"收教育普及之效，而立地方自治之基"。在此背景下，江西地区不仅出现了各种新式学校，且经

---

① 《萍乡石子岭黄氏四修族谱》卷4《祠会简章》，1949年修，第1—3页。

历了一个由城市向乡村扩散的过程。正如丰城人邓立德所说："慨自前清末造，欧风美雨，相逼而来，而吾国政府暨封疆大员，鉴潮流之所趋，毅然以停科举、兴学校为急务，岂好事更张，亦以学校为培植人材之地，其关系非浅鲜也。自是而后，提议兴学之人，风起云涌，大而都会行省，次而府厅州县，凡各种学校之规模，次第毕具。即再次而市镇、乡村，亦皆以小学为培植人材之始基，公立私立，如栉如林。"① 据光绪三十三年（1907）学部总务司编制的《第一次教育统计图表》，当时江西共建有官立、公立、民立小学堂409所，其中官立高等小学堂73所，两等小学堂14所，初等小学堂71所，半日学堂3所，女子学堂1所。公立高等小学堂64所，两等小学堂33所，初等小学堂27所，女子学堂3所。民立高等小学堂6所，两等小学堂29所，初等小学堂83所，女子学堂2所。按地区划分，省城南昌11所，南昌府29所，饶州府12所，广信府45所，南康府18所，九江府24所，建昌府19所，抚州府32所，临江府7所，瑞州府28所，袁州府33所，吉安府77所，赣州府50所，南安府19所，宁都直隶州5所。②

在这些遍布江西城乡的新式学校中，大多数乡村新式小学的创建，均与当地的宗族组织及族中士绅相关。如南昌县令为普及新式教育，就谕令南昌各地宗族兴办族学。其文称：

> 案奉上宪通饬城镇市乡等处应各兴办族学，以收教育普及之效，而立地方自治之基。查南昌市镇共三十五处之多，居民乡村共二百零九处之广，而成立族学不过十余所，亟应责成各处绅董族长迅速兴办，不举办者即罪其族长。学龄儿童不入学者，即罪其父兄，并酌定条规如后：A期限。自出示之日起，限一月内各镇市乡村将筹办方法来县报告。B学区。凡族大者，自一区以至数区不等。族小者，联合

---

① 民国《丰城通志稿》卷31《艺文》，第23页。
② 《江西省志》之《教育志》，方志出版社1996年版，第502—503页。

他族共为一区。C 学费。凡各族祠宇均有公费，各村又有迎神演戏赛会建醮各费，一律提拨。D 罚章。示期一月内将办法报告，如有逾限不办不报者，罚钱四十千文。族学成立，如有儿童不入学者，将其父兄处以三千文以上至一百千文罚金，以家之贫富为断。祠宇公费如有不肯提拨者，即令其族长照数认罚。如族丁阻止，准其族长禀究。迎神演戏赛会建醮各费如有不肯提拨者，除另拘案究惩外，仍照数充罚。以上罚款，均拨为学堂之用。①

在地方官的强制推行下，许多宗族纷纷兴办族学。其经费有的由族人提供，有的全族筹措，有的将族中公产作为办学费用。如南昌县胡氏宗族学堂的经费，就是创办者胡士华提供。曾氏族立两等小学堂的费用，则由曾氏合族共同承担。② 对于各宗族提出以公产充作族学经费，地方官员往往予以批准。如萍乡县人吴贵祥将族中福海、寿岩两处祀田租提充办理族学经费，官方"认为自是正当办法，准予立案"③。

民国初期，江西各地的新式小学继续增加。如民国《丰城通志稿》记载："民国改元以来，庶政革新，以发展小学、提高民智为急务，取缔私塾，补助小学。同时迈进，不遗余力。城区更有县立模范小学、女子小学之设，乡村私立学校以历有增加。从此小学林立，数量之多，谅有可观。"④ 不过，与清末江西各地新式小学的创建一样，民国初期江西乡村新式教育的发展，仍然是宗族组织与士绅积极推动的结果。如民国《分宜县志》记载："车田私立培英高初两等学校，民国二年族绅袁玉麟、廷桢、廷槐、日润、延寿等集资呈报成立。""介溪私立小学校，民国七年，经本族士绅严嗣遵等筹款呈报，成立高初两等学校。"⑤ 南昌县 40 余所新式小学，亦

---

① 《南昌教育普及办法》，《申报》，宣统元年五月二十日。
② 《江西省志》之《教育志》，方志出版社 1996 年版，第 502—503 页。
③ 《江西学报》之《公牍》1913 年第 17 期，第 25 页。
④ 民国《丰城通志稿》卷 7《教育志》，第 10 页。
⑤ 民国《分宜县志》卷 5《学校》，第 90 页。

大多为士绅及其宗族创建。现根据各相关资料，将该县部分小学创建情况列为下表：

表 6-1　　　　　　　清末民初南昌县各小学基本情况

学校名	创建时间	创建者	创建地点	创建者身份
心远两等小学	光绪二十七年	熊育锡	月池熊村	光绪三十三年任县教育会副会长宣统二年任城自治会总董
义正两等小学		曾秉钰	璜溪曾村	宣统二年任城自治会总董、曾任第一届江西商务总会会长
城立国民学校	1912年	胡干	城区	民国二年任南昌教育会会长
岚湖国民学校	1912年	万树荣	幽兰区	民国四年任幽兰乡农会会长
惜材国民学校	1913年	喻松	罗舍村	宣统二年任罗舍乡自治会乡董
泾口两等小学	宣统二年	胡云		宣统二年泾口乡自治会议长
棠溪国民学校	1914年	邹宇孟	邹氏村	民国二年任武溪自治会名誉董事
远山国民学校	民国1917年	章朝冕	幽兰镇	宣统二年幽兰自治会董事、民国元年任县自治会议长
雪舟国民学校	民国1917年	章朝芬	幽兰镇	民国二年任幽兰镇自治会副议长
培基国民学校	民国1914年	涂光照	幽兰涂村	宣统二年、民国二年连任幽兰镇自治会陪董
南塘国民学校	民国1918年	徐润棠	泰祉区	民国二年任泰祉乡自治会副议长
尧晕国民学校	民国1918年	万以坤	幽兰万村	民国二年任幽兰镇自治会议长
振华国民学校	光绪三十四年	吴舒薰	吴石村	宣统二年任板湖乡自治会乡佐
公立国民学校	光绪三十三年	傅汝霖	市汊	宣统二年任市汊乡自治会议长
河洲国民学校	光绪三十三年	万鼎升	河泊区	宣统二年任河泊乡自治会副议长
铸因国民学校	光绪三十三年	雷金英	茶园雷家	民国二年任冈上乡自治会议长
日新国民学校	民国1913年	李士杰	下坊村	宣统二年任广福乡自治会议长
振声国民学校	民国1914年	罗宜	柏林罗村	宣统二年富丰乡自治会副议长
培元国民学校	民国1915年	晏鼎升	漳湖渡	民国二年任市汊乡自治会乡董
河泊启智国民学校	宣统元年	万陆驹		宣统二年任河泊乡自治会议长
明新国民学校	民国1912年	胡人俊	岗前胡村	宣统元年任万舍乡自治会副议长
竞化国民学校	民国1915年	蔡裕	三江区	宣统二年任三江乡自治会乡董
万舍市立国民学校	民国1913年	彭先旭		民国八年任万舍农会副会长
黄溪渡国民学校	民国1913年	杨承泰		宣统二年任黄溪乡自治会乡董

续表

学校名	创建时间	创建者	创建地点	创建者身份
黄溪渡培基国民学校	民国1915年	郭承平		民国元年任县自治会参事、宣统二年任黄溪乡自治会议长
北沥徐氏光裕国民学校	民国1917年	徐守仁		宣统二年任龙泉乡自治会乡董
龙泉国民学校	宣统三年	胡炳垣		宣统二年任龙泉乡自治会议长、民国元年任县自治会议员
塘山虞兴国民义塾	民国1920年	胡炳垣		宣统二年任龙泉乡自治会议长、民国元年任县自治会议员
谢埠镇小学校	宣统元年	胡 霞	令公庙	宣统二年任谢埠镇自治会乡佐

资料来源：《南昌民国初元纪事》卷3《学校》，第46—57页。

种种情况表明，创办新式学校是清末民初江西宗族发展的重要组成部分。这一点，既是官方在乡村推行新学的结果，又表明新式学校已取代科举功名，成为地方社会中大小宗族竞相追逐的文化资源。因此，为了鼓励子弟积极追求更高的新式学历，宗族组织制定了详细的奖励措施。如吉安县坊廓乡张氏宗族就规定："高等小学校，送毕业礼钱四串文；中学校，送毕业礼钱八吊文；而师范毕业者与中学校平等。至于游学各国学者，每年帮经费钱十二吊文，送毕业礼钱八吊文。"① 万载潭溪万氏宗族亦拟定了《暂行奖励规则》，激励族人考取各类新式学校。具体内容如下：

  第一条　总纲　本祠原有奖励成规，因时代迁流而国家学制、官制尚未定局，兹就现在公同商酌数条，俟学制、官制完备时再行斟酌修改，故本规则名曰"暂行奖励规则"。

  第二条　肄业津贴　照教育，部所定学校统系表，分别年限、阶级。高等小学及与同等之乙种实业学校定肄业几年，每年给津贴洋　元。中学校分初中、高中及与同等之师范学校，定肄业几年，同等甲种实业学校定肄业几年，每年给津贴洋　元。大学校及与同等之专门学校定肄业几年，或几年同等之高等师范学校定肄业几年，每年给津

---

① 《吉安河东斋楼前张氏族谱》卷4《义学会条例》，1917年修，第21页。

贴洋　元。以上各学校皆不论本科预科，亦不分在县在道在省在京，一体给发。惟肄业期满，考验不及格留校补习者再不给。

第三条　出洋学费　出洋肄业，除照第三条学校之等级发给津贴外，仍加给学费。肄业东洋各校者每年给学费洋　元，肄业西洋各校者每年给学费洋　元。

第四条　考试川资　科目虽停，考试仍不能免，如文官法官各项考试是也。其考试有在京在省在道之殊，则路途自有远近之别。惟应某项考试必具某项资格，如与规定之资格相符而应考者，晋京给川资洋　元。晋省与道，给川资洋　元。资格不合而程度适合，或应试考取某官给有凭证者，川资照与补给。若京都省道各校招考不在此例，虽赴考亦不给川资。

第五条　毕业学仪　高等小学及与同等之各校毕业，给贺仪洋　元。中学及与同等之各校毕业，给贺仪洋元。大学及与同等之各校毕业，给贺仪洋　元。东西洋各校毕业，仍视其学校之等级，与本国学校比照，给发贺仪洋　元。①

清末民初宗族组织与新式教育之间所呈现出的景象，既是科举制度废除的必然结果，也是新式学历成为乡村社会中一种新的政治文化资源的有力印证。正是在士绅阶层的努力下，江西的宗族组织通过创办新式学校，培养出一批新的政治和文化精英，为自身的发展创造了有利条件。在江西众多宗族中，都不乏借助新学获得政治上成功之例。南昌月池熊氏宗族，更是积极利用新学追逐社会权势，对地方政局产生了广泛而深远的影响。②

---

① 《万载潭溪万氏族谱》卷上《暂行奖励规则》，1941年修，第1—2页。
② 李平亮：《新学、宗族与地方政治——以南昌月池熊氏宗族为例》，《中国社会历史评论》2007年第8卷。

四 结语

在中国传统乡村社会文化网络中,宗族组织是重要的一环。清末民初,面对政治变革,江西的宗族组织表现出极强的能动性。士绅通过编修族谱、修建宗祠、同姓联宗等文化活动,将传统资源与现代因素有机结合,促使宗族组织在新式教育与地方政治生活中扮演着重要角色,完成了从传统向近代的转型。此外,必须指出的是,江西宗族组织的近代转型,除了借助修谱建祠、同姓联宗以及发展新式教育等文化资源外,还与"义图制""地方自治"等制度有机结合,对地方社会的经济发展与政治格局产生了深刻影响。近代江西宗族组织的历史命运,在一定程度上揭示了中国传统社会向近代转型的内在机制与时代特征。

第二节 "义图制"的复兴

"义图制"是清代江南地区和江西众多州县盛行的一种赋税征收方式。它的主要特征,乃是以一图为经征单位,图内各甲共立约条,由甲正、图长负责各甲和全图税银的催征。清代江西"义图制"经历了一个从"民间机制"到"官方体制"的变化。民国时期,义图制呈现出两种发展态势。一是官方体制内的衰败,二是乡村社会的复兴。本节拟先考察清代义图制的历史演变,然后探讨其在民国时期衰败的原因,以及宗族组织与义图制复兴的内在关联。

一 "里长之弊"与义图制的兴起

义图,又称"议图"。关于它的定义,有学者认为是清代江南地区和江西众多州县盛行的一种赋税征收的方式。其主要特征,"乃是以一图为经征单位,图内各甲共立约条,由甲正、图长负责各甲和全图税银的催征"①。从现有史料来看,义图这种税粮催征方式在江西出现,始于康雍之际。其产生的背景,与清初江西各地的"里长之弊"和"里长催头"的改革有着密切联系。

早在明万历年间,由于里甲组织的破坏,江西部分州县出现了税粮无法按时按量征收的现象。如新建知县张栋在《因事陈言疏》中说道:"(新建)逃亡之里,十户九绝,十室九空,流离苦楚,虽鞭朴日加而终无可完之理。国赋日以亏,积逋日以益,有司惴惴焉。"②在临江府峡江县,里甲组织的破坏,导致了各里差役负担不均。据《峡江县志》记载:

> 峡江虽分二百二十里,现因地远,奸豪吞并,单弱流亡。里或止二三甲,甲或止一二户,甚至里无一甲,甲无一户者有之。藩司每年总派杂输,例照旧额,一里常兼数里之差,一户常兼数户之役。③

税粮的缺失和差役的不均,让各县地方官员和士绅纷纷上书朝廷,请求合并里甲,以达均粮省役的目的。如峡江县令钱琦就有"并里甲以省徭役"之议,上高县岁贡生黄鼎彝、卢瑜选、陈其谟等人则联名上"并里疏"。④ 不过,这些"兼并里甲"之请,因为"值国变不果行"。至清康熙年间,"里甲之弊"仍然是江西地方官员和士绅关注的主要问题之一。对此,高安士绅朱轼在与江西巡抚白潢的书信中,对高安和其他州县"里长之弊"有较为详细的描述,有助于我们理解义图产生的社会经济原因。现引述如下并略作分析:

---

① 曹乃疆:《江西义图制之研究》,台湾成文出版公司 1977 年版;万国鼎等:《江苏武进南通田赋调查报告》,传记文学出版社 1971 年版。
② 光绪《江西通志》卷 117《奏疏三》,第 46 页。
③ 同治《峡江县志》卷 9《文徵》,第 21 页。
④ 同治《上高县志》卷 10《奏疏》,第 5 页。

蒙谕里长之弊及革除之法，不揣冒昧请言其概。里长者，一里之催头也。十甲为一里，按年轮充，以一甲之人，催九甲之粮，投歇取保，三日一次应比，按限守柜守仓，奔走往来催攒之，耗财耗力，已属难堪。况两税经承有费，区书图差有费，修仓铺垫有费，领散归补出陈仓谷有费，折封有铺堂费，上役退役有费，科场有棚厂费，新官到任有修理衙署费，种种诛求，约一百五六十金不等……十三郡中役费之轻重多寡不同，未有脱然无累者。惟建昌之南丰、南康之建昌，向来革去里长，地方至今蒙福。他邑有无革除，弟离家日久，未能尽悉。或云但须禁止陋弊，止令承催守柜，然势有不能者……至革里递用滚单，必先有花户细册，信如尊谕。敝乡聚族而居，花户细册开造容易，但令本年里长逐户查编，先出示晓谕严禁册费，有抗违者严拿究处，不数月间册可取齐矣。①

显然，朱轼认为，里长不仅要承担催征漕粮之职，还兼有筹办棚厂、修理衙署等各项费用之责。就高安一县而言，各里因丁粮的此消彼长，出现了差役不均的情形，导致穷困之家无法供役。而新昌一县，里民对承担里长之役亦是苦不堪言。就江西一省而言，除革除里长的南丰、建昌两县之外，其他各郡县"未有脱然无累者"。因此，要彻底消除"里长之弊"，仅凭禁止陋规无法实现，只有革除"里递之役"。至于里递革除之后的滚催之法，必须先"开造花户细册"。这一点，在禁止征收册费的情况下，能在较短的时间内实现。

由于资料所限，我们无法得知朱轼的建议是否为白潢所接受。但是，从其他史料来看，革除里长之役已是大势所趋。雍正二年（1724），雍正帝谕令江西巡抚裴率度"禁革江西里长催头"。对此，史料有如下记载：

---

① （清）朱轼：《朱文端公文集》卷2《与白中丞》，朱黔辑，同治十年刊，第3页。

> 江西巡抚裴率度奉谕旨：地丁钱粮，百姓自行投纳，此定例也。闻江西省用里民催收，每里十甲轮递，值年名曰"里长催头"。小民充者有经催之责，既不免奸胥之需索，而经年奔走，旷农失业，扰民实甚，须即查明通行裁革。若虑裁革里长，输纳不前，亦当另设催征之法。或止令十甲轮催，花户各自完纳，庶为近便。务须斟酌尽善，无滋民累，以广惠爱元元之意。①

革除里长之役虽舒缓了里民的差役负担，但使得地方钱粮的催征缺少了制度上的保证。因此，"里长之役"革除后"另设催征之法"，确保钱粮按时征收和递解，成为江西各地官员必须解决的问题。这一点，无疑是江西各地"义图"兴起和推行的重要因素。从现有记载来看，康雍时期江西各州县的义图，大多为乡绅创设。如乾隆《高安县志》记载："刘基操，字启明，一都塘背人，生平孝友克敦，奉公惟谨，思钱漕为国家重务，纠众义图，依限输粮，使数十年无追呼之扰。"② 道光《丰城县志》记载："康熙年间，乡里竞立义图，赋分十限，按月走输，底冬十月辄为报完。"③ "朱尚文，字斐章，东溪人雍正岁贡……时分馆谷予之所居里，立义图，免差累，置仓积谷，济乡邻。"④ "毛沆，字安士，大塘人，廪贡，礼部考职，倜傥能任事……沆居乡率士民举行讲约礼，创义图保甲，急输纳，弭盗贼，今率为常。"⑤ 民国学者曹乃疆在实地调查后，对高安县义图的创设有如下追述：

> 高安幅员百里，分都四十有六。考其义图之创设，历史悠久。清康熙五十年，乡贤朱文端公予告归里，以裕国爱民之心，筹安上全下

---

① 《清文献通考》卷23《职役考》，第343页。
② 乾隆《高安县志》卷10《敦行》，第68页。
③ 道光《丰城县志》卷1《都图》，第11页。
④ 道光《丰城县志》卷15《儒林》，第21页。
⑤ 道光《丰城县志》卷17《善士》，第5页。

之计,编全县为一百五十五图,每图分为十甲,按照农事收获时期,定夏历六月完上忙地丁,夏历□月完漕米,夏历十一月完地丁下忙,务使年清年款。①

总之,清前期江西各地义图的创立,并不是官方用以替代"里长催头"的组织,而是士绅主导下创立的一种催征漕粮的方式。其目的是要达到"凡一图之地丁、漕米,自立限期,由图甲长照额催齐,赴柜缴纳,年款年清,毫无蒂欠。买卖田亩之推收过割,极为认真,飞洒、诡寄、侵渔、中饱诸弊端,均不能施之于完全义图"②。从运行的实态来看,"义图"能否取得成效,既取决于"甲正"或"首士"的经济实力和社会身份,又依赖于"图议"和"图约"的约束力。这一点正是义图可视为一种民间机制的重要表现。

二 义图的运作及其在清中叶的变化

清前期江西各州县义图的运作,是以图甲组织为基础。具体做法是:每甲设甲正一名,由花户推举本甲内品行端正、税粮较多者充任。每十甲组成一图,设图长一名,由十甲甲正轮流担任。然后规定输纳漕粮的时限,奖励按时输纳之甲户,惩罚逾期纳粮之人,以达到全图按时征输税粮的目的。如同治《安义县志》记载:"安邑五乡皆立义图,其法以十甲为一图,轮充图长。完赋各有定期,逾期而不纳者倍罚之,故民常输将恐后。官不勤劳,民无逋负,此风最为近古。"③乾隆《清江县志》亦载:"条漕各立义图,金里正董其事,纳输分两限。既纳验票,踰期者罚,较

---

① 曹乃疆:《江西义图制之研究》,台湾成文出版公司1977年版,第42—43页。
② 同上书,第46页。
③ 同治《安义县志》卷3《田赋》,第5页。

檄催者为倍严，故年来官鲜迫呼之劳，民无逋赋之扰，此最俗之醇美者。"①不过，由于义图的创立并没有一套标准化的程序，因而各地义图在图甲长的称呼、完纳期限等方面存在差异。如江西巡抚德馨在整顿丁漕时就曾说："查江西从前完纳丁漕，民间向有义图之法。按乡按图，各自设立首士，皆地方公正绅耆公举轮充，且有总催、滚催、户头，各县名目不同，完纳期限不一。严立条规，互相劝勉，届期扫数完清，鲜有违误。"②

义图之所以能够形成有效的运行机制，与"图议"和"图约"的制定分不开。"图议"又叫"图规"，或称为"章程"，规定了义图之内图甲长的责任、漕粮征完程序、缴纳期限、奖惩罚则等方面的内容，是图甲经征漕粮的基本准则和公同罚则。由于出自合图公议，和家规、族规作用一样，"图议"对图内各成员具有约束力。③ 如高安县义图创立之初，就规定"各花户应纳粮额，各照印发易知由单之数目，自行筹款缴柜，随取串票。各图并定各该月二十日或月底，拢图验串。查有欠完花户，按图约处罚勒交，不许逾限"。④ 安义县控八图的"章程"则规定："完粮时期，上忙四月十六日开征，至二十四日止。漕米十月十六日开征，至月底止。下忙于十二月一日开征，至二十日止。"如本甲粮户有"过期未行完粮者，引粮差按户催征"。⑤

"图规"的实施，为义图的运作提供了有效的保障。随着义图的发展与变化，"图规"亦处于不断的变更和完善之中。道光二十一年（1841）四月安义县控八图对图内章程进行了补订。改订后的章程，除明确册书职责和上下忙日期外，还增添了对图内逃亡甲户漕粮的赔付和未按时完纳漕粮者的处罚，规定"本甲有逃亡死绝之户，举出其亲属赔完"。"有花户过期不完者，由当年摘欠征收，按本位加三处罚之。"

---

① 乾隆《清江县志》卷8《风俗》，第11页。
② 《皇朝经世文续编》卷32《户政九》，光绪二十七年铅印本，第3页。
③ 龚汝富：《清代江西财经案讼研究》，江西人民出版社2005年版，第221页。
④ 曹乃疆：《江西义图制之研究》，台湾成文出版公司1977年版，第43页。
⑤ 同上书，第78页。

义图运作的另一项保障，在于"图会"的设置。义图创立后，其常项开支主要有日常办公费（比如笔、墨、纸、砚钱）、垫款息金、开会和清图时的茶饭费，以及图会办公场所的维修费等。因此，各地义图大都通过设立"图会"来获得稳定的经费。如高安县义图经费的来源，除图甲经费外，还有对逾限粮户征收20%—30%的罚金，"所有罚金悉充图甲办公费及图长垫款息金"。靖安县各义图则在创立之初，"或按丁米额出款，或就花户富力，酌量捐钱，作为图会底款，公放生息。用其息金以充经费，而垂久远"。该县的石马都成立义图时，就筹得会底44千文，其他各都义图也有数量不等的会底。此外，该县"义图"还有"户门会"。具体做法："甲内凡十六岁以上、六十岁以下之农民皆须入会，各量力出钱一二百文不等，亦行汇集存放。所生息金，充作该甲轮充当年时雇请单催以及平时津贴小粮户之需，有余以作赔粮之用。"① 上高县崇本和上下京陂团内二十图制定的"图议"中，亦有如下规定：

  各处图会亟宜整顿，所有租谷钱项，善为生息，无使分拆。不但承户当差公使公用，即完银、火食、运米船钱亦可于中取用。
  地丁等银，例应四月完半，十月全完，各图得于五月二十日验票。若或花户刁抗，故为怠玩至开仓以前，大图赴房抄刷各户欠数。倘有违误，除禀公外，照依图议，每两罚钱一千文，断不徇情。②

借助"图议"和"图会"，义图达到图甲长积极催征，花户按时纳粮的目的，成为"里甲催头"革除后一种行之有效的漕粮催征方式，因此受到地方官员的赞赏。然而，由于能否按时按量征收漕粮，完全取决于义图的自我管理，因而导致义图在清中叶逐渐演变成士绅用以包揽漕粮的工具。有的甚至以"义图"之名，与地方官员进行利益博弈，引发了诸多

---

① 曹乃疆：《江西义图制之研究》，第69页。
② 《名花堂录》，图议，道光二十九年刊，第8页。

"闹漕"和"漕讼"事件。

道光二十四年（1844）九月，安仁县武生高嫩汝、李白华等人在知县林汉乔出示开征漕粮时，"约会同赴投纳"。因本都花户不少，高嫩汝"起意商同李白华等包揽渔利"，"因恐各花户不允"，所以捏称"本都漕粮现经伊等公议起立义图，若随同完纳较为便宜。即米色不纯，仓书亦不敢挑剔"，怂恿各花户一同赴仓完纳。花户信以为真，即将米运至都内"志远寺"，以待一同缴纳。得知消息后，县令林汉乔随即"饬差查拿"，抓获李白华并革去其武生身份。高嫩汝得知此事后，纠合吴和良、胡老五等27人聚集漕仓，"令仓书方向高等，将本都漕米尽归伊等量收"，方向高见"势凶人众"，"畏惧走避"，县役曾兴、王贵，兵丁桂喜被木棍打伤，"关禁仓厫"。此后，县令林汉乔亲自带差赴仓，吴和良等不仅恃众抵抗，还不许各花户将漕米运至漕仓，事态进一步扩大。林汉乔不得已将此事告知饶州知府，知府一边令林汉乔同饶州营官兵将滋事人员逮捕归案，一边将"闹漕"之事上报江西巡抚吴文镕。①

除安仁县外，贵溪县也发生了包揽漕粮的士绅，以破坏"义图"之名控诉地方官员的事件。道光二十七年（1847）二月，贵溪县令阎彤恩查访该县"漕粮历有衿棍揽纳"，于是严禁绅衿包漕，结果引起贡生倪步蟾等"好揽漕渔利之人"的不满。四月十一日，生员侯邦理因与粮差刘春茂发生冲突，被县署传讯到公堂上，侯因"出言顶撞"被关押，故向同为包漕之人的倪步蟾求助。此后倪的门生刘丙照与县署门役发生争斗，被署县戒责，倪遂以"署县屡辱斯文"为由，煽动本年应试童生闹考，最后发展到杀差役、拆差房的地步。同县职员黄连生则上京控诉县署"焚仓勒折"，"滥行激众"，破坏义图。②

尽管以上两起案件均以闹漕者受到处罚而告终，但还是反映出义图已经成为地方士绅包揽漕粮的一种惯用手段。而上高县崇本、上京陂等十团

---

① （清）吴文镕：《吴文节公遗集》卷11《奏议》，咸丰七年吴养原刻本，第5—7页。
② （清）吴文镕：《吴文节公遗集》卷17《奏议》，咸丰七年刊，第1—7页。

的士绅，不仅借助"义图"实现包揽漕粮的目的，还通过联合义图，进行集体诉讼，成功地抵制了地方政府提高漕米津贴的改革。

道光二十五年（1845），上高县因垫付巨额银两出现了财政亏空，因而要求全县"一体津贴"。而崇本、上京陂等十团二十图的津贴原本较轻，如果按照"一体津贴"的标准，这些团图必定会增加额外的负担，所以拒不加增津贴。在按照原额缴纳的漕米遭到县衙书吏拒收后，这些团图连成一体，逐级上诉，直至京控。而他们拒绝增加津贴的依据，则是以十团二十图名义制定的、得到前任知县盖印的"图约"。其内容如下：

> 立图议约人一区、二区、三区、十团二十图共立急公图议约，一样二十纸，每图各执一纸。为因漕饷地丁重关国课，输将完纳，方为善良。前沐侯爷印给图约，花户踊跃输将，相安已久。后因离城窎远，居址星散，积久弊生，不无延玩。今蒙县主孙大老爷留心民瘼，扫除积弊，酌定永远章程。凡属十团二十图各花户银米，自兹以后不论分厘钱两、石斗合升，照依区额扣算统归各甲滚催，催齐赴县总完，仍按各花户分给串票为据。每年饬房改造征册，每甲载明共民粮若干，共正米若干，共正银若干，以凭照数。输完后仍分别各花户粮数，以凭推收、过割。钱粮定以四月三十日完半，十月三十日完清。漕米每届开征，各自运米进仓，归总全完所有。每石正米应征水脚钱：一区七十八文，二区二百文，三区二百文，依期缴交。仍将各花户完过串票，交付图众查验。倘无票验，既系抗欠，滚催定应指名具禀，颁法究追。将见人知劝惩，户乐输将，此真法良意美，国民两便者也。为此恳赏均印，各给盖造图约，永远公私存照。
>
> 道光廿六年丙午三月日立一二三区十团二十图急公图约①

---

① 《名花堂录》，图约，道光二十九年刊，第5页。

尽管府县官员对十团二十图的行为，疑为乡绅包漕闹漕之举，江西巡抚吴文镕也认为地方士绅的说法存在不合理之处，甚至质疑"图约"的合法性，认为是"不肖县官贪赃网民，改乱旧章，予以印约"，但操纵联图诉讼的士绅并没有受到任何处罚。十团二十图的漕粮仅仅是在原额的基础上稍加津贴，距离"一体津贴"标准下的数额还有一定的差距。① 由于在与地方政府博弈的过程中实现了利益最大化，因而十团二十图的士绅在案件结束后，以集体的名义刊刻了《名花堂录》，记录此次诉讼的前因后果，写明了各团图应缴纳的漕粮及"呆规"数额，并对"图议"重加修订，要求十团花户世守无替，再次强化了自身对义图的控制力。

三 晚清江西地方政府对义图的整顿

晚清时期，义图不仅成为地方士绅包揽漕粮和抵制政府加派的工具，还在实际的运作过程中，出现了诸多弊端。主要体现在两个方面：一是图甲中的粮户通过更改户名，以规避差役和甲费；二是战乱使得义图之"现年"的轮充产生紊乱。对此，翰林院侍读王邦玺在《缕陈丁漕利弊户口耗伤情形疏》中曾有如下论述：

> 乾隆、嘉庆以前，民俗直朴，丁漕户口均系本身的名。近来率多别撰字样，一人而有数户，差役每以无从查传为词。若有人充当现年，即能逐户清追，亦可备官传问，协图之所以为良。其无现年者，谓之涣图，又谓之烂图。协图之花户有巧取者往往别立户名，隐寄于涣图，以冀拖欠。又协图轮充现年，必派甲费，其粮少之甲派费较难，有取巧者亦往往别立户名，隐寄于粮多之甲，以图规避，此则近日民情之谲也。地方官若于协图一法，废者能为之兴，涣者能为之

---

① 龚汝富：《清代江西财经讼案研究》，江西人民出版社2005年版，第141—157页。

萃，巧者能为之设法以杜其弊，则于催科之道惠过半矣。

　　花户急公，向多立有协图，又谓之义图。每年轮一甲充当总催，择本甲勤干之人为之，名曰现年。按户粮多寡派钱数十百千不等，交给现年，作为辛俸并打点书差之用，名曰"甲费"。有现年之图甲，差役不得上门，只向现年催取。现年恐所领之钱不敷差赇，不得不勤加追催，而花户亦各加体贴，现年惧其受累，不得不极力措完，此协图所以少积欠也。嗣因发逆踞城设伪官，无完粮之事，而总催轮充一定之年分遂紊。如乙年已轮之二甲，今停歇二年，论戊年应轮五甲接充，而五甲以三四等甲实未轮接，理应补充。彼此推诿，而协图遂多废搁不行，其难一。①

上述弊端，使得江西各地的义图大多处于废弛之态。如江西巡抚德馨在《确查江西丁漕积弊并设法整顿疏》中就说道：

　　兵燹以后，惟靖安、高安、新昌、临川、宜春、万载、玉山、广丰、瑞昌、安远、宁都、定南等厅县均有义图，是以丁漕每年或全数报完，或及九分以上，皆由义图尚存之故。此外各县义图一嚬八九，至近年收数递形减色，积欠日多，上年前抚臣所以有饬属举办义图、期收成效、藉杜丁漕积弊之请也。②

对于江西地方政府而言，义图废弛带来的最大问题，是丁漕无法按时征收。因此，整顿义图成为江西各级官员的首要任务。如江西巡抚德馨就说道："至设立义图，原系小民急公奉上之意，洵为法良意美，倘能劝谕兴复，足补有司催科之不及。仍饬各属察看地方情形，因地制宜，禀覆办理，期收实效。"而吉南赣宁巡道江毓昌为解决义图甲费不足的问题，不

---

① 《皇朝经世文续编》卷32《户政九》，光绪二十七年铅印本，第12页。
② 同上书，第3页。

仅将部分衙门陋规提做义图经费，而且制定了多达 17 条的义图章程。现将其中数条引述如下：

> 一义图必须遍及全邑。除原有义图急公各仍其旧外，凡未办之处，责成各都图绅耆出具切结，实力劝导，一律办齐。其原有义图之处，若章程尚未完善准照此次新章办理。
> 一办公须有定所。城内应以学务会为总局，各都图各于适中之地设立分局，俾声气相通，易于集事。
> 一凡事得人则理。应由府县在八乡中，每乡选举明白公正、众望素符绅士一人，名曰"总绅"，分为四班，每班二人，分年轮值。各都由府县督同总绅酌量都之大小，选举明白公正都长一二人。图长由县督同总绅、都长分别花户多少，多者选举四五人，少者二三人，均由县发给谕单，以专责成。如都图长能多选若干人，仿照总绅分年轮值，尤为妥善。
> 一值年总绅二人常川住局，管理合县义图事务，每人每年支领薪水钱一百二十千文。都长管理本都义图事务，每人每年在总局支领薪资钱十千文，为上下忙及开漕三次办公费用。图长管理本图义图事务，人数过多无款可支，应由总绅会同都图长商酌应给若干，即在各该图自行筹措。至本图逾限罚款每年共得若干作为十成，以八成归图长，二成归都长，以资津贴。①

除以上条规外，江毓昌还对串票捐、粮户积欠漕粮的偿还年限、寄居客图交纳漕粮的方式等方面做了统一的规定。随着章程的颁布和推行，江西各地先后成立了管理全县漕粮征收的义图局。如民国《南丰县志》记载："乡户完纳丁漕，向由粮房于五十五都派人设乡柜征收，一切耗费均

---

① 民国《庐陵县志》卷 6 上《田赋》，第 16—17 页。

无形取之乡户,横征苛敛,势所不免。邑绅乃于清光绪三十二年丙午呈准立案,成立义图局,城内设总局,公举总董一人主之。各都设都图长,以本都人充之,仿刘晏屏书吏用士人法,意未尝不善也。"①

但是,结合上引章程和南丰县义图的情况我们不难发现,清末的义图无论是组织上,还是管理人员上,均与清前期的义图有较大差别。首先,在组织上,此时的义图形成了设于总局—分局—都—图—花户这种多层级系统,其中总局设于城中,分局设于各都适中之处。而此前的义图仅有都—图—花户这种层级。其次,与组织系统相应的是,清末的义图形成了总绅—都长—图长这种管理系统,其中总绅由府县从全县选举,都长由"府县督同总绅"选出,图长由县督同总绅、都长选出。在这个体系下,无论是县局总绅的选举,还是都长和图长的任命,都是在官方监督下完成,与清前期江西各地义图自设首士,轮充图长有着明显的不同。这一点,是清末江西义图逐渐制度化和官方化的重要标志。

四　民国时期"义图"的消亡与复兴

随着官方对义图的整顿和新章程的强制推行,江西各县先后完成了义图的组建。如南丰县在光绪三十二年(1906)成立义图的仅有四都半,宣统二年(1910)则扩大到二十八都半。至民国元年(1912),全县五十五个都均建立了义图。② 民国后,江西省议会修正了各属义图局章程,要求"凡有未办之处,应由行政官厅会同县自治会责成都图各绅士,出具切结,按章实力遵办,限奉文后六个月一律办竣"。③ 章程的修正与颁布,进一步强化了义图作为官方制度的属性。但是这种自上而下推行的方式,也导致"义图"失去了原有的活力。民国中期,义图在江西各县虽仍然存在,但

---

① 民国《南丰县志》卷终《纪义图》,第5—6页。
② 同上。
③ 《江西省议会修正各属义图局章程》,军政府印刷所1913年版,第1页。

实际上难以为继。1932—1933 年，江西省政府为了解决各地田赋拖欠问题，不仅出台了《江西省整顿征收田赋办法》，还在省务会议上修正通过了《江西省各县义图通则》，要求各县分 3 期举办义图，均未取得多大的成效。① 如 1935 年江西省财政厅杨藻所见，各地义图图甲长，大半是县政府指派，并非地方公推产生，故对于田赋征收之事，绝不负责。义图推行两年半来，并未取得实际效果。即使是花户名册，户名正确的也就是一半以上。②

民国时期义图制的失效，既与图甲长不由公推而改为政府指派有关，又与书手这一群体有关。有学者指出，在民国时期的江西，书手也是各县赋税征收系统的中介者。他们凭借特殊的角色上下欺隐，从中渔利，导致官方所推行的义图制在实际运作中弊端频现，日趋瓦解，走向消亡。③ 然而，当我们从政府档案和各种公报中，看到作为官方田赋征收制度的义图衰败时，又在一些民间文献和实地调查中发现了其复兴迹象。在吉安县永和镇，笔者在当地一建筑门额上发现了"永二都一图一至十甲急公局，民国□□年建"的字样。《上高白土上团急公会砧基》（下简称"《砧基》"）则为我们理解义图的复兴提供了难得的史料。

《砧基》一书刊印于民国七年（1918）冬，由序言、正文和跋三部分组成。从《砧基》的序、跋两部分内容看，"急公会"的出现，与义图制的衰败有着直接关联。如该会发起人之一吴拜昌就感叹，义图制度曾使"追呼之声不及户者数十年"。自民国以来，"无何老成凋谢，图议会项化为乌有"。另一发起人吴谟烈亦称，"至辛亥建国以来，图会败，图议亦因而亡；图议亡，斯粮户受累者多。举一团之父老子弟，伤前贤之不再，冀后俊之复兴，殆有年矣"④！此外，他们希望借助"急公会"的组建，避免

---

① 《江西财政月刊》1932 年第 6—7 期。
② 龚汝富：《民国时期江西推行义图制的尝试及其失败》，《中国经济史研究》2005 年第 3 期。
③ 同上。
④ 《上高白土上团急公会砧基》，民国七年刊，第 2 页。

书吏的敲诈勒索。显然，时任上高知事的吴贞德也意识到这一点。他在《砥基》的序言中称，剔除田赋征收的弊端、疏解民困，一直都是自己欲为之事。希望"急公会"的建立，能够达到"不使彼剥蚀浸润、箕敛把持者得有以借口"的效果。

"急公会"之所以冠以"急公"二字，用创办者的话说，"起立是会，原为急公奉上，故以急公为名"。从这一点也可看出，"急公会"实际上是一种催征田粮的组织。其催征对象当包括白土上团一、二图共二十甲的所有粮户。在"急公会"制定的16条规则中，对每年上、下忙征收的期限以及逾期纳银的处罚，均作了明确规定。它要求粮户必须于"阴历五月二十以前上忙完半，十月三十以前漕折完清，十二月初十以前下忙清完"。"每年丁漕有逾初限不完者，除官厅加价外，每两银罚英洋二角，每石官米罚英洋三角正"。如粮户一次性缴纳，则"免收票钱二十文。分作两次完纳者，收票钱廿文。三、四次完纳者，累次加收票钱"。① 此外，"急公会"要求各花户公同订立图约，承诺接受上述规则，防花户拖欠税粮，确保漕银催征顺利完成。在这个意义上讲，"急公会"与义图在性质上并无差别，两者都是以图议（规则）、图约作为实施的主要内容，并"通过团体力量来抑制逃避拖欠税银事件的发生"②。

作为一种地方社会内生的赋税催征组织，"急公会"与地方宗族组织有着密切联系。无论是从该会发起者，还是从图约的订立者看，吴姓宗族都构成了该组织的主体部分。例如，4名发起人均为吴姓，10名赞成人员中，9名为吴姓。更有意思的是，在公同订立的图约中我们看到，一图除了吴姓外，还有林姓、凌姓、张姓；二图除吴姓外，则有卢姓、熊姓、颜姓。但在代表二图共二十甲署名的20人中，有19人为吴姓，且这19名吴姓无一例外拥有收存图约的权利。最后从该会制定的通知单中，我们发

---

① 《上高白土上团急公会砥基》，民国七年刊，第5页。
② 龚汝富：《清代江西义图制之图议、图约举隅》，《华南研究资料中心通讯》2005年总第38期。

现,整个白土上团花户漕银的催收,都是在吴氏宗祠进行。① 换言之,吴氏宗祠很有可能就是白土上团漕粮征收的管理机构,而吴氏族人则是机构的管理者。

"急公会"与地方宗族的密切结合,充分表明该会并不是一种全新的赋税征收组织或方式。无论是清代的义图制,还是民国时期的"急公会",它们的存在都必须以宗族组织为依托。宗族组织在为"义图""急公会"提供载体时,这两种催征方式又反过来促进了宗族的认同。如吴希禹在所作序言中称,义图的破坏,不仅影响到本团漕粮的按时征收,且使原本同属一宗的一图、二图之间有了明确的界限。因此,他强调,"急公会"的出现,除重现"上无追比之烦,下无差索之苦"的美好情景外,还有助于本族消除畛域之虞,"诚一举而三善备矣"②。

五 结语

清至民国时期,江西的义图制经历了一个兴起、发展、异变及整顿与复兴的历史过程,呈现出不同的时代特征与社会文化内涵。清康雍时期义图的兴起,既是明后期以来里甲赋役制度在地方实践的必然趋势,又是清初国家对赋税征收体制改革与民间自我组织的结果,成为自封投柜方式下催征漕粮的有效补充方式。然而,随着义图的推行,其逐渐演变为士绅包揽漕粮的工具,引发了诸多"漕讼"。晚清时期,战乱导致的各种弊端,使江西各地义图处于废弛之态。为确保丁漕按时征收,江西地方政府对义图进行了全面整顿,制定了相应的章程,强化了官方对义图的监督与管理,从而使这种民间的漕粮催征方式,演变为官方赋税征收体制,成为民国时期江西地方政府用以解决田赋征收的历史遗产。

但是,由于民国时期政府推行的义图制在实施主体、运行方式等方

---

① 《上高白土上团急公会砧基》,民国七年刊,第3页。
② 同上书,第2页。

面，均与清代的义图有了明显的差异，因此其在实际的推行过程中弊端频出，日趋消解，导致了传统义图在地方社会的复兴，出现了上高白土上团的"急公会"这一团体经征方式。而从其与地方宗族之间的关系来看，"急公会"这种赋役共同体与清代的义图制有诸多相似。在某种意义上，我们也许可以说，"急公会"其实就是义图在民国时期的延续，两者之间的差别仅在于名称不同而已。它们的运作和维持，均依赖地方社会内部的力量，即"图甲长"的道德威信和"会约"，并与宗族组织结合在一起。所有这些表明，晚清之前的义图、清末民国时期的义图、民国时期的"急公会"这三种税粮催征方式的形成与发展，既是义图从"民间机制"到"官方体制"演变的结果，又反映了这种变化背后，乡绅、宗族等社会力量与书吏等各种中介势力、地方政府之间的利益纠葛。这一点也是我们理解义图与清代以来乡村社会变迁的关键所在。

第三节　乡村联盟与地方政治

晚清至民国时期，在地方军事化、清末新政以及议会选举等背景下，地方社会不断进行整合，导致了乡村联盟的普遍兴起。因此，对此一时期乡村联盟的研究，有助于我们加深对中国传统社会政治结构的近代转型及其对地方社会影响的理解。本节试图通过考察晚清及民国时期江西地区乡村联盟的历史，论述政治变革与乡村联盟的兴起、乡村联盟与地方权力体系演变的互动过程，以期从一侧面揭示国家制度变革对地方政治的影响。

一　政治变革与乡村联盟的兴起

晚清至民国时期，地方军事化、清末新政以及议会选举等一系列变革，深刻改变了中国传统社会的政治结构和地方权力体系。在江西地方社会的历史中，这种因政治变革而带来的变化，集中体现在乡村联盟的兴起与发展过程中。但是,由于这些政治变革均有具体特定的时代背景,从而使乡村联盟也呈现出相应的特征。这一点主要表现为不同历史时期的乡村联盟,不仅形成的社会基础有所不同,且形式上各有差异。

晚清江西的乡村联盟,主要表现为咸丰时期的团练局和同光时期神明会两种形式。咸丰二年(1852),为了防御太平军的进攻,江西巡抚张芾、钦差办理江西军务陈孚恩"札委南、新绅士及在事官员亲往各乡劝办团练"。吉赣南道道台周玉衡督率府、州、县劝谕,"自团乡勇,富者出财,贫者出力,人自为战,家自为守"①。抚州知府李瑞章、临川知县戴荣桂奉善后总局札,催各乡起局团练。"各乡士民痛心疾首,阴行团练。附城则洞府庙局陈学海为首,东南乡则清泥陈玉镇为首,西南乡则龙溪李玉如为首,北路则唱凯、李渡等局,西路则上顿渡等局。彼此关通,声势联络。"②

在各级官员的号召下,地方士绅纷纷组建起团练。咸丰三年(1853)五月,太平军进攻南昌。离南昌百余里的靖安县内百姓惊慌,纷纷搬迁,土匪纷纷趁机滋事。时城乡团练仅有200余人,声势不壮,于是靖安知县谕令城乡居民按户出丁,组建团练:

> 刘令复谕四城内外居民、铺户除老弱疾苦外按门户出丁,各自团集,旬日巡行一次。另捐经费添制军械,给予饭食,通计八百余名,声势联络,胆气壮旺。……惟四乡辽阔,距城远者仍不免有匪类窥伺。复遍行传保晓谕,并率前举之在乡绅士,劝以富者捐资,贫者出力,各乡招募团练。③

这些按照"富捐资、贫出力"的方式组建的团练局,在朋友、师生等

---

① 同治《赣县志》卷24《武事》,第27页。
② 同治《临川县志》卷31《武事》,第6页。
③ 同治《续纂靖安县志》卷6《宾兴》,第5页。

社会关系作用下，往往形成更高级的乡村军事联盟。如南昌县举人刘于浔先是设中洲团练局于灵仙观，后又授意好友、举人燕毅创建了南州局。此后，南昌县内保安、定安、万舍3个团局相继建立起来，"自是五局并起，而以中洲为总局"①。九江府彭泽县在咸丰七年（1857）先后成立了7个团练局。太学生余荣灿以"四都境连东建，邻都皆惮与合"，于是与文章、周锡禹、毕立廷等士绅设立"四都公所"，"以为七局声援，而七局亦倚为长城焉"②。

晚清江西的乡村联盟，还有围绕神明祭祀而形成的仪式组织。如光绪年间史料记载，新建县洪崖乡霞山观内祀蔺天师和白马神，历为洪崖、忠信乡民共祀。观旁树林为程、欧阳、杨、熊四姓公共之产，四姓"习惯向例每年九月祀神，欧阳初八日，程姓初九日，杨、熊两姓初十、十一日，立有公碑"③。义宁州仁乡和崇乡交界的五福殿始建于明万历年间，内祀五帝。此后由于"岁时迁易，风雨飘摇，荒瓦颓垣，何能相持于不敝。由是神归五社，一帝则井埚社也，二帝则茶埚社也，三帝则何家社也，四帝与五帝，则三军社与中锻社也"④。至同治年间，五社乡民联合起来，在旧址上重建五福殿，将分祀各社的神灵合祀其中，形成一个以五福殿为中心的里社祭祀的仪式联盟。宜黄县显佑庙，则是当地三个姓氏的联合祭祀中心，充分体现出神庙祭祀、图甲制度与乡村社会管理的三位一体。据史料记载：

> 吾邑四周有庙旧矣。规模宏敞，神威严肃，里之人祈年报赛灾疾祷禳必于是。每岁孟秋，张灯建醮，士庶云集，拜谒者三日，甚盛典也。庙各编直年排甲，所以和人心、正风俗，有神道设教意，故视他

---

① 同治《南昌县志》卷28《武备志下》，第1—2页。
② 同治《九江府志》卷39《人物》，第39页。
③ （清）程鉴光编：《霞山观诉讼案件汇钞》，不分卷，清末钞本，第3页。
④ 《沙湾塘五福殿序》，该碑现存修水县渣津镇五福殿内。

庙为尤隆。北隅有庙曰"显佑",旧分姓为排年三十,盖建庙之始捐资置田,神像有栖,冠服有饰,旗杖有彩,庙祝有食,器具什物各以其会所出相修理,皆环居者力,非同里不与也。排年之法,三姓为排,排以十周而复始。凡祭赛之事,以岁轮值。排年之绪为排甲,甲总以图姓各分,一甲丁粮出入皆汇之,他姓不得而侵。其徙而来者,则标又甲以示别。隅有保,甲有长,皆值年之姓举公正而能者充焉。科有欠,则催劝之;人有不类,则举察之;里有淫博,则惩创之。故迩时吏少追呼之扰,居少盗窃之虞,人少放佚之行。岁时伏腊,各携只鸡斗酒纸镪入庙,以酬神庥。父老子弟相见,皆以揖道安居乐事相劝相规,又骎骎乎礼教之隆乎?此故善行保甲之效哉,要亦神之聪明正直而一者有以相之也。①

清末民初江西的乡村联盟,同姓联宗是一种重要的形式。正如前文所言,自明末清初始,同姓修谱甚至异姓联合修谱在各地时有发生。在那些族群矛盾较为激化的边缘山区,联宗通谱成为小族联合抗争大族的有力工具,深刻地改变了地方社会权力结构。② 进入民国后,同姓修谱仍在江西盛行。如新建人王锡藩在《合修大成王氏族谱小引》一文中,就从"群力"的角度,阐释了同姓联宗的时代必要性和内在合理性。首先,他认为"今日之世界,一群力竞争之世界","合群则力强,离群则力弱",因而不仅各团各界要合群,且"各姓氏亦贵有之"。只有采取联合的方式,那些散处各地的同姓子孙,方能"不受异姓大族之欺凌"。其次,王氏族谱的编修,"自前清康熙间大修以来,年逾二百,世历十余。丁则愈生而愈多,支则愈分而愈远"。在此过程中,一些王姓子孙已经游离于族谱之外。如

---

① 光绪《抚州府志》卷12《风俗》,第18—19页。
② 钱杭:《血缘与地缘之间——中国历史上的联宗与联宗组织》,上海社会科学院出版社2001年版,第134页。

不"重修大谱以联合之",那么王氏子孙"受人欺虐者不知几何也"。① 有学者的研究表明,联宗通谱一直是清末民初赣南广大乡村社会中,人们用以缔结联盟的重要文化符号。②

民国中后期,同姓联宗仍然是江西乡村社会中一种常见的联盟形式。如进贤、南昌两县的 18 个曹姓村落,就在民国三十五年(1946)联修了族谱。但是,此一时期江西乡村社会中联盟出现了新的形式。一是同姓或同宗的人员联合起来,组成一个政治团体。民国二十六年(1937),进贤县内 9 位姜姓族人就组成了"扶正会",订立了 13 条简章。其中两条分别规定,"本会以维持宗族地方治安为宗旨","凡姜姓本族公正人士均得为本会会员"。民国三十七年(1948),19 名谭姓族人成立"自强会",立下盟誓。其盟誓云:"我等各本良心,精诚团结,做永久之结合。世代继承,千古不朽。遵守本会一切规约,歃血为盟。倘有背誓行为,甘受惩处。"③ 一是异姓个人结为金兰之好,以期在乡村政治生活中谋取一席之地。如民国三十七年(1948),丰城县徐、李、陈等姓氏 13 人缔结兰谱,结为异姓兄弟。其谱书云:

> 立议约字人陈德瑞等,谨以议结为仁义兄弟,生死之交,同心合意,情联兰谱,并非逼勒。声应气求,患难相顾。有福同享,有祸同当。如有反心之意,不得好死。谨守国法。顾全天理。如敢妄行。天人共灭。鬼神共诛。此誓!④

这种异姓缔结兰谱的现象,即使到 1950 年仍然时有发生。如一份成书于 1950 年 8 月的兰谱云:

---

① 王锡藩:《立三堂遗集》卷 3《引》,南昌新风楼 2003 年刊印,第 58 页。
② 饶伟新:《同姓联宗与地方自治——清末民国时期江西地方精英的文化策略》,《学术月刊》2007 年第 5 期。
③ 《自强会会议录》,1948 年,进贤县档案馆藏,档号 6-6-20。
④ 《兰谱》,1948 年,丰城市档案馆藏,档号 5-4-15。

> 夫情意协奏，必成知己之密友，此古今亦然也。兄弟朋友。亦五伦之次，其所以一般私订密约，则必情投意合。情意既合，必有无世之绝交也。今我辈既相为友，联盟异姓，即骨肉无殊。自今以往，推诚置腹，广益集思，尔我无分，贵贱无别。虽不窨桃园之胜事，其盟誓亦可较焉。吾等七人从今衣冠展拜，如胶之坚固，依年齿历序。其各敬守此盟，勿负皇苍之祝誓。
>
>   曾仲南　生于民国乙卯年十二月二十日子时
>   周水元　生于民国丁巳年五月二十三日午时
>   王云辉　生于民国戊午年十一月十九日丑时
> 结拜人　王云程　生于民国乙丑年二月十一日辰时
>   邓顺保　生于民国乙丑年六月十三日子时
>   曾正卿　生于民国丙寅年十一月三十日酉时
>   曾君义　生于民国戊辰年十一月十九日辰时
>
>   中华人民共和国一九五〇年八月初八日于花桥订盟①

一是弱小村落之间的联盟。该类联盟以进贤县内"北区和平同盟会"最为典型。该同盟的盟约云：

> 立合约人□□□□□□□□□□□□□□□□胡子江、燕口山村张佛保、梅园村万天成、盛家村盛□成、礼山村熊伯龙、大杰岗村张德修、鹏程尾村张书庆等，情因村落散没，弱小难堪，既无自卫之可能，当存合群之素志，爰是各村有志之士，□为思启□愤为熊□□宗族□念，联合异姓同胞。环境如是，时势使然。值此弱肉强食之时代，非群策群力，不足以扶弱小而御外侮。②

---

① 《兰谱》，1950年，丰城市档案馆藏，档号5-4-19。
② 《北区和平同盟会盟书》，1946年，进贤县档案馆藏，档号6-6-28。

由此可知，这份以个人名义写立的合约，希望通过异姓联合，形成互助互保的村落同盟，达成"扶弱小而御外侮"的目的。

总之，晚清至民国时期江西乡村出现的各类联盟，呈现出特定的时代特征，即是咸丰时期士绅主导下、各乡村联合组建的军事同盟——团练局，清末民初同姓联宗，以及民国中后期或是个人缔结兰谱，或是村落组建联盟。这些不同类型联盟的兴起，既是士绅、宗族等传统乡村社会组织长期发展的结果，又与国家政治变革以及现代政团向乡村社会渗透息息相关。因此，无论这些乡村联盟以哪种形式出现，实际上反映了特定时代政治变革背景下乡村社会重组的历史过程。

二 乡村联盟与社会重组

"团练局""自强会"及"北区和平同盟会"等乡村联盟折射出来的地方社会重组，主要通过宗族、村落与士绅、商绅、学绅等地方精英的结合来完成。

前文研究表明，晚清江西团练局不仅是士绅群体的联盟，也是宗族组织的联合。清末以降，由于新政的推行，乡村社会的权力结构再次被打破。除了传统的士绅阶层外，商绅、军警、律师以及学绅等成为地方政治生活中重要的力量。这些新式精英除借助社团来维护自身权势外，还积极利用同姓联宗这种文化资源，建构自身的权力网络。这一点，集中体现在省城"豫章罗氏宗祠"的管理机构中。

"豫章罗氏宗祠"奉祀江西罗姓始祖、豫章太守罗珠（怀汉公）。为江西全省罗姓共建，据民国年间编修的《豫章罗氏祠志录》称，该祠在宋太平兴国时期，罗姓子弟德秀公曾"表请规复"。有明一代，该祠罹于兵燹。入清后，罗氏祠先后于康熙、嘉庆、同治、光绪四朝重修。民国初年，因管理者腐败，该祠名下产业多处被盗卖。民国十六年（1927），在南昌、新建数位罗姓子弟奔走下，全省罗姓联合成立了整理委员会，清厘祠产，倡复旧规。不久，罗姓召开旅省同宗大会，改组了宗祠管理机构，成立"豫章罗氏宗祠管理委员会"，订立章程，具体内容如下：

第一条　名称：本会定名为"豫章罗氏宗祠管理委员会"。

第二条　宗旨：本会以管理本祠公产为宗旨。

第三条　本会设立于本祠后进寝堂。

第四条　会员资格：凡我同宗旅省人士只须品行端正、热心公益、年龄在十六岁以上，经执监委员二人以上之介绍，审查通过后，均得为本会会员，但每会员应缴纳等级费。

第五条　会员限制：有左列各项情形之一者不得为本会会员：吸食鸦片及售卖鸦片者，素无正当职业者，以赌博为惯性者，受刑事处分而未回复公权者，有精神病者。

第六条　会员权限：开大会时有发言权、表决权及选举权、被选举权，但被选举者年龄须在二十五岁以上。如遇对于本祠有利弊情事，得随时具备书面报告，应取具会员三分之一以上署名，即得召集临时会议议决之。

第七条　职员名额：本会暂定执行委员七人，监察委员五人，候补执行委员五人，候补监察委员三人，就执委七人中互选一人为常务委员。

第八条　职员职责：执行委员执行本会一切议决事件，监察委员监察本会执行事件。执行委员内分文书、会计、庶务、调查、交际五股。

第九条　职员选举及任期每届以二年为期，期满举行选举职员大会，召集会员投票选举，以得票数最多者为执监委员，以次多数者为候补执监委员。连选得连任之，均为义务职。

第十条　会期：分大会、临时会、执监委员会三种。入会每年举行二次，以国历四月十二行之，临时会有必要事项举行之，执监委员会每星期举行一次。①

从章程内容来看,首先,改组后的罗氏宗祠管理委员会实行会员制度,明确了会员条件,要求会员按等级缴纳费用。其次,章程对会员的权利和义务作了界定,限定了召开委员会的前提。最后,委员会职员的人数,按照现代政团的标准设置,执行委员、监察委员和候补委员均是单数,执行委员内设文书、会计等5股。因此,此时罗氏宗祠管理委员会,实际上是一个按照现代社团模式组建的同姓联盟。

这种新式宗祠管理组织的出现,既是现代政团与文化传统交织的结果,又是学绅、商绅等新式精英跨越地域限制,走向联合的产物。从该祠管理委员会职员情况看,除一人外,其他职员或是毕业于新式学校的政界官员,或是学界首领,或是商界精英。另外,从这些职员的支别来看,主要来自新建、南昌和南城三县的数个支派。② 换言之,这个宗祠管理委员会,不是由全省罗姓支派的代表组成,而是少数支派中部分新式精英的联合。借助宗祠管理委员会,这些来自不同地域、身份各异的职员,达到整合政治力量的目的,同时赋予乡村联盟新内涵。

民国中后期出现的"扶正会""自强会""北区和平同盟会"以及"兰谱",同样是乡村社会重组中的重要一环。"自强会""扶正会"等联盟的章程表明,其会员无论是同族子弟,还是异姓之人,都具有相似的身份。这说明此类联盟是在特定条件下,具有相同或相似社会背景人员的联合。因此,"共性"似乎成为同宗或异姓之人联合的基本条件。至于"北区和平同盟会",无疑是当地众多弱小村落用以抗衡大姓巨宗的政治联盟。为更好地说明此一问题,现将该会盟书引述如下:

  盖闻合纵连横、扶弱抑强、结盟歃血、□□同心,六国之大

---

① 《豫章罗氏祠志录》卷2《章程》,1943年,第1页。
② 同上书,第2页。

义，堪钦□□之余威，足式齐鲁与郑共让克□之坊人，□诸侯国赴□□之会。沿及清季，联合世界□□□□□□□□提驱彼倭者，我国恃同盟为后盾。古今国家如是，乡村何独不然。□我北区之前令坑、后令坑、理山、后荣坊、中荣坊、燕山口、梅园、盛家、礼山、大杰岗、鹏程尾等，宜申明契约，团结精诚，地接强邻，同处□□之北，□人烟稀少，□□四面之□（钟）陵湖□由来□□为敌所服成性□□□心，或因势孤而无援，或因弱小而无辅，爰是思启毅然缔盟，集腋成裘，同舟共济。古代同盟之盛典，作今朝结义之良图。凡我同盟之人，既盟之后，□□□□□□□心，见义勇为，虎豹当前而莫□；当仁不让，强横压境共歼除。众志成城，群策群力，同仇敌忾，与共死生；异姓同胞，相亲相爱，切勿尔虞我诈，离心离德。皇天后土，实所共鉴，用此歃血成书，千秋百世，以示不忘。

会誓以至诚恪遵□□□□□□□□□务，如违誓言，本村顿受天遣。皇天后土，实所共鉴！

民国三十五年八月廿二日 同盟全体谨誓

第一号 前金坑村 吴□祯、吴茂兴、吴□□、吴仙□、吴会原、吴润祥、吴长龄、焦金保

第二号 后金坑村 吴建瑞、吴启瑞、吴元胜

第三号 理山村 万德馨、万□□、万□明

第四号 后荣坊村 万伏明、万昭明

第五号 中荣坊村 胡子江、胡念祎

第六号 燕山口村 张佛保、张朝春、张德明、张德恩、张冬狗

第七号 梅园村 万天成、万天锡、万益保

第八号 盛家村 盛□成、盛梅生、盛六喜

第九号 礼山村 熊伯龙、熊季江、熊子成、熊乐成、熊自歧、

熊百发、熊文声、熊廷兰、熊良臣

  第十号大　杰岗村　张德修、张忠超、张加典、张慕骞、张慕艺、张振群、张宗衡、张□□、张水云、张祥馨、张细泉、张新生、张友　生、张官兴、张庆生、张诗贵

  第十一号　鹏程尾村　张书庆

  第十二号　冈山村　吴乃谦、吴方金、吴洛生、吴加丁、吴金水、吴惠生、吴加科、吴文兴、吴润桂

  第十三号　瑶塘村　吴菊生、吴汉卿、吴成端　①

由上引史料可知，"北区和会同盟会"强调结盟之后，盟内之人必须同心一气。虽是异姓同胞，但要相亲相爱，"切勿尔虞我诈，离心离德"。当面临外村欺压时，必须群策群力，同仇敌忾，与共死生。此外，从盟书中我们还发现，该会在民国三十五年（1946）成立之际，参与盟誓有第一号到第十一号的共 11 个村落。此后，随着冈山村、瑶塘村等两个小姓村落进入，最终形成了由 13 个村落组成的、具有军政色彩的联盟。因此，"北区和平同盟会"的兴起与发展，在一定程度上反映出乡村社会权力体系处于不断分化和重组的过程中。

三　乡村联盟与地方政治

前文研究表明，尽管各类乡村联盟出现的时间不一，形式互有不同，但是它们都能与地方社会中不同的政治力量整合起来。随着这些联盟与士绅、新式知识分子、商人或乡村精英的结合，逐渐成为地方社会新的政治权力中心，改变或影响了乡村社会中的权力格局。

晚清时期的团练和"五福殿"，分别是战时和战后乡村社会的权力机

---

① 《北区和平同盟会盟书》，1946 年，进贤县档案馆藏，档号 6-6-28。

构。如前文提及的中洲团练局,既是地方性军事中心,也是临时性司法中心。新喻县创办团练条规中,明确规定了"除匪类"之责:"凡系不知来历之人,务须细意盘查,驱逐出境。如本地方有无纪乱伦、为非作歹者,公同送究,不得庇狥。"① 同治年间,随着战乱平息,团练局不再承担地方事务管理之责,以"五福殿"为代表的仪式性联盟成为乡村社会中的议事机构。在现今修水县渣津镇高庄"五福殿"内,留有一通同治六年(1867)的奉宪示禁碑,对于我们理解当时的情况颇有助益。现不赘引述如下:

> 钦加运同衔、赏戴蓝翎、特授义宁州正堂加十级、随带加一纪录□□□□出示严禁事:据贡监生员民人帅文凤、朱延禧、匡成世、匡□□、匡绳祖,生员徐之骏、匡凤翔、许友三,监生匡世霖、□□□、徐亮功、□维藩,职员匡学酬、卢声、朱庆垣、盛凤翔,民人□毓芬、敬崇、德立、叶太、乐然、应勿、至香、怀锦、水员、□□、陈光和、盛利和、杨见德、左成、卢以和、济虞、恒泰、文彬、徐文芳、玉华、秉国、万崇、郑映廷、雷有连、郁文、冷懋祥、□□、杜海蓉、浴清、朱春和等呈,称住居崇乡四十九都长仑坑、叶家坊、夏坑等处地方,人烟稠密,田少山多,全赖作耕栽种营生。世有不安分者、鼠窃狗盗之辈,山有不成林处,屡被砍削之害。且有种游手好闲之徒,遇事生非逞凶,强捉猪牛,嫖赌逍遥,诱引良家子弟窜窝囤赌,乱伦败俗,以致地方懦弱,难以安生。山不能长蓄,桐茶、竹木、薯芋、田地杂植稼穑等项难获全收,公同呈请示禁等情到州。据此除批示外,合行出示严禁。为此,示仰该处居民人等知悉。尔等须知他人布种桐茶、竹木、杂楂等,植费工本,非比无主之业,岂容任意窃取,而窝贼囤赌,□□□捉猪牛,亦干法纪。嗣后务宜

---

① 同治《新喻县志》卷6《武事》,第22页。

父教其子、兄戒其弟,恪守本分,痛改前非。倘敢故违,仍蹈前辙,一经访问,或被告发,定即拘案惩处,决不姑息。各宜凛遵勿违,特示!

禁文之下,详细开列有禁事12条。其中6条分别针对盗窃桐茶、竹木、杂楂之事,作出了具体的处罚规定。另外6条分别是严禁民户拖延赋税、纵放牲畜、串党滋扰及乞丐流民蜂群勒讨等。值得注意的是,这些呈请示禁的士绅有的是团练创办者,如朱延禧在咸丰四年(1854)"首倡团练,自备军装粮饷,所费不下数千金",最终因军功保举翰林院待诏加五品衔,成为地方上的权威人物,"乡里纷争或得一言而永释"①。有的是各社同治十三年(1874)重修五福殿时的总理,如卢济虞、卢恒泰为五社公选总理。因此,禁文的颁布,实际上是团练士绅与地方耆老借官方之手,加强乡村社会治理的结果。

民国初期出现的"同姓联宗",同样与乡村社会权势建构密不可分。从前引新建人王锡藩的文章可知,为应对社会变革,王氏希望通过"合群",改变本族在"大姓巨宗"控制地方社会之格局中的地位。因此,要理解"同姓联宗"与乡村社会权势之间的关系,就必须对其出现之时的地方政治格局做深入的分析。那么,当时江西乡村社会究竟处于怎样的一种政治格局?下面以南昌县为例,对此作进一步的阐释。

光绪三十四年(1908),清廷颁布了《城镇乡地方自治章程》,作为各地推行地方自治的指导纲要,南昌县各级地方自治逐步展开。全县分为东乡、南乡、西乡、北乡和中乡五大区,39个镇乡选举区。宣统元年(1909),各乡镇分别成立自治会,选举出第一届自治会议长、副议长、董事以及议员。民国二年(1913),部分乡镇进行了第二届自治会选举。地方自治的推行和新式机构的设立,打破了南昌乡村社会的权力格局,地方社会进入一个重

---

① 同治《义宁州志》卷26《善士下》,第4页。

组的过程。现依据《南昌民国初元纪事》中的记载，将南昌部分乡镇自治会两届领导层姓氏构成制成下表，并结合其他资料，略作分析。

表6-2　　　　　南昌县部分乡镇自治会两届领导层姓氏构成

区别	镇乡名	第一届	第二届
东乡	幽兰镇	万(3)、李(2)、章、涂(2)、周	万(3)刘(2)、李、章、涂、熊
	泰祉乡	余、胡(2)、熊	卢(2)、徐、尚
	黄城乡	胡、谢、梅、罗	胡、秦、李、徐
	麻丘乡	闵、周(2)、魏	张、周、魏、闵
	前坊乡	万、李、姜、陶	胡、龚、姜、高
西乡	广福乡	李、张、罗、杨	张、李(2)、罗
	义丰乡	滕、黄、熊、罗	滕、黄、熊、姚
	市汊乡	傅、黄、晏、吴	涂、黄、晏、傅
	冈上乡	熊(3)、雷	雷(3)、熊
	富丰乡	揭、罗、黄、王	王、罗(2)、黄
南乡	墨山乡	邹、张、梅、李	舒、罗、梅、衷
	新彬乡	谭、段、龚、张	段、龚(2)、胡
北乡	蒋埠乡	邱、李、徐、陈	邱、李、徐、陈
	黄溪乡	郭、杨(2)、应	郭、李、杨、徐
	柏岗乡	应、李、萧、熊、谢	应、刘、李、萧
中乡	茌港乡	钟(2)、陈、万	钟、万(2)、樊
	水南乡	彭、李、祝、刘	李(2)、祝、胡
	佛塔乡	胡、黄、史、龚	吴、熊、胡、史

资料来源：《南昌民国初元纪事》卷7《选举》，第1—15页。
说明：(1)本表中的乡镇，均为举行了两次选举；(2)表中姓氏( )中的数字指该姓氏的人数，未标明数字的姓氏人数均为1人。

从表6-2的内容来看，南昌县18个乡镇两届自治会领导层姓氏构成，大致有几种情况：一是完全未变，如冈上、蒋埠、义丰三乡即是如此；一是大致未变，只有个别出入，或增加减少。这类情况为数最多，有幽兰、富丰、市汊、广福、麻丘、茌港6个乡镇；一是虽有变化，但至少两个姓氏未变。这种情况有水南、佛塔、新彬、柏岗、黄溪5个乡镇；一是只有个别姓氏未变，这类情况有前坊、黄城、墨山3个乡；一是完全改变，这类情况只有泰祉一乡。因此，从整体上说，除了少数几个乡外，大多数乡镇自治会的领导者都是在相对固定的几个姓氏中产生，有的甚至仅限于两个姓氏。另外，从地方志的其他记载来看，在进行了一次选举的乡镇中，有的自治会领导者也出现了单个姓氏的情形。如三江乡自治会的议长、副议长、乡董均是出自当地的蔡氏宗族。该乡参加南昌县议会的代表，亦由蔡氏子弟蔡炯担任。

上述宗族之所以能在县乡镇各自治机构中占据主导地位，源自它们长期形成的地方权势。如三江蔡氏宗族自宋明以来，不仅各类科名获得者源源不断，且新式学堂毕业生为数不少。其他诸如佛塔乡的胡氏宗族、冈上乡的熊氏宗族、墨山乡的梅氏宗族、幽兰镇的万氏宗族，或是依靠科举，或是军功、科举齐头并进，或是凭借商业资本，或是借助新学，在地方政治舞台上占据一席之地。因此，在某种意义上说，清末民初地方自治机构的设立，并没有导致地方社会原有的权力格局发生根本变化。新式机构带来的权力资源，仍然掌握在少数宗族手中。有的是一族控制一个乡镇，有的是多个宗族联合自治。这一点正是民初以后诸多小姓进行"同姓联宗"，以改变地方政治格局的根本原因所在。

民国中后期进贤县内出现的"扶正会"与"北区和平同盟会"，同样是乡村社会面对政治变革所做出的反应。自 1927 年始，国民党在江西的统治逐步确立起来，建立了一套以保甲制度为中心的行政组织，加强对地方社会的控制。但是，随着抗日战争的全面爆发，这套以"剿匪"为主要职能的组织转为催征战略物资的机构，对地方社会的管理趋于松散，乡村社会出现了权力真空，各种自治性团体的随之兴起。如前文提及的"扶正会"，其简章就明确宣称"以维持宗族地方治安为宗旨"，负责调停会员所发生的各种事故。抗战胜利后，南京国民政府开始了新一轮地方议会选举。进贤县政府将全县分为东西南北中五区，进行县长及议长的选举，引发了地方政治权力格局的变动。这一点集中体现在"北区和平同盟会"的 16 条决议中。为更好地说明问题，现将决议引述如下：

（一）本会以共谋生存、相互协助为宗旨。

（二）本会定名为"北区和平同盟会"。

（三）本同盟之各村同盟之后，不得互相侵犯，争长竞短。

（四）对于本区政治事宜，义务同尽，权利同享。如遇有不平事情，应向本会报告，设法交涉。

（五）本同盟□□□□□□□□□核对。如有人向本会报告，缴纳开会会费豆子二担，由本会负责向对方调解。如无调解之可能，则宜共同负责抵制之。

（六）各盟村之纠纷，本会调解无效者，由祸首缴交特别费豆子伍担正。

（七）对于外□各□用费，除特别规定外，亏空各费，由本会会员按照原编中数平均摊派。

（八）本同盟之甲村与乙村如发生纠纷，本会开会调解，由报告村缴交茶点费豆子一担，□□□□减半。

（九）同盟各村□□□遵守本会一切裁断。

（十）对□□□□□，每十户应购买步枪一枝，五十户以上应购机枪一枝。限本年应购足，报由本会点验登记之。

（十一）本同盟被外□□，本会调解无效时，一切抵制之人力及武器，应由本会摊派。抽丁及武器，共需之衣食及一切所需，由本会负责统筹办理之。

（十二）本会遇有外患时，人力财力武器，应向各村负责人索取之，不得藉故推辞。

（十三）本会基金□□缴三百元，以后如有余存，由本会选定负责人保管之。

（十四）本会条约实施有效期间三年，每年八月初二日应开代表会一次。

（十五）本条约如有未尽事宜，应在有效期满后提出修改之。

（十六）本约自成立之日起实行。①

从上述条文不难看出，由众多小姓村落组成的"北区和平同盟会"的权限主要有以下几个方面：一是要求盟内各村落之间应相互尊重，不得"互相侵犯"。如村落之间出现纠纷，应由同盟会负责调解。二是联盟村落的利益受到其他村落侵犯时，同盟会代表受害村落向施害村落交涉。如交涉无效，则要求盟内其他村落共同抵御。三是要求各村根据人户数量，购买相应的枪支，以更好地维护同盟各村的权益。因此，该同盟会既是一个政治联盟，又是一个准军事化的组织，其最终的目的是"对本区政治事宜，义务同尽，权力共享"。事实上，该同盟成立后，不仅成为当地一个较有影响的权力机构，还成为县内政治派系竞相笼络的对象，对县内政治格局走向产生了一定影响。

概言之，晚清至民国时期，中国传统社会先后经历了地方军事化、清末新政以及议会政治等一系列制度变革。这些变革既使国家政治结构发生变化，又让地方社会不断分化与重组，导致了乡村联盟的普遍兴起。从江西乡村联盟的历史来看，大致呈现出由"团练局"到"同姓联宗"再到"村落联盟"的演变过程。这些不同历史时期出现的乡村联盟，有着各自的时代特征。首先，无论是"中洲团练局"还是"罗氏宗祠管理委员会"，都具有浓厚的乡族色彩，而"北区和平同盟会"则具有鲜明的现代政团特征。其次，团练这种乡村联盟是在政府倡导下产生的，而"同姓联宗"与"村落联盟"则是自发组织的结果。再次，从联盟的社会基础来看，团练是在强姓巨族的基础上组建，"同姓联宗"大多是弱小姓氏的联合，村落联盟则是小姓弱村的结盟。最后，在领导人构成上，团练仅有士绅阶层，"同姓联宗"则既有传统士绅，又有学绅、律师等新式精英，村落联盟的领导者则是受过新式教育之人。但是，在看到这些乡村联盟的差异性时，

---

① 《北区和平同盟会盟书》，1946年，进贤县档案馆藏，档号6-6-30。

我们也发现它们的相似性。例如,"中洲团练局"虽是军事性的组织,但行使了行政职能。"北区和平同盟会"既是一个政治同盟,也是一个准军事化的组织。三者都从宗族组织中吸取资源,成为某个宗族或族际联盟控制地方社会的工具,等等。

各类乡村联盟之间的共同点与差异性表明,无论是中洲团练局,还是诸如"罗氏宗祠管理委员会"之类的联宗组织,以及"北区和平同盟会",并不是某一特定历史时期的产物,而是晚清以降中国传统社会向近代转型的内在结果。在经历了军事化之后,国家对地方社会的控制能力日趋衰弱,地方社会的"自治化"程度进一步加深。地方自治的推行,将地方自治推进了一大步,议员、学绅以及新式社团领袖随之出现,权力重组成为基层社会发展的必然趋势,"同姓联宗""北区和平同盟会"等应运而生,呈现出鲜明的时代特点。因此,在某种程度上说,晚清至民国时期乡村联盟的兴起与演变,既集中体现了特定时期地方社会的政治格局,又反映了晚清军事化以来乡村社会权势转移的历史趋势。

第七章 结论

以上各章分别从房谱、神庙和会社,地方军事化与乡村社会重组、士绅与乡村社会重建、新式社团与乡村社会权力变动,以及宗族组织、乡村联盟与地方自治等方面,阐述了江西乡村社会的文化传统,对近代政治变革与乡村社会互动做了历时性的探讨和分析。本章试从近代乡村社会演变的机制、士绅的转型及其差异、乡族组织与现代政治等方面,对主要论点略作归纳。

第一节 "新"体制与"旧"传统:近代乡村社会演变的机制

近代中国社会经历了"千年未有之大变局"。无论是国家政治制度层面,还是乡村社会文化生活领域,无不经历了急剧的变动。在以往研究中,有的学者认为,随着国家力量向乡村社会逐渐渗透和不断深入,乡村社会原有的"权力的文化网络"被慢慢消解。然而,由于政府主导下新的权力体系并未在乡村社会中得到确立,最终导致乡村社会的权力结构处于一种无序状态①;有的学者强调传统因素对政治变革的阻力,认为自上而

---

① [美]杜赞奇:《文化、权力与国家——1900—1942年的华北农村》,王福明译,江苏人民出版社1996年版。

下的现代国家政权建设，之所以未能在乡村社会中确立起一套新的权力秩序，是宗族组织等乡村社会力量强烈抵制的结果。这两种看法无疑都具有一定的合理性。但是，从不同的区域历史经验来看，乡村社会文化传统与现代国家政治的关系，并不能单纯地归结为"二元对立"。只有在更多的区域研究基础上进行比较和理论思考，才能对此问题有更为客观和完整的认识。因此，当我们考察近代国家与乡村社会关系时，必须回到乡村社会历史的脉络。

本研究表明，宋明以来，江西人文发达，有着深厚的乡族传统，宗族组织和士绅阶层在乡村社会的公共事务中扮演着重要角色。至清中叶，在王朝制度和社会经济的共同塑造下，形成了以士绅为中心，由宗族组织、神庙系统与会社组织等构成的多层次、多维度的社会结构和文化网络。这些要素与结构，成为近代江西乡村社会演变的基调。不过，与传统时代相比，近代江西乡村社会演变的外部环境发生了巨大变化。晚清以来，因地方军事化、清末新政和地方自治等导致的政治体制变化，引发了乡村社会中各种群体的不断整合，导致了乡村社会权势的变奏。

晚清时期，随着太平军的进入，江西士绅积极响应地方官员号召，组建团练。团练局不仅成为体系化军事组织，还扮演起司法权力机构的角色，成为战时乡村社会的权力中心。在这种军事化体制形成的过程中，大小村落与宗族组织进行了不同程度的整合，形成了族际、村际和县际等不同层级的地域性的乡村联盟。一些宗族组织在士绅的主导下，借助"团练局"这一军事组织，或是进入一个更大的权力体系，或是从乡村社会的边缘进入中心。咸同时期的地方军事化，不仅开启了中国传统社会政治结构的转型，成为清末民初地方主义的基因，还导致了基层社会的控制权完全落入地方士绅之手。① 乡村社会中出现的"公局"，即是士

---

① ［美］孔飞力：《中华帝国晚期的叛乱及其敌人：1796—1864年的军事化与社会结构》，谢亮生等译，中国社会科学出版社1990年版。

绅阶层接管乡村社会管理权的重要标志之一。① 不过，由于这些"公局"在实际运作的过程中，日益与宾兴、文会、义仓、会社和神庙等各种组织相互交织，因而转化成乡村社会传统的"新血液"，成为乡村文化传统的重要组成部分。

　　清末以降，政府为了发展工商业，实现地方自治，先后颁定了奖励实业、组建商会等系列政策，要求各地设立自治会，作为地方自治的机关。这些自上而下、层层深入的新制度的推行，不仅极大地改变了地方社会的政治权力结构，而且将乡村社会纳入一个更为多元的权力网络之中。学务处、城镇乡自治会、商务分会、农会等各种新式社团的创立，既是新政自上而下推行的结果，又是各级士绅积极参与、追求新的权力资源的产物。虽然这些社团的目标、职能和章程，具有鲜明的时代特征。但是，当我们从运作的实态去看，这些新式社团，尤其是县及乡镇一级的新社团，与社会文化传统有着千丝万缕的联系。吉安县乡自治会的历史表明，乡镇自治会的成立与组成，实际上与宗族、书院等文化传统交织在一起。乡自治会议员身份构成的多元性和低阶性及其与宗族、书院之间的密切关联，充分说明乡镇一级自治会领导权的获取，除了政治身份外，还深受文会、宗族等社会组织的制约。湖口、吉安和万载东洲各地学务公所的成立，实际上是在原来"宾兴局""公车局"和"采芹局"等各种宾兴、文会组织基础上嫁接而成。景德镇商务总会、塘江镇商会的历史，展示了宗族、行帮等传统因素，在新式社团创建过程中所具有的持续影响。新社团与旧传统之间的复杂关系，引发了乡村社会权力机构的变动，导致绅民关系、官绅关系和士绅之间的关系呈现出不同的样态。宣统时期的"户口调查风潮""宜春县乡民动乱"以及各县议绅之间的互控，正是乡村权力结构异动的集中体现。

　　辛亥革命前后，新旧政权的交替和地方政府控制力的削弱，使乡村社

---

① 邱捷：《晚清广东的"公局"——士绅控制乡村基层社会的权力机构》，《中山大学学报》2005年第4期。

会处于一种失控的态势。在此背景下，民团这一地方武装成为人们争先利用的权力工具。无论是拥有传统功名的士绅，还是具有新式教育背景的知识分子，以及商会会长、自治局议员等新式地方精英，无不希望借助创办民团来达到控制乡村社会、强化自身权势的目的。可以说，正是在创办民团的过程中，传统士绅与新式精英做到了有机结合，确立了对乡村社会的控制权，乡村社会权力结构形成了新格局。民团与团练之间的共同点与差异性，以及两者与宗族组织之间的内在联系，表明民团并不是辛亥革命这一特定时期的产物，而是中国传统社会内在运行机制长期发展的结果。

进入民国后，议会和党派政治引发了地方社会权力结构的变动。但是，从江西乡村社会去看，我们不难发现，无论是"同姓联宗"这一文化活动①，还是"自强会""扶正会"等群体性联合，以及"北区和平同盟会"这种村际联盟，不仅与地方政治派系有着密切关联，还是宗族、村落等乡村力量积极介入现代政治的结果。因此，这些具有鲜明政治色彩的新式社团，既反映了新的政治体制向乡村渗入的趋势，又表现了地方传统的能动性。这一点也是晚清以后国家与乡村关系的集中体现和一贯特征。

第二节 从"团练"到"新政"：士绅的转型及其差异化

在中国传统社会中，士绅阶层凭借政治身份与文化优势，成为国家与社会的中介。他们无论是在国家政治体制中，还是在乡村文化系统中，均扮演着重要角色，并以此建构起自身的社会权势。然而，随着中国近代社会的转型，国家政治体制发生了深刻变化。如晚清时期团练的组建、辛亥革命前后民团的兴起，清末民国年间的自治会、教育会、商会等新式社团的出现，谘议局和议会等政治机构的设立，均是国家制度在军事、教育、政治等领域变革的结果。这些政治变革，改变了传统士绅阶层的结构，促

---

① 饶伟新：《同姓联宗与地方自治——清末民国时期江西地方精英的文化策略》，《学术月刊》2007年第5期。

使了士绅的转型。以往学者对士绅的近代转型研究，或是认为他们在近代中国"千年未有之大变局"的过程中，不断被"边缘化"。或是指出士绅阶层为了寻求新的权力文化资源，只能不断向教育会、商会、自治会等新式社团和谘议局、议会等现代政治机构靠拢，从而疏离了宗族组织和神庙系统等乡村社会文化传统。不过，就本书研究而言，如果我们从历时性角度出发，回到乡村社会的历史脉络，不难发现虽然士绅阶层的政治优势因制度变革而受到挑战，但他们很好地适应了时代变化。既积极参与各种新式社团与现代政治机构，建构新的权力网络，又借助各种新的政治和文化资源，强化了自身与宗族组织、神庙祭祀、慈善组织等乡村社会文化传统的联系，成功地完成了由传统向近代的转型。

晚清时期，团练的创办标志着地方军事化的形成。对此，有学者从官绅关系和地方权力结构角度，揭示了"督办团练大臣"与地方官员的"事权"之争隐藏的意义，指出团练办理模式从"任绅"向"任官"的回归，意味着地方政府利用在籍绅士加速社会动员和强化社会控制的努力以失败告终，标志着"双轨制"社会控制体制在晚清的完结。[①] 但是，就江西士绅阶层而言，他们在创建团练的过程中进行了整合，借助团练武装实现了对乡村社会的全面控制。战后，这些由军功和捐纳而来的士绅群体虽然褪去了军事权威，但通过恢复农业生产、重建书院和宾兴、拓展祠庙系统和发展育婴事业，重建了乡村社会秩序，迅速完成了由战时集军事与司法权力于一身的角色，向倡导儒家道德和社会教化的文化领袖的转变。

清末新政时期，士绅阶层除在传统事务中发挥积极作用外，还致力于新式教育、现代商业以及地方自治等各种新式事务。这一时期，江西地方政府为了推行新政，设立了一批新的行政机构，作为实施各项改革的领导机关，要求各地根据实际情况成立商会、教育会、自治会这种从中央到地方的制度性创新，在极大地改变了地方社会政治权力结构的同时，又让士

---

① 崔岷：《咸同之际"督办团练大臣"与地方官员的"事权"之争》，《历史研究》2018 年第 2 期。

绅阶层的权力来源更为多元化，为他们的转型创造了良好的外部环境。江西士绅紧紧抓住这一历史契机，通过组建新式工商业组织和城乡自治机构，实现了对经济、政治和文化等各种地方性事务的全面参与。不过，由于国家和地方政府的各种制度设计还处于初始和调适阶段，这就导致商会、自治会和教育会，甚至谘议局等各种机构在权力分配上相互交叉，彼此重叠，从而引发了士绅阶层的内部纷争。尤为重要的是，由于此时士绅参与地方政治事务具有较以前更大的合法性，因此他们在各种新政实践的过程中，必然会分享一部分地方政府原有的行政权力，最终导致官绅关系呈现出一种新的历史景象。

必须指出的是，在近代政治变革与士绅转型的过程中，科举制的废除和新式教育的发展，亦是不可忽视的制度性因素。科举制度的废除，不仅导致了"士农工商"这一中国传统社会政治结构的解体，还极大地冲击了传统士绅的政治优势，一些士绅逐渐退出了地方政治的舞台。但是，如果我们要对"废科兴学"这一制度变革及其对士绅阶层的影响有全面认识，还必须进行更多的地方性研究。就江西地区来说，我们发现，随着新式学历取代传统科名成为一种重要的文化资本，士绅阶层仍然是新式教育的主导力量。江西出现的各类新式小学和中学堂，甚至高等学校，大多是地方士绅利用官方政策、为谋求新的权力资源而创建。如江西高等学堂监督是翰林院编修、宁都人黄大埙，教务长是法政科举人、湖口人徐敬熙，庶务长是举人、南昌人燕善达，监学官是曾任万安县训导、新建人夏敬恂，检察官是石城县人、附生黄大霖。江西高等农业学堂监督龙钟洢为内阁中书衔、拣选知县，兼学兼庶务长余永浚为花翎同知衔、候补知县，兼学范寿桐为同知衔、候补知县，文案兼会计为五品衔、就职县丞，教务长胡寿全为附贡。① 在现代政治机构——江西省谘议局选举中，议员的席位仍由有传统功名的士绅集团把持。甚至到了20世纪20年代，士绅仍然是江西省

---

① 《江西学务官报》之《报告》，宣统元年第1期，第3—4页，第3期，第8—9页。

议会议员的不二人选。而清末民初南昌士绅熊育锡与心远中学的历史表明，一些士绅先是凭借宗族的经济力量和自身的政治身份，创办了各级新式学校，然后借助"新学"这种文化资源，逐渐渗透到城乡自治和地方行政的领域，形成了颇具影响的地方政治派系，对江西地方政局产生了深远的影响。①

当然，士绅的转型过程也呈现出地域性、族群性和时代性。首先，在咸同时期，科名较盛、高级士绅较多的县域，团练大多由举人甚至进士这种功名的士绅组建。他们通过姻亲、朋友和师生等各种社会关系，形成了更为紧密的"士绅共同体"。如南昌县的团练组织，就在以刘于浔、万启英和燕毅等人的运作下，能够做到"联络一气"，最终在"五局"的基础上联结成体系严密的"江军"。相反，在靖安县，由于团练大多由低级士绅组建，因而各乡堡团练局之间不仅缺少联系的纽带，且出现相互邀功之事，处于一种分散的各自为战的状态。

其次，受"土""客"之分的影响，咸同时期，士绅在组建团练局和恢复乡村社会秩序中均表现出族群性。如南昌府义宁州团练，不仅是地方士绅面对太平军的威胁、在地方官员倡导下所做出的防御之举，还是"怀远都"士绅用以改变自身在地方社会权力中的边缘地位的应对之策。借助泰乡团练和军功，竹塅陈氏陈伟琳、陈宝箴父子不仅从泰乡团练进入湘军这一地方武装集团，还实现了从举子到地方官员的转变，进入全国性政治文化体系中。战后"怀远都"士绅重修梯云书院，刺激了土著士绅联合创建凤巘书院。他们通过捐助和编纂书院志等各种方式，将凤巘书院塑造成全县土著的认同和权力中心，进一步强化了"土著"与"客籍"之分。而在袁州府万载县，无论是清代前期书院、宾兴组织和"学额纷争案"，还是清末新政时期的东洲公局、东洲劝学所、东洲教育会，以及民国时期的"东洲学产案"，都是土客冲突背景下的历史产物。直至民国时

---

① 李平亮：《近代中国的新学、宗族与地方政治——以南昌熊氏宗族为中心》，《中国社会历史评论》2007 年总第 8 期。

期，客籍士绅代表谢济沂还说道："自前清闹考以争额，婚姻不通，教读不共，二百余年，豁然割肝胆而判为楚越。一县之中，畛域如此其深，全国所未有也。"① 因此，从这一层面来说，晚清以降国家政治变革背景下江西士绅的转型，既表现出一种整合与共谋的趋势，又存在一个分化和冲突的过程。

最后，晚清以后江西士绅的转型有着鲜明的时代差异。晚清时期各地团练武装的创建，推进了基层社会的自治化。作为乡族武装的团练，在晚清地方政局中占有举足轻重的地位。而捐纳制度和厘金征收，造就了大批绅商合一的地方精英。凭借雄厚的经济实力，这些绅商广泛参与地方各种事务，进一步推动了基层社会的自治化。"晚清至民国初年的地方自治运动，与团练与及绅商阶层的崛起密切相关，这标志着国家与社会关系的又一次转型。在某种意义上说，中国现代的民族国家建设，直接面对的是以团练和绅商为代表的地方政治势力，而不是传统的乡族组织与乡绅阶层"②。因此，在地方军事化和清末新政推行的背景下，我们可以看到江西社会出现了"团绅""局绅""议绅""学绅""商绅"等称呼，有着十分丰富的内涵，反映了地方权力结构演变的历史趋势。这些不同类型"士绅"的产生及其内涵的变化，既是晚清以后政治变革导致地方权力体系变动和士绅转型的结果，又在一定程度上体现了士绅转型过程中的时代特征。

第三节　乡族组织的现代性

傅衣凌先生指出，在中国传统社会中，乡族与国家是用以协调多种生

---

① 谢济沂：《鼎鼎山房集》卷 11《尺牍类》，第 71—72 页。有关万载县东洲公局和"东洲学产案"的研究，参见杨品优《科举会社、州县官绅与区域社会——清代民国江西宾兴会的社会史研究》，中国社会科学出版社 2018 年版，第 168—192 页。

② 郑振满：《乡族与国家：多元视野中的闽台传统社会》，生活·读书·新知三联书店 2009 年版，第 12 页。

产方式的政治力量，共同承担着维护社会秩序的公共职能。乡族组织的多元性，是中国传统社会多元性的集中体现。"乡族既可以是血缘的，也可以是地缘性的，是多层次的多元的错综复杂的网络系统，而且具有很强的适应性。传统中国农村社会所有实体性和非实体性的组织都可被视为乡族组织，每一个社会成员都在乡族网络的控制之下，只有在这一网络中才能确定自己的社会身份和社会地位"①。因此，无论是宗族组织、地方武装和行业帮派，还是文会组织、宗教组织和会社团体，都可视为乡族组织的表现形式。

"乡族"和"多元结构"理论，深刻揭示了乡族组织对于我们理解中国传统社会运行机制的重要意义。晚清以后，尽管随着团练和商绅的崛起，现代民族国家建设面对的不再是传统的乡族组织和乡绅阶层，但是，由于团练和商绅，甚至学绅、议绅等，不仅没有割断与乡村社会的联系，反而从各种乡村传统中汲取资源，这就使乡族组织表现出极强的适应性和延续性，与现代政治得到了有机结合。就江西一地而言，乡族组织的现代性，主要表现为乡族组织的社团化、军事化和行政化。

乡族组织的社团化，表现在两个方面。一是新式社团与宗族、行帮、宾兴等组织之间的联系。地方自治是清末新政的重要内容，也是现代政权建设的先声。乡镇和县自治会的设立，为绅权的扩张提供了合法性政治途径。但是，吉安县坊廓乡河东议员身份构成的多元性和低阶性，及其与宗族、书院之间的密切关联，充分说明乡镇一级自治会领导权的获取，除了政治身份外，还深受文会、宗族等乡族组织的制约。换言之，乡镇自治会的成立与组成，实际上与宗族、书院等文化传统交织在一起。吉安、湖口、万载等地教育会或学务所的历史，表明无论是在职能和管理上，还是人员和经费方面，这些新式社团实际上承袭了原来的文会、采芹会或宾兴局。而传统行帮、宗族组织不仅是商会创建和发展的基础，还极大地影响

---

① 傅衣凌：《中国传统社会：多元的结构》，《中国社会经济史研究》1988 年第 3 期。

了商会的组织构成和运行制度。

二是宗族管理形式的社团化。明清时期，江西宗族形成了以族房长为中心的管理体系。清乾隆年间，在政府的要求下，各地宗族通过设立族正，加强对族人的管理。但是，不管是族房长，还是族正，他们对宗族的管理都是通过族规或家法来实现的。然而，清末新政的推行和议会、自治会等各种政治团体的出现，将一套现代性社团管理办法嵌入乡族组织之中。清末民初，江西城乡无论是联宗祠，还是合族祠，它们在管理方式上，均仿照现代政治团体的模式。有的成立了执行委员会和监察委员会，作为宗祠管理的议决机构。有的将全省捐户代表大会作为宗祠的最高权力机构，有的设立祠务委员会，作为族内大小事务的议决机关。这种有着明确任期和完善章程，以及多个层级的管理体制，表现出强烈的时代性和政治性，具有了现代社团的组织形态。

明清时期，华南地区乡村聚落经历了宗族化与军事化的过程。[①] 晚清以后，太平天国运动、清末新政、辛亥革命以及民国时期的政治变动，先后导致了江西乡族组织的军事化，呈现出不同的形式和阶段性特征。咸同之际，乡族组织的军事化集中表现为以单个宗族为基础的团练的组建，跨宗族和超村落的团练局的形成及其体系化。在某种层面上，刘于浔创办的"中洲局"最终发展成为全省性地方武装——"江军"，既是官方督办团练的结果，又是团练局整合的产物，体现了团练作为乡族武装的性质。清末新政期间，江西乡村爆发的"户口调查风潮"和"乡民暴动"，虽然其导火索是因推行地方自治而增加的各种名目的捐派，但从各地频频发生群体性的殴绅毁学、伤人毁屋，甚至公开对抗官兵，"谓有不同心抵杀官兵者，即焚毁其家"之情来看，这些"风潮"和"暴动"实际与此前乡族组织军事化一脉相承，只是未得到官方许可而已。如雩都县官员在平息县内高陂钟姓殴绅抗兵风潮之后说道："此间皆聚族而居，恃其人众，大姓辄欺小

---

① 饶伟新：《明清时期华南地区乡村聚落的宗族化与军事化——以赣南乡村围寨为中心》，《史学月刊》2003年第12期。

姓，遇案率备枪械，聚众抗官，习为故常，形同化外。"① 辛亥革命前后，新旧政权的交替和地方政府控制力的削弱，使乡村社会处于一种失控的态势。时人纷纷借助创办民团来达到控制乡村社会、强化自身权势的目的，导致民团成为基层社会的权力中心。但是，从团勇的来源看，有的民团是单个宗族的私家武装，有的民团是多个姓氏的联合力量，有的是从洪江会这一秘密会社脱胎而来。因此，民团与团练一样，都是乡族武装力量，是乡族组织军事化的新阶段。民团从"民间自办"到"官督民办"的转变，是地方政府对乡族组织加强管控的手段，标志着乡村社会从失序走向有序。

进入民国后，随着官方加强对地方武装的控制，乡族组织的军事化主要表现为军政色彩的乡村联盟和乡族械斗。乡村联盟有的是个人之间的结合，如进贤县内"自强会"和"扶正会"，以及丰城县的"兰谱"等。其中"扶正会"简章宣称"以维持宗族地方治安为宗旨"，说明该组织应有一定的武装力量。有的是多个村落之间的联盟。如进贤县"北区和平同盟会"，就是当地 13 个小姓村落的联盟，其目的是"对本区政治事宜，义务同尽，权力共享"。另外，该联盟要求各村必须按照人数多少购置步枪或机枪，由同盟会统一管理和调配。一旦发生战事，各村还要负责组织人员和筹集经费。因此，该同盟会既是一个政治联盟，又是一个准军事化的组织。至于乡族械斗，自清末以来在江西各地是屡见不鲜，贯穿整个民国时期。尤其是饶州府乐平县、袁州府新喻县和宜春县，不仅境内各姓之间的械斗频发，且县际之间的械斗时有发生。② 清末以来江西乡族械斗的盛行，既反映了社会控制权由官方向民间的转移③，又是乡族组织军事化的极端体现。因此，从团练到民团，再到"北区和平同盟会"和乡族械斗，既集

---

① 《三记江西调查户口之风潮》，《东方杂志》，宣统元年第 10 期，第 321 页。
② 《详记乐平县械斗案》，《时报》，光绪三十一年八月十二日；《乐平械斗记》，《四民报》1921 年 10 月 16 日；《乐平骆村械斗有再爆发可能》，《赣江》1949 年第 62 期，第 7 页；《江西宜春发生械斗》，《益世报》（上海）1947 年 8 月 5 日；《新喻械斗》，《新闻报》，光绪二十九年七月十八日。
③ 郑振满：《清代闽南乡族械斗的演变》，《中国社会经济史研究》1998 年第 1 期。

中体现了某一时期地方社会的政治格局，又反映了晚清军事化以来乡村社会的"自治化"进程。

明清时期政治体制的转型，导致了基层社会的自治化。这一自治化过程集中表现为乡族组织的政治化。① 晚清至民国初年，地方自治运动不仅标志着国家与社会关系的再次转型，还赋予了乡族组织政治化新的历史特征。就江西一地而论，主要体现在三个方面。

一是借现代政治话语，为编修族谱寻找合理性。明清时期，家谱的编修是一种普遍的文化现象，反映了国家意识与乡村社会文化传统的内在联系。清中叶以后，房谱编修成为一种趋势。清末民初，江西各地族谱的修撰，在承袭以往传统之余，有的将"宗族"与"种族"，甚至"宗法制度"与"地方自治"联系起来。有的以现代国家同盟的关系，比拟联宗通谱的时代意义。此外，士绅不仅在现代政治语境下阐释族谱编修的意义，还积极进行乡里实践。如萍乡士绅刘洪辟认为编修家谱，可为地方自治推行提供充分信息。只有将"宗法与国例"二者有机结合，现代政治体制方能延伸至乡村社会，最终达到"家国一体"的目的。为此，他分别制定了"水利定章""泉蒙学校章程""恤族义庄章程""善后章程"等一系列乡族自治文件，编入房支谱牒之中。

二是与地方自治机构的结合。地方自治虽为士绅权力的扩张提供了制度性途径，但是自治机构的设立，没有导致地方社会原有权力格局发生根本变化。南昌县城镇乡自治的历史表明，地方自治虽使地方社会经历了重组，但新式政治机构这一权力资源，仍然掌握在少数宗族手中。有的是一族控制一乡镇自治会，有的是多个宗族联合对乡镇进行自治。吉安县坊廓乡自治会，同样是操纵在一批具有深厚政治和经济实力的商绅宗族之手。这一点，或许正是导致诸多小姓进行"同姓联宗"、村落之间建立同盟，以改变地方政治格局的根本原因所在。此外，一些宗教组织、地缘组织、

---

① 郑振满：《乡族与国家：多元视野中的闽台传统社会》，生活·读书·新知三联书店2009年版，第10页。

行业组织和慈善组织都在不同程度上,通过各种方式,直接或间接融入现代政治机构中。如传统行帮借助商会这一新式社团,不仅参与谘议局的组建,还通过创办商团,成为维护地方自治的重要力量。

三是为地方政权建设提供了财政支持。诚如学者所言,财政具有多重属性,既属于经济系统,又属于政治系统。晚清时期,地方督抚权力的扩张和财权的下移,导致了财政体系的近代转型。① 在现代政权建设的进程中,财政无疑是国家的核心,也是地方政府推行自治的基础。晚清之前,随着地方政府职能的萎缩,公共事务管理权逐渐下移,宗族、会社、宾兴和行会等各类乡族组织成为地方事务的主导力量。为了实现各项职能,应对各种经费支出,这些民间组织形成了不同规模的公产。清末以降,为了筹办各项"新政",地方社会中原有的学产、庙产、族产以及其他形式的公产,成为各类新式社团和行政机构攫取的对象。如吉安县的采芹局、宾兴局、石阳书院、双忠书院和匡济堂、额销局的经费,均由县学务总会经理。南康县的宾兴局在民国后直接改为地方财政局,清江县宾兴局成为清江县政府、教育局、财政局甚至军队的"提款机"。② 清至民国时期江西"义图"经历了从"民间机制"到"官方体制"的转变,集中反映了乡族组织与地方财政之间的密切关系。

总之,晚清至民国时期政治变革与江西乡村社会变迁,呈现的是一幅"传统"与"现代"交织的复杂的历史图景。在不同历史阶段,以团练、地方自治和议会政治为特征的政治体制转型,赋予原本就处于不断变动中的"传统"不同的时代意义和社会文化内涵。这种集延续与更新于一身的"传统",又在士绅和其他精英的推动下,通过军事化、社团化和政治化等方式,与现代政权建设相互呼应,互为影响,从而使中国近代社会转型呈现出"传统中的现代"与"现代性的传统"等表征。这种"新""旧"杂

---

① 陈锋:《清代财政转型与国家财政治理能力》,《光明日报》2017年8月7日第14版。
② 杨品优:《科举会社、州县官绅与区域社会——清代民国江西宾兴会的社会史研究》,中国社会科学出版社2018年版,第193—207页。

陈的现象，揭示了中国传统社会向近代转型的内在路径和社会机制。正如孔飞力指出的那样："从本质上来看，中国现代国家的特征，是由其内部的历史演变所决定的。"① 当然，由于各种因素，本书对于近代政治变革与乡村社会变迁的探讨，还存在诸多没有涉及的面相。如乡族组织的城市化及其与现代市政的确立，土地革命与乡村社会权力结构的变动与重组，以及党派政治与乡村权势的转移，等等。所有这些问题，有待在今后的研究中进一步深入。

---

① ［美］孔飞力：《中国现代国家的起源》导论，陈兼、陈之宏译，生活·读书·新知三联书店2013年版，第1页。

参考文献

一 地方志和公牍

同治《南昌县志》，（清）陈纪麟修，刘于浔纂，同治九年刊。

同治《新建县志》，（清）承霈修，杜有棠、杨兆崧纂，同治十年刊本。

同治《丰城县志》，（清）王家杰修，周文凤、李庚纂，同治十二年刊本。

同治《进贤县志》，（清）江璧等修，胡景辰等纂，同治十年原刻，光绪二十四年补刊。

同治《义宁州志》，（清）王维新等修，涂家杰等纂，同治十二年刊。

同治《永丰县志》，（清）王建中等修，（清）刘绎纂，同治十三年刊。

同治《南昌府志》，（清）许应荣、王之藩修，曾作舟、杜防纂，同治十二年刊。

同治《饶州府志》，（清）锡德修，石景芬等纂，同治十一年刊。

同治《瑞州府志》，（清）黄廷金修，萧浚兰、熊松之等纂，同治十二年刊。

同治《赣州府志》，（清）魏瀛等修，钟音鸿等纂，同治十二年刊。

同治《南康县志》，（清）沈恩华修，（清）卢鼎峋纂，同治十一年刊。

同治《新城县志》，（清）刘昌岳等修，同治十年刊。

光绪《抚州府志》，（清）许应荣修，谢煌纂，光绪二年刊。

同治《九江府志》，（清）达春布修，黄凤楼、欧阳焘纂，同治十三年刊。

光绪《吉安府志》，（清）定祥、特克绅布修，刘绎、周立瀛纂，光绪二年刊。

光绪《吉水县志》，（清）彭际盛等修，胡宗元等纂，光绪元年刊。

光绪《江西通志》，（清）刘坤一、刘绎、赵之谦纂修，光绪六年刊。

《南昌民国初元纪事》，（民）周德华纂修，1918年。

光绪《南昌县志》，（清）江召棠修，魏元旷纂，1935年。

民国《丰城通志稿》，（民）任传藻纂修，杨向时纂，1948年。

民国《江西通志稿》，（民）吴宗慈编修，辛际周、周性初纂，1945年。

民国《分宜县志》，（民）萧家修等修，欧阳绍祁纂，1940年。

民国《南康县志》，（民）邱自芸修，邹荣治、郭选英纂，1936年。

民国《盐乘》，（民）胡思敬纂修，1917年。

民国《昭萍志略》，（民）刘洪辟纂修，1935年。

民国《万载县志》，（民）张芗甫修，龙赓言纂，1940年。

民国《南丰县志》，（民）包发鸾修，赵惟仁等纂，1924年。

民国《吉安县志》，（民）李正谊等修，邹鹄纂，1941年。

《吉安县河西坊廓乡志》，（民）萧赓韶纂修，1937年。

《江西清节堂章程》，江西清节堂编，清末刊本。

《江西农工商矿纪略》，（清）傅春官编，光绪刊本。

《江西商会章程》，江西商务总会编，宣统刊本。

《江西忠义录》，（清）沈葆桢等辑，同治十二年刊。

《江西省议会修正各属义图局章程》，军政府印刷所1913年版。

《南康县地方财政局丁巳年（1917）周年四柱清册》，南康县地方财政局编，1917年刊。

《清江县宾兴典清理委员会报告书》，清江县宾兴典清理委员会编，1931年。

二　会册和庙志

《白土上团急公会砧基》，（民）吴铎吾、吴谟烈等撰，1918年刊。

《名花堂录》，道光二十九年刊。

《义渡录四集》光绪三十一年刊。

《存婴录三集》，光绪二十七年刊。

《新育婴会志》，光绪二十一年刊。

《内四都宾兴志》，光绪十年刊。

《云记宾兴志》，光绪十二年刊。

《崇武宾兴志》，光绪二十一年刊。

《凤巘书院志》，光绪元年刊。

《聚奎书院志》，光绪三十一年刊。

《梯云书院志》，光绪十二年刊。

《山口悠津渡志》，1925年刊。

《萍乡义仓记》，同治十二年刊。

《惇本堂册》，道光九年刊。

《培耕堂会本》，咸丰七年刊。

《龙冈荒田会崇祀录》，光绪三年刊。

《太保会册》，同治九年刊。

《百福堂册》，道光二十七年刊。

《龙冈代兴庆丰堂会册》，咸丰二年刊。

《华国堂志》，光绪二十年刊。

《惜字并桥灯会砧基》，1918年刊。

《九图文会全册》，同治九年刊。

《曾家新桥会录志》，1928年刊。

《萍乡城隍庙善后会图册》，光绪二十九年刊。

《萍乡十乡图册》，1924 年抄本。

《重刊大洋洲萧侯庙志》，道光三十年刊。

《潭溪真君新老二会册》，1914 年刊。

《光绪逍遥山万寿宫志》，光绪四年刊。

《万寿宫志》，宣统二年刊。

三　档案、族谱与碑刻

《北区和平同盟会盟书》，1946 年，进贤县档案馆藏，档号 6-6-28。

《自强会会议录》，1948 年，进贤县档案馆藏，档号 6-6-20。

《兰谱》，1948 年，丰城市档案馆藏，档号 5-4-15。

《兰谱》，1950 年，丰城市档案馆藏，档号 5-4-19。

《万载潭溪万氏族谱》，1941 年修，上海市图书馆藏。

《万载昌田钟氏宁房支谱》，1935 年修，上海市图书馆藏。

《万载珠树汤氏族谱》，1938 年修，上海市图书馆藏。

《吉郡萧氏大宗祠主谱》，宣统元年修，吉安市图书馆藏。

《吉郡王氏长者公祠主谱》，1926 年修，吉安市图书馆藏。

《徐原周氏重修族谱》，2001 年修，吉安市青原区徐原村藏。

《古潭溪罗氏族谱》，1941 年修，吉安市潭溪村藏。

《吉安河东斋楼前张氏族谱》，1917 年修，吉安市青原区斋楼前村藏。

《萍乡石子岭黄氏四修族谱》，1949 年修，上海市图书馆藏。

《萍北泉溪刘瑞亭公支谱》，1922 年修，萍乡市上栗县泉溪村刘秉纪藏。

《石溪周氏族谱》，民国年间修，上海市图书馆藏。

《萍北朱氏族谱》，光绪二十年修，江西省图书馆藏。

《萍北清溪杨氏八修族谱》，1946 年修，上海市图书馆藏。

《萍乡硚南李氏家谱》，1919 年修，上海市图书馆藏。

《清溪一甲喻氏续修族谱》，宣统二年修，上海市图书馆藏。

《定山梅氏族谱》，1924 年修，南昌县青云谱区定山梅家村藏。

《竹桥余氏族谱》，1948 年修，金溪县竹桥村藏。

《墨庄刘氏墭下重修房谱》，1916 年修，宜丰县潭山镇天宝村藏。

《江西黄氏宗祠五修主谱》，1933 年修，上海市图书馆藏。

《新建程氏宗谱》，1918 年修，江西省图书馆藏。

《南昌曹氏宗谱》，同治十三年修，江西省图书馆藏。

《豫章罗氏祠志录》，1935 年修，江西省图书馆藏。

《龙冈邹氏族谱》，宣统元年重修，宜丰县谭山镇龙冈村藏。

《南昌梓溪刘氏家谱》，江西高校出版社 2019 年影印版。

《沙湾塘五福殿序》，同治七年，该碑现存修水县渣津镇五福殿内。

《何家社重修社坛碑》，光绪十四年，此碑现存修水县渣津镇何家社社坛内。

《马溪寺龙安观音季碑》，光绪二十九年，该碑现存修水县渣津镇马溪寺内。

《福星桥序》，咸丰七年，该碑现存修水县渣津镇福星桥局内。

《重修厨房乐助碑》，光绪二十一年，此碑现存修水县石坳镇万寿宫内。

《吉郡五邑会清溪创建会馆序》，该碑现存萍乡市上栗县清溪村万寿宫内。

《潭埠万寿宫题捐碑》，嘉庆年间，此碑现存万载县潭埠万寿宫内。

《青云谱惜字塔记》，该碑现存南昌市青云谱内。

四　文集和报刊

陈三立：《散原精舍诗文集》，李开军点校，上海古籍出版社 2003 年版。

（清）丁亨：《未毁草》，光绪元年刊本。

方德辉：《方壮犹堂文集》，1927 年刊。

胡思敬：《退庐文集》，1924 年刊。

（清）何栻：《余辛集》，同治元年刊。

（清）刘坤一：《刘忠诚公遗集》，宣统元年刊。

（清）施闰章：《施愚山集》，安徽古籍出版社 1992 年版。

王锡藩：《立三堂遗集》，南昌新风楼印行 1991 年版。

（清）吴文镕：《吴文节公遗集》，咸丰七年刊。

（清）吴嘉宾：《求自得之室文钞》，同治五年刊。

魏元旷：《潜园文集》，1933 年刊。

（清）熊思襄：《东园未定稿》，1923 年刊。

（清）喻震孟：《晚晴堂稿》，光绪年间刊。

（清）杨梦龙：《弃剑草庐存稿》，光绪六年刊。

（清）邹树荣：《蔼青诗草》，1922 年刊。

（清）张集馨：《道咸宦海见闻录》，中华书局 1981 年版。

（清）朱轼：《朱文端公文集》，朱舲辑，同治十年刊。

《东方杂志》，宣统元年第 8 期、第 10 期、第 11 期。

《民吁日报》，宣统元年八月二十六日。

《申报》，宣统二年元月八日。

《江西官报》，光绪三十二年第 5 期、宣统三年第 4 期。

《江西学务官报》，宣统元年第 1 期。

《北洋法政学报》，宣统元年第 90 期。

《湖北自治公报》，宣统二年第 1 期。

《民立报》，宣统三年四月十四日。

《民呼日报》，宣统元年七月十五日。

《商务官报》，光绪三十三年第 26 期。

《国民日日报汇编》，光绪三十年第 3 期。

《南洋官报》，光绪三十三年第 88 期。

《江西民报》，宣统三年。

《江西学报》1913 年第 17 期。

《江西财政月刊》1932 年第 6—7 期。

《辛亥革命资料选辑》，湖南人民出版社 1981 年版。

江西全省视学处编：《江西全省县视学讲习会讲习录》，1919 年。

江西省议会编:《江西省议会第三届第二期常会报告书》,1923年。

江西省志编纂委员会编:《江西省志·教育志》,方志出版社1996年版。

江西省志编辑室:《江西近现代人物传稿》第1—4辑,江西人民出版社1989年版。

杜德凤编:《太平军在江西史料》,江西人民出版社1988年版。

五 著作和论文

陈翰笙:《解放前的地主和农民——华南农村危机研究》,冯峰译,中国社会科学出版社1984年版。

曹乃疆:《江西义图制研究》,台北成文出版社有限公司1977年版。

陈宝良:《中国的社与会》,浙江人民出版社1996年版。

[美]杜赞奇:《文化、权力与国家——1900—1942年的华北农村》,中译本,江苏人民出版社1996年版。

费孝通:《乡土重建》,上海观察社1947年版。

傅衣凌:《福建佃农经济史论丛》,协和大学出版社1944年版。

关晓红:《科举停废与近代中国社会》,社会科学文献出版社2013年版。

龚汝富:《清代江西财经讼案研究》,江西人民出版社2005年版。

何炳棣:《明清社会史论》,中华书局2019年版。

何友良:《江西通史》(民国卷),江西人民出版社2008年版。

[美]黄宗智:《华北的小农经济与社会变迁》,中华书局2000年版。

[美]孔飞力:《中国现代国家的起源》,陈兼、陈之宏译,生活·读书·新知三联书店2013年版。

[美]孔飞力:《中华帝国晚期的叛乱及其敌人:1796—1864年的军事化与社会结构》,谢亮生等译,中国社会科学出版社2002年版。

刘义程:《发展与困顿:近代江西的工业化历程(1858—1949)》,江西人民出版社2007年版。

李金铮：《传统与变迁：近代华北乡村的经济与社会》，人民出版社 2014 年版。

李世众：《晚清士绅与地方政治——以温州为中心的考察》，上海人民出版社 2006 年版。

梁其姿：《施善与教化——明清的慈善组织》，河北教育出版社 2001 年版。

林济：《长江中游宗族社会及其变迁》，中国社会科学出版社 1999 年版。

刘志伟：《在国家与社会之间——明清广东里甲赋役制度研究》，中山大学出版社 1997 年版。

廖艳彬：《明清赣江中游地区水利开发与地方社会变迁》，江西人民出版社 2012 年版。

罗志田、徐秀丽、李德英编：《地方的近代史：州县士庶的思想与生活》，社会科学文献出版社 2015 年版。

［日］濑川昌久：《族谱：华南汉族的宗族·风水·移居》，钱杭译，上海书店出版社 1999 年版。

马敏：《官商之间：社会巨变中的近代绅商》，天津人民出版社 1995 年版。

钱杭：《血缘与地缘之间——中国历史上的联宗与联宗组织》，上海社会科学院出版社 2001 年版。

瞿同祖：《清代地方政府》，范忠信、晏锋译，何鹏校，法律出版社 2003 年版。

［美］芮玛丽：《同治中兴：中国保守主义的最后抵抗，1862—1874》，房德邻等译，刘北成校，中国社会科学出版社 2002 年版。

桑兵：《清末新知识界的社团与活动》，生活·读书·新知三联书店 1995 年版。

王先明：《变动时代的乡绅：乡绅与乡村社会结构变迁（1901—1945）》，人民出版社 2009 年版。

王先明：《乡路漫漫：20 世纪之中国乡村（1901—1949）》，社会科学文献出版社 2017 年版。

魏光奇：《官治与自治——20世纪上半期的中国县制》，商务印书馆2004年版。

萧公权：《中国乡村：19世纪的帝国控制》，张皓、张生译，九州出版社2018年版。

熊智勇：《从边缘走向中心：晚清社会变迁中的军人集团》，天津人民出版社1998年版。

杨念群：《中层理论——东西方思想会通下的中国史研究》，江西教育出版社2001年版。

杨品优：《科举会社、州县官绅与区域社会——清代民国江西宾兴会的社会史研究》，中国社会科学出版社2018年版。

郑振满：《明清时期福建的宗族组织与社会变迁》，湖南教育出版社1992年版。

郑振满：《乡族与国家：多元视野中的闽台传统社会》，生活·读书·新知三联书店2009年版。

张仲礼：《中国绅士——关于其在19世纪中国社会中作用的研究》，李荣昌译，上海社会科学院出版社1991年版。

张仲礼：《中国绅士的收入》，费成康等译，上海社会科学院出版社2001年版。

朱英：《转型时期的社会与国家——以近代中国商会为主体的历史透视》，华中师范大学出版社1997年版。

周青松：《上海地方自治研究（1905—1927）》，上海社会科学院出版社2005年版。

衷海燕：《儒学传承与社会实践——明清吉安府士绅研究》，世界图书出版公司2012年版。

郑锐达：《移民、户籍与宗族：清至民国时期江西袁州府地区研究》，生活·读书·新知三联书店2009年版。

张芳霖：《市场环境与制度变迁——以清末至民国南昌商人与商会组织为

视角》，人民出版社 2013 年版。

［美］爱德华·麦科德：《清末湖南的团练和地方军事化》，周秋光译，《湖南师范大学社会科学学报》1989 年第 3 期。

陈春声：《士绅与清末基层社会控制权的下移》，刊《中山大学史学集刊》第一辑，广东人民出版社 1992 年版。

陈向阳：《90 年代清末新政研究述评》，《近代史研究》1998 年第 1 期。

［日］重田德：《乡绅支配的成立与结构》，收入《日本学者研究中国史论著选译》第二卷，专论，中华书局 1992 年版。

常建华：《乡约·保甲·族正与清代乡村治理——以凌火寿〈西江视臬纪事〉为中心》，《华中师范大学学报》（人文社会科学版）2006 年第 1 期。

崔岷：《"靖乱适所以致乱"：咸同之际山东的团练之乱》，《近代史研究》2011 年第 3 期。

崔岷：《咸同之际"督办团练大臣"与地方官员的"事权"之争》，《历史研究》2018 年第 2 期。

傅衣凌：《中国传统社会：多元的结构》，《中国社会经济史研究》1988 年第 3 期。

费孝通：《科举与社会流动》，收入《费孝通文集》（5），群言出版社 1991 年版。

关晓红：《科举停废与近代乡村士子——以刘大鹏、朱峙三日记为视角的比较》，《历史研究》2005 年第 5 期。

龚汝富：《民国时期江西推行义图制的尝试及其失败》，《中国经济史研究》2005 年第 3 期。

［日］宫内肇：《清末广东的地方自治与顺德地方精英》，《学术研究》2011 年第 1 期。

黄天娥：《民国时期吉安的宗族与地方精英——以吉安县坊廓乡为中心》，博士学位论文，中山大学，2010 年。

黄东兰：《清末地方自治制度的推行与地方社会的反应》，《开放时代》2002年第3期。

何文平：《清末地方军事化中的国家与社会——以广东团练为例》，《学术研究》2009年第9期。

黄志繁：《二十世纪华南乡村社会史研究》，《中国农史》2005年第1期。

科大卫、刘志伟：《宗族与地方社会的国家认同——明清华南地区宗族发展的意识形态基础》，《历史研究》2000年第3期。

刘志伟：《明清珠江三角洲地区里甲制中"户"的衍变》，《中山大学学报》1988年第3期。

罗志田：《清季科举改革的社会影响》，《中国社会科学》1998年第4期。

罗志田：《科举制的废除与四民社会的解体——一个内地乡绅眼中的近代社会变迁》，《清华学报》（新竹）1995年新25卷第4期。

梁洪生：《从"四林外"到大房：鄱阳湖区张氏谱系的建构及其"渔民化"结局——兼论民国地方史料的有效性及"短时段"分析问题》，《近代史研究》2010年第2期。

梁洪生：《辛亥前后江西谱论与社会变迁》，《中国社会历史评论》2000年第2卷。

李平亮：《新学、宗族与地方政治——以南昌月池熊氏宗族为例》，《中国社会历史评论》2007年第8卷。

李平亮：《宋至清代江西西山万寿宫象征的转换及其意义》，《宗教学研究》2012年第3期。

李怀印：《晚清及民国时期华北村庄中的乡地制——以河北获鹿县为例》，《历史研究》2001年第6期。

邱捷：《晚清广东的"公局"——士绅控制基层社会的权力机构》，《中山大学学报》（社会科学版）2005年第4期。

渠桂平：《二十世纪前期中国基层政权代理人的"差役化"——兼与清代华北乡村社会比较》，《中国社会科学》2013年第1期。

饶伟新:《同姓联宗与地方自治——清末民国时期江西地方精英的文化策略》,《学术月刊》2007 年第 5 期。

邵鸿:《清代后期江西宾兴活动中的官、绅、商——清江县的个案》,《中国社会历史评论》2000 年第 4 卷。

邵鸿:《明清江西农村社区中的"会"——以乐安县流坑村为例》,《中国社会经济史研究》1997 年第 1 期。

[日] 檀上宽:《明清乡绅论》,收录《日本学者研究中国史论著选译》第二卷,专论,中华书局 1992 年版。

汤水清:《施压与抵制——从"窃线"案件看 1940 年代后期国家权力与乡村社会的关系》,《近代史研究》2013 年第 4 期。

王笛:《清末新政与近代学堂的兴起》,《近代史研究》1987 年第 3 期。

王先明:《士绅构成要素的变异与乡村权力——以 20 世纪三四十年代晋西北、晋中为例》,《近代史研究》2005 年第 2 期。

谢庐明、林康:《塘江:赣南一个农村墟镇的商会与社会变迁(1912—1949)》,《农业考古》2015 年第 4 期。

徐茂明:《同光之际江南士绅与江南社会秩序的重建》,《江海学刊》2003 年第 5 期。

郑振满:《明后期福建地方行政的演变——兼论明中叶的财政改革》,刊《中国史研究》1998 年第 1 期。

郑振满:《清代福建地方财政与政府职能的演变》,《清史研究》2002 年第 2 期。

郑振满:《晚清至民国的乡镇商人与地方政局》,《中国社会历史评论》第 2 卷,天津古籍出版社 2000 年版。

朱英:《辛亥革命前的农会》,《历史研究》1991 年第 5 期。

章清:《"学术社会"的建构与知识分子的"权势网络"》,《历史研究》2002 年第 4 期。

[美] 周锡瑞、兰京:《中国地方精英与支配模式导论》,《中国社会科学季

刊》1998 年夏季卷总第 23 期。

［美］Stephen C. Averill, *Education, Politics and Local Society in Early Twentith Century China*,《民国研究》, 南京大学出版社 1996 年版。

［美］Edward McCord, *Local Military Power and Elite Formation: The Liu Family of Xingyi County, Guizhou, Chinese Local Elites and Patterns of Dominance*, Edited by Joseph W. Esherick and Mary Backus Rankin, University of California Press, 1990.

后　　记

  本书是在国家社科基金项目结项成果基础上修订而成。2009 年，我以《近代中国政治变革与乡村社会变迁研究》为题，申报国家社科基金青年项目并获得立项。此后，围绕政治变革与乡村社会权力体系演变这一主题，陆续发表了《晚清至民国时期的乡村联盟与地方政治》《清代江西萍乡许真君信仰的发展与乡村权力格局的演变》等论文。至 2014 年，以这些论文为基础，形成了研究报告，提交结项。在结项评审过程中，五位专家对该项目的研究意义和学术价值予以了肯定，同时也提出了诸多宝贵的修改建议。正是有了他们的认可和建议，本书方能在问题意识、研究对象、篇章结构等方面有进一步的完善，在此，向五位专家致以诚挚的谢意。

  本书的部分成果，得益于我主持的江西省"2011 协同创新中国社会转型研究中心"项目成果——"晚清至民国时期江西商会与社会转型研究"。在此，向中心和中心主任张艳国教授表示衷心的感谢。

  在项目结项和写作期间，我得到了诸多师友的指导和帮助。尤其是饶伟新、罗艳春、杨品优、黄天娥等同门和同学，不仅参与项目研究，还提供了不少珍贵的史料。在此，谨向他们致以深深的谢意！

  在本书出版过程中，中国社会科学出版社编辑吴丽平女士不仅容忍了我的一再拖延，还为书稿的修改和完善付出了大量的精力。她的敬业和专业，是本书最终能够出版的重要保障。在此，向她表示诚挚的感谢。

最后，特别感谢我的妻子罗艳虹女士。正是有了她的理解和支持，我才能在行政、教学和科研的多方工作中前行。家人的陪伴和包容，是我继续向前的动力。

李平亮

2021 年 3 月 21 日于寓所